大学赤本シリーズ

428

早稲田大学

政治経済学部

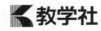教学社

早稲田大学

政治経済学部

教学社

は し が き

　おかげさまで，大学入試の「赤本」は，今年で創刊 70 周年を迎えました。
　これまで，入試問題や資料をご提供いただいた大学関係者各位，掲載許可をいただいた著作権者の皆様，各科目の解答や対策の執筆にあたられた先生方，そして，赤本を使用してくださったすべての読者の皆様に，厚く御礼を申し上げます。
　以下に，創刊初期の「赤本」のはしがきを引用します。これからも引き続き，受験生の目標の達成や，夢の実現を応援してまいります。
　本書を活用して，入試本番では持てる力を存分に発揮されることを心より願っています。

編者しるす

＊　　　＊　　　＊

　学問の塔にあこがれのまなざしをもって，それぞれの志望する大学の門をたたかんとしている受験生諸君！　人間として生まれてきた私たちは，自己の欲するままに，美しく，強く，そして何よりも人間らしく生きることをねがっている。しかし，一朝一夕にして，この純粋なのぞみが達せられることはない。私たちの行く手には，絶えずさまざまな試練がまちかまえている。この試練を克服していくところに，私たちのねがう真に人間的な世界がはじめて開かれてくるのである。
　人生最初の最大の試練として，諸君の眼前に大学入試がある。この大学入試は，精神的にも身体的にも，大きな苦痛を感ぜしめるであろう。あるスポーツに熟達するには，たゆみなき，はげしい練習を積み重ねることが必要であるように，私たちは，計画的・持続的な努力を払うことによって，この試練を克服し，次の一歩を踏みだすことができる。厳しい試練を経たのちに，はじめて満足すべき成果を獲得できるのである。
　本書は最近の入学試験の問題に，それぞれ解答を付し，さらに問題をふかく分析することによって，その大学独特の傾向や対策をさぐろうとした。本書を一般の参考書とあわせて使用し，まとはずれのない，効果的な受験勉強をされるよう期待したい。

（昭和 35 年版「赤本」はしがきより）

挑む人の、いちばんの味方

赤本創刊70周年

1954年に大学入試の過去問題集を刊行してから70年。赤本は大学に入りたいと思う受験生を応援しつづけてきました。これからも，苦しいとき落ち込むときにそばで支える存在でいたいと思います。

そして，勉強をすること，自分で道を決めること，努力が実ること，これらの喜びを読者の皆さんが感じることができるよう，伴走をつづけます。

そもそも赤本とは…

受験生のための大学入試の過去問題集！

70年の歴史を誇る赤本は，500点を超える刊行点数で全都道府県の370大学以上を網羅しており，過去問の代名詞として受験生の必須アイテムとなっています。

・・・・・・・・・・ なぜ受験に過去問が必要なのか？ ・・・・・・・・・・

大学入試は大学によって問題形式や頻出分野が大きく異なるからです。

赤本の掲載内容

傾向と対策

これまでの出題内容から，問題の「**傾向**」を分析し，来年度の入試に向けて具体的な「**対策**」の方法を紹介しています。

問題編・解答編

◆ 年度ごとに問題とその解答を掲載しています。

◆ 「**問題編**」ではその年度の試験概要を確認したうえで，実際に出題された過去問に取り組むことができます。

◆ 「**解答編**」には高校・予備校の先生方による解答が載っています。

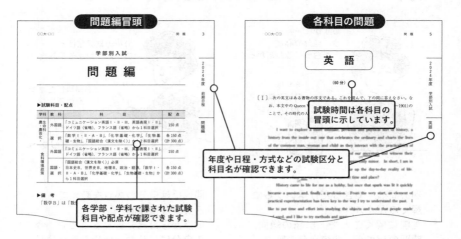

他にも，大学の基本情報や，先輩受験生の合格体験記，在学生からのメッセージなどが載っていることがあります。

2024年度から
見やすい
デザインに！
NEW

受験勉強は
過去問に始まり，

STEP 1
（なにはともあれ）

まずは
解いてみる

しずかに…
今，自分の心と
向き合ってるんだから

ムーン

それは
問題を解いて
からだホン！

過去問は，**できるだけ早いうちに解くのがオススメ！**
実際に解くことで，**出題の傾向，問題のレベル，今の自分の実力が**つかめます。

STEP 2
（じっくり具体的に）

弱点を
分析する

分析の結果だけど
英・数・国が苦手みたい

スリー

必須科目だホン
頑張るホン

間違いは自分の弱点を教えてくれる**貴重な情報源。**
弱点から自己分析することで，**今の自分に足りない力や苦手な分野**が見えてくるはず！

合格者があかす
赤本の使い方

傾向と対策を熟読
（Fさん／国立大合格）

大学の出題傾向を調べるために，赤本に載っている「傾向と対策」を熟読しました。

繰り返し解く
（Tさん／国立大合格）

1周目は問題のレベル確認，2周目は苦手や頻出分野の確認に，3周目は合格点を目指して，と過去問は繰り返し解くことが大切です。

過去問に終わる。

STEP 3 （志望校にあわせて）

苦手分野の重点対策

明日からはみんなで頑張るよ！
参考書も！問題集も！
よろしくね！

なにを!?どこから!?

呼んだ？

グッ グッ

参考書や問題集を活用して，苦手分野の**重点対策**をしていきます。**過去問を指針**に，合格へ向けた具体的な学習計画を立てましょう！

STEP 1 ▶ 2 ▶ 3 （サイクルが大事！）

実践を繰り返す

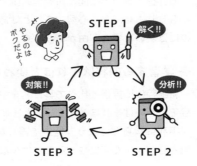

やるのはボクだよ～

STEP 1 解く!!

対策!! STEP 3

分析!! STEP 2

STEP 1～3を繰り返し，実力アップにつなげましょう！
出題形式に慣れることや，**時間配分を考える**ことも大切です。

目標点を決める
（Yさん／私立大合格）

赤本によっては合格者最低点が載っているので，それを見て目標点を決めるのもよいです。

時間配分を確認
（Kさん／私立大学合格）

赤本は時間配分や解く順番を決めるために使いました。

添削してもらう
（Sさん／私立大学合格）

記述式の問題は先生に添削してもらうことで自分の弱点に気づけると思います。

新課程も赤本で
ばっちり！

新課程入試 Q&A

使える？

2022年度から新しい学習指導要領（新課程）での授業が始まり，2025年度の入試は，新課程に基づいて行われる最初の入試となります。ここでは，赤本での新課程入試の対策について，よくある疑問にお答えします。

Q1. 赤本は新課程入試の対策に使えますか？

A. もちろん使えます！

OK

旧課程入試の過去問が新課程入試の対策に役に立つのか疑問に思う人もいるかもしれませんが，心配することはありません。旧課程入試の過去問が役立つのには次のような理由があります。

● 学習する内容はそれほど変わらない

新課程は旧課程と比べて科目名を中心とした変更はありますが，学習する内容そのものはそれほど大きく変わっていません。また，多くの大学で，既卒生が不利にならないよう「経過措置」がとられます（Q3参照）。したがって，出題内容が大きく変更されることは少ないとみられます。

● 大学ごとに出題の特徴がある

これまでに課程が変わったときも，各大学の出題の特徴は大きく変わらないことがほとんどでした。入試問題は各大学のアドミッション・ポリシーに沿って出題されており，過去問にはその特徴がよく表れています。過去問を研究してその大学に特有の傾向をつかめば，最適な対策をとることができます。

出題の特徴の例	・英作文問題の出題の有無 ・論述問題の出題（字数制限の有無や長さ） ・計算過程の記述の有無

新課程入試の対策も，赤本で過去問に取り組むところから始めましょう。

Q2. 赤本を使う上での注意点はありますか？

A. 志望大学の入試科目を確認しましょう。

過去問を解く前に，過去の出題科目（問題編冒頭の表）と 2025 年度の募集要項とを比べて，課される内容に変更がないかを確認しましょう。ポイントは以下のとおりです。科目名が変わっていても，実際は旧課程の内容とほとんど同様のものもあります。

英語・国語	科目名は変更されているが，実質的には変更なし。 ▶▶ ただし，リスニングや古文・漢文の有無は要確認。
地歴	科目名が変更され，「歴史総合」「地理総合」が新設。 ▶▶ 新設科目の有無に注意。ただし，「経過措置」(Q3参照)により内容は大きく変わらないことも多い。
公民	「現代社会」が廃止され，「公共」が新設。 ▶▶ 「公共」は実質的には「現代社会」と大きく変わらない。
数学	科目が再編され，「数学C」が新設。 ▶▶ 「数学」全体としての内容は大きく変わらないが，出題科目と単元の変更に注意。
理科	科目名も学習内容も大きな変更なし。

数学については，科目名だけでなく，どの単元が含まれているかも確認が必要です。例えば，出題科目が次のように変わったとします。

旧課程	「数学Ⅰ・数学Ⅱ・数学A・数学B（数列・ベクトル）」
新課程	「数学Ⅰ・数学Ⅱ・数学A・**数学B（数列）・数学C（ベクトル）**」

この場合，新課程では「数学C」が増えていますが，単元は「ベクトル」のみのため，実質的には旧課程とほぼ同じであり，過去問をそのまま役立てることができます。

Q3. 「経過措置」とは何ですか？

A. 既卒の旧課程履修者への対応です。

　多くの大学では，既卒の旧課程履修者が不利にならないように，出題において「経過措置」が実施されます。措置の有無や内容は大学によって異なるので，募集要項や大学のウェブサイトなどで確認しておきましょう。

○旧課程履修者への経過措置の例

- ●旧課程履修者にも配慮した出題を行う。
- ●新・旧課程の共通の範囲から出題する。
- ●新課程と旧課程の共通の内容を出題し，共通範囲のみでの出題が困難な場合は，旧課程の範囲からの問題を用意し，選択解答とする。

　例えば，地歴の出題科目が次のように変わったとします。

旧課程	「日本史 B」「世界史 B」から 1 科目選択
新課程	**「歴史総合，日本史探究」「歴史総合，世界史探究」から 1 科目選択**※ ※旧課程履修者に不利益が生じることのないように配慮する。

　「歴史総合」は新課程で新設された科目で，旧課程履修者には見慣れないものですが，上記のような経過措置がとられた場合，新課程入試でも旧課程と同様の学習内容で受験することができます。

新課程の情報は WEB もチェック！
より詳しい解説が赤本ウェブサイトで見られます。
https://akahon.net/shinkatei/

科目名が変更される教科・科目

	旧 課 程	新 課 程
国語	国 語 総 合 国 語 表 現 現 代 文 A 現 代 文 B 古 典 A 古 典 B	現 代 の 国 語 言 語 文 化 論 理 国 語 文 学 国 語 国 語 表 現 古 典 探 究
地歴	日 本 史 A 日 本 史 B 世 界 史 A 世 界 史 B 地 理 A 地 理 B	歴 史 総 合 日 本 史 探 究 世 界 史 探 究 地 理 総 合 地 理 探 究
公民	現 代 社 会 倫 理 政 治・経 済	公 共 倫 理 政 治・経 済
数学	数 学 I 数 学 II 数 学 III 数 学 A 数 学 B 数 学 活 用	数 学 I 数 学 II 数 学 III 数 学 A 数 学 B 数 学 C
外国語	コミュニケーション英語基礎 コミュニケーション英語 I コミュニケーション英語 II コミュニケーション英語 III 英 語 表 現 I 英 語 表 現 II 英 語 会 話	英語コミュニケーション I 英語コミュニケーション II 英語コミュニケーション III 論 理・表 現 I 論 理・表 現 II 論 理・表 現 III
情報	社 会 と 情 報 情 報 の 科 学	情 報 I 情 報 II

大学のサイトも見よう

目　次

解答編 ※問題編は別冊

掲載内容についてのお断り

- グローバル入試は掲載していません。
- 2021 年度より実施の「学部独自試験（総合問題）」について，大学から公表されたサンプル問題 2 種類を掲載しています。

基本情報

🏛 沿革

2003（平成 15）	スポーツ科学部を設置
2004（平成 16）	国際教養学部を設置
2007（平成 19）	創立 125 周年。第一・第二文学部を文化構想学部・文学部に，理工学部を基幹理工学部・創造理工学部・先進理工学部に改組再編
2009（平成 21）	社会科学部が昼間部に移行

シンボル

　1906（明治 39）年に「弧形の稲葉の上に大学の二字を置く」という校章の原型が作られ，創立 125 周年を機に伝統のシンボルである校章・角帽・早稲田レッドをモチーフとし，現在の早稲田シンボルがデザインされました。

早稲田大学について

　早稲田大学の教育の基本理念を示す文書としての教旨は，高田早苗，坪内逍遥，天野為之，市島謙吉，浮田和民，松平康国などにより草案が作成されました。その後，教旨は初代総長・大隈重信の校閲を経て1913（大正2）年の創立30周年記念祝典において宣言され，今日の早稲田の校風を醸成するに至っています。

早稲田大学教旨

早稲田大学は学問の独立を全うし学問の活用を効し
模範国民を造就するを以て建学の本旨と為す

早稲田大学は**学問の独立**を本旨と為すを以て
之が自由討究を主とし
常に独創の研鑽に力め以て
世界の学問に裨補せん事を期す

早稲田大学は**学問の活用**を本旨と為すを以て
学理を学理として研究すると共に
之を実際に応用するの道を講し以て
時世の進運に資せん事を期す

早稲田大学は**模範国民の造就**を本旨と為すを以て
個性を尊重し　身家を発達し　国家社会を利済し
併せて広く世界に活動す可き人格を養成せん事を期す

教旨の概要

●学問の独立

学問の独立は在野精神や反骨の精神などの校風と結び合います。早稲田大学は，自主独立の精神をもつ近代的国民の養成を理想とし，権力や時勢に左右されない科学的な教育・研究を行うことを掲げています。

●学問の活用

歴史上，日本が近代国家をめざすため，学問は現実に活かしうるもの，すなわち近代化に貢献するものであることが求められました。これが学問の活用です。ただし，早稲田大学はこの学問の活用を安易な実用主義ではなく，進取の精神として教育の大きな柱の一つとしました。

●模範国民の造就

早稲田大学は庶民の教育を主眼として創設されました。このことが反映された理念が模範国民の造就です。模範国民の造就は，グローバリゼーションが進展する現代にも通ずる理念であり，豊かな人間性をもった地球市民の育成と解釈されます。

早稲田大学校歌

作詞　相馬御風
作曲　東儀鉄笛

一、
都の西北　早稲田の森に
聳ゆる甍は　われらが母校
われらが日ごろの　抱負を知るや
進取の精神　学の独立
現世を忘れぬ　久遠の理想
かがやくわれらが　行手を見よや
わせだ
わせだ
わせだ
わせだ
わせだ

二、
東西古今の　文化のうしほ
一つに渦巻く　大島国の
大なる使命を　担ひて立てる
われらが行手は　窮り知らず
やがても久遠の　理想の影は
あまねく天下に　輝き布かん
わせだ
わせだ
わせだ
わせだ
わせだ

三、
あれ見よかしこの　常磐の森は
心のふるさと　われらが母校
集り散じて　人は変れど
仰ぐは同じき　理想の光
いざ声そろへて　空もとどろに
われらが母校の　名をばたたへん
わせだ
わせだ
わせだ
わせだ
わせだ

学部・学科の構成

（注）下記内容は 2024 年 4 月時点のもので，改組・新設等により変更される場合があります。

大　学

●**政治経済学部**　早稲田キャンパス
　政治学科
　経済学科
　国際政治経済学科

●**法学部**　早稲田キャンパス
　法律主専攻（司法・法律専門職，企業・渉外法務，国際・公共政策）

●**教育学部**　早稲田キャンパス
　教育学科（教育学専攻〈教育学専修，生涯教育学専修，教育心理学専修〉，初等教育学専攻）
　国語国文学科
　英語英文学科
　社会科（地理歴史専修，公共市民学専修）
　理学科（生物学専修，地球科学専修）
　数学科
　複合文化学科

●**商学部**　早稲田キャンパス
　経営トラック，会計トラック，マーケティングトラック，ファイナンストラック，保険・リスクマネジメントトラック，ビジネスエコノミクストラック

●**社会科学部**　早稲田キャンパス
　社会科学科（『平和・国際協力』コース，『多文化社会・共生』コース，『サスティナビリティ』コース，『コミュニティ・社会デザイン』コース，『組織・社会イノベーション』コース）

●**国際教養学部**　早稲田キャンパス
　国際教養学科

● **文化構想学部** 戸山キャンパス

文化構想学科（多元文化論系，複合文化論系，表象・メディア論系，文芸・ジャーナリズム論系，現代人間論系，社会構築論系）

● **文学部** 戸山キャンパス

文学科（哲学コース，東洋哲学コース，心理学コース，社会学コース，教育学コース，日本語日本文学コース，中国語中国文学コース，英文学コース，フランス語フランス文学コース，ドイツ語ドイツ文学コース，ロシア語ロシア文学コース，演劇映像コース，美術史コース，日本史コース，アジア史コース，西洋史コース，考古学コース，中東・イスラーム研究コース）

● **基幹理工学部** 西早稲田キャンパス

数学科
応用数理学科
機械科学・航空宇宙学科
電子物理システム学科
情報理工学科
情報通信学科
表現工学科

● **創造理工学部** 西早稲田キャンパス

建築学科
総合機械工学科
経営システム工学科
社会環境工学科
環境資源工学科
※学科を横断する組織として「社会文化領域」を設置。

● **先進理工学部** 西早稲田キャンパス

物理学科
応用物理学科
化学・生命化学科
応用化学科
生命医科学科
電気・情報生命工学科

●**人間科学部** 　所沢キャンパス

　人間環境科学科
　健康福祉科学科
　人間情報科学科

●**スポーツ科学部** 　所沢キャンパス／一部の授業は東伏見キャンパス

　スポーツ科学科（スポーツ医科学コース，健康スポーツコース，トレー
　　ナーコース，スポーツコーチングコース，スポーツビジネスコース，
　　スポーツ文化コース）

（備考）学科・専攻・コース等に分属する年次はそれぞれ異なる。

大学院

政治学研究科 / 経済学研究科 / 法学研究科（法科大学院）/ 文学研究科 /
商学研究科 / 基幹理工学研究科 / 創造理工学研究科 / 先進理工学研究科 /
教育学研究科 / 人間科学研究科 / 社会科学研究科 / スポーツ科学研究科 /
国際コミュニケーション研究科 / アジア太平洋研究科 / 日本語教育研究科
/ 情報生産システム研究科 / 会計研究科 / 環境・エネルギー研究科 / 経営
管理研究科（WBS）

▊ 教育の特徴

　早稲田大学には，各学部の講義やカリキュラムのほか，グローバルエデュケーションセンター（GEC）により設置された科目や教育プログラムもあります。GEC の設置科目はすべて学部・学年を問わず自由に履修でき，国内外の幅広く多様な分野で活躍するための「第二の強み」を作ることができます。GEC の教育プログラムは 4 つに大別されます。

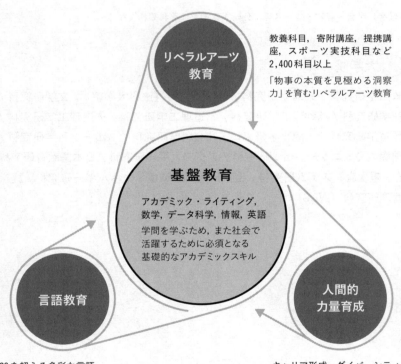

リベラルアーツ教育

教養科目，寄附講座，提携講座，スポーツ実技科目など 2,400科目以上

「物事の本質を見極める洞察力」を育むリベラルアーツ教育

基盤教育

アカデミック・ライティング，数学，データ科学，情報，英語
学問を学ぶため，また社会で活躍するために必須となる基礎的なアカデミックスキル

言語教育

20 を超える多彩な言語
言葉だけでなく，その言語圏の歴史や文化についても知ることで，グローバルな視野を養う

人間的力量育成

キャリア形成，ダイバーシティ，ボランティア，地域連携，リーダーシップ，ビジネス創出

理論だけでなく実践を通した学びで，人類社会に貢献するグローバル人材を育成する

✅ イベント情報

　早稲田大学は，高校生・受験生に向けた情報発信の機会として，全国各地においてイベントを実施しています。

◉キャンパスツアー
　キャンパスの雰囲気を体感できるイベントです。在学生ならではの声や説明を聞くことができ，モチベーション UP につながります。
　　対面型ツアー／オンライン型ツアー

◉オープンキャンパス
　例年 7 ～ 8 月頃に東京をはじめ，仙台・大阪・広島・福岡にて実施されています。学生団体によるパフォーマンスも必見です。

◉進学相談会・説明会
　全国 100 カ所近くで開催されています。

受験生応援サイト「DISCOVER WASEDA」
　講義体験や詳細な学部・学科紹介，キャンパスライフ，施設紹介，合格体験記といった様々な動画コンテンツが掲載されています。

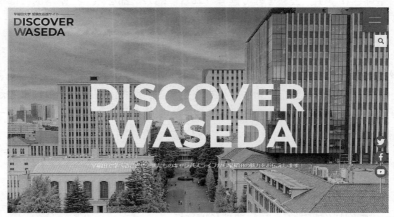

DISCOVER WASEDA
https://discover.w.waseda.jp

奨学金情報

　奨学金には，大学が独自に設置しているものから，公的団体・民間団体が設置しているものまで多くの種類が存在します。そのうち，早稲田大学が独自に設置している学内奨学金は約 150 種類に上り，すべて卒業後に返還する必要のない給付型の奨学金です。申請の時期や条件はそれぞれ異なりますが，ここでは，入学前に特に知っておきたい早稲田大学の学内奨学金を取り上げます。（本書編集時点の情報です。）

◉めざせ！ 都の西北奨学金 　入学前
　首都圏の一都三県（東京都・埼玉県・千葉県・神奈川県）以外の国内高校・中等教育学校出身者を対象とした奨学金です。採用候補者数は 1200 人と学内の奨学金の中でも最大で選考結果は入学前に通知されます。
　　給付額⇨年額 45〜70 万円　収入・所得条件⇨1,000 万円未満※
　　※給与・年金収入のみの場合。

◉大隈記念奨学金 　入学前　入学後
　入学試験の成績，または入学後の学業成績を考慮して学部ごとに選考・給付されます。公募を経て選考される一部の学部を除き，基本的には事前申請が不要な奨学金です。
　　給付額⇨年額 40 万円（原則）　収入・所得条件⇨なし

◉早稲田の栄光奨学金 　入学後
　入学後に海外留学を目指す学生を支援する制度で，留学出願前に選考から発表まで行われます。留学センターが募集する，大学間協定によるプログラムで半期以上留学する学生が対象です。
　　給付額⇨半期：50 万円，1 年以上：110 万円　収入・所得条件⇨800 万円未満※
　　※給与・年金収入のみの場合。

　　その他の奨学金も含む詳細な情報は，
　　大学 Web サイト及びその中の奨学金情報誌を
　　ご確認ください。

大学ウェブサイト
（奨学金情報）

入 試 デ ー タ

 ## 入学試験の名称・定義

〔凡例〕

●：必須　　—：不要　　▲：以下の注意事項を参照

※1　英語以外の外国語を選択する場合に必要
※2　数学を選択する場合に必要
※3　提出しなくても出願可能（提出しない場合は，加点なしの扱い）
※4　出願時に「スポーツ競技歴調査書」「スポーツ競技成績証明書」の提出が必要

一般選抜

　早稲田大学の試験場において試験を受ける必要が**ある**入試。

学　部	入試制度	共通テスト	英語4技能テスト	大学での試験
政 治 経 済 学 部	一般	●	—	●
法　学　部	一般	▲※1※2	—	●
教 育 学 部*	一般（A方式）	▲※1	—	●
	一般（B方式）	▲※1	—	●
	一般（C方式）	●	—	●
	一般（D方式）	●	—	●
商　学　部	一般（地歴・公民型）	▲※1	—	●
	一般（数学型）	▲※1	—	●
	一般（英語4技能テスト利用型）	▲※1	●	●
社 会 科 学 部	一般	—	—	●
国 際 教 養 学 部	一般	●	▲※3	●
文 化 構 想 学 部	一般	▲※1	—	●
	一般（英語4技能テスト利用方式）	—	●	●
	一般（共通テスト利用方式）	●	—	●

（表つづく）

学　部	入試制度	共通テスト	英語4技能テスト	大学での試験
文　学　部	一般	▲[※1]	—	●
	一般（英語4技能テスト利用方式）	—	●	●
	一般（共通テスト利用方式）	●	—	●
基幹理工学部	一般	—	—	●
創造理工学部	一般	—	—	●
先進理工学部	一般	—	—	●
人間科学部	一般	—	—	●
	一般（共通テスト＋数学選抜方式）	●	—	●
スポーツ科学部	一般（共通テスト＋小論文方式）	●	—	●

＊教育学部の 2022・2021 年度については，下記の通りの実施であった。

学　部	入試制度	共通テスト	英語4技能スコア	大学での試験
教　育　学　部	一般	—	—	●

大学入学共通テスト利用入試

早稲田大学の試験場において試験を受ける必要が**ない**入試。

学　部	入試制度	共通テスト	英語4技能テスト	大学での試験
政治経済学部	共テ利用（共通テストのみ方式）	●	—	—
法　学　部	共テ利用（共通テストのみ方式）	●	—	—
社会科学部	共テ利用（共通テストのみ方式）	●	—	—
人間科学部	共テ利用（共通テストのみ方式）	●	—	—
スポーツ科学部	共テ利用（共通テストのみ方式）	●	—	—
	共テ利用（共通テスト＋競技歴方式）	●[※4]	—	—

📊 入試状況（競争率・合格最低点など）

○基幹理工学部は学系単位の募集。各学系から進級できる学科は次の通り。

　学系Ⅰ：数学科，応用数理学科

　学系Ⅱ：応用数理学科，機械科学・航空宇宙学科，電子物理システム学科，情報理工学科，情報通信学科

　学系Ⅲ：情報理工学科，情報通信学科，表現工学科

○先進理工学部は第一志望学科の志願者数・合格者数を表記。合格最低点は，「第二志望学科」合格者の最低点を除く。

○合格者数に補欠合格者は含まない。

○競争率は受験者数÷合格者数で算出。ただし，共通テスト利用入試（共通テストのみ方式）の競争率は志願者数÷合格者数で算出。

○合格最低点は正規・補欠合格者の最低総合点であり，基幹理工・創造理工・先進理工学部を除き，成績標準化後の点数となっている。成績標準化とは，受験する科目間で難易度による差が生じないように，個々の科目において得点を調整する仕組みのこと。

○2022年度以前の教育学部理学科地球科学専修志願者で，理科の地学選択者については，理学科50名のうち若干名を「地学選択者募集枠」として理科の他の科目選択者とは別枠で判定を行っている。合格最低点欄の〈　〉内は地学選択者募集枠の合格最低点を示す。

○基幹理工学部・創造理工学部の「得意科目選考」の合格最低点は除く。

〈基準点について〉

○教育学部：すべての科目に合格基準点が設けられており，基準点に満たない場合は不合格となる。また，以下の学科は，それぞれ次のような条件を特定科目の合格基準点としている。

　　国語国文学科⇨「国語」：国語国文学科の全受験者の平均点

　　英語英文学科⇨「英語」：英語英文学科の全受験者の平均点

　　数学科⇨「数学」：数学科の全受験者の平均点

○商学部：英語4技能テスト利用型では，国語，地歴・公民または数学それぞれにおいて合格基準点が設けられており，基準点に満たない場合は不合格となる。

○スポーツ科学部：小論文が基準点に満たない場合は不合格となる。

2024 年度一般選抜・共通テスト利用入試

大学ホームページ（2024 年 3 月 12 日付）より。

2024 年度合格最低点については本書編集段階では未公表のため，大学公表の資料でご確認ください。

学部・学科・専攻等				募集人員	志願者数	受験者数	合格者数	競争率
政治経済	一般		政　　　治	100	1,005	846	294	2.9
			経　　　済	140	1,269	995	318	3.1
			国際政治経済	60	402	327	148	2.2
	共通テスト		政　　　治	15	401	—	133	3.0
			経　　　済	25	1,672	—	606	2.8
			国際政治経済	10	293	—	103	2.8
法	一　　　般			350	4,346	3,809	703	5.4
	共 通 テ ス ト			100	2,044	—	567	3.6
教育	一般（A方式・B方式）	教育学	教 育 学	95	1,008	934	100	9.3
			生 涯 教 育 学		1,123	1,046	76	13.8
			教 育 心 理 学		632	578	57	10.1
		初 等 教 育 学		20	355	333	30	11.1
		国 語 国 文		80	1,308	1,226	179	6.8
		英 語 英 文		80	1,379	1,269	318	4.0
		社会	地 理 歴 史	140	1,712	1,609	207	7.8
			公 共 市 民 学		1,464	1,413	255	5.5
		理	地 球 科 学	20	704	625	86	7.3
		数		45	841	757	132	5.7
		複 合 文 化		40	924	865	110	7.9
育	一般（C方式）	教育	教育学	教 育 学	20	22	19	5	3.8
				生 涯 教 育 学		41	35	15	2.3
				教 育 心 理 学		22	19	9	2.1
		初 等 教 育 学		5	9	7	3	2.3
		国 語 国 文		15	61	54	15	3.6
		英 語 英 文		15	106	92	42	2.2
		社会	地 理 歴 史	25	52	47	22	2.1
			公 共 市 民 学		38	35	16	2.2

（表つづく）

学部・学科・専攻等			募集人員	志願者数	受験者数	合格者数	競争率
教育	一般（C方式）	理 生　物　学	15	235	116	51	2.3
		理 地　球　科　学	5	41	34	13	2.6
		数	10	127	71	38	1.9
		複　合　文　化	10	87	72	12	6.0
	一般（D方式）	理 生　物　学	10	160	145	31	4.7
商	一般	地　歴　・　公　民　型	355	7,730	7,039	695	10.1
		数　　学　　型	150	2,752	2,329	400	5.8
		英語4技能テスト利用型	30	412	359	76	4.7
社会科学	一 般		450	8,864	7,833	869	9.0
	共　通　テ　ス　ト		50	1,384	—	361	3.8
国際教養	一 般		175	1,352	1,229	380	3.2
文化構想	一般	一 般	370	6,898	6,618	783	8.5
		英語4技能テスト利用方式	70	2,410	2,355	339	6.9
		共通テスト利用方式	35	1,123	993	206	4.8
文	一般	一 般	340	7,755	7,330	860	8.5
		英語4技能テスト利用方式	50	2,375	2,307	326	7.1
		共通テスト利用方式	25	1,057	873	191	4.6
基幹理工	一般	学　系　　Ⅰ	45	581	524	189	2.8
		学　系　　Ⅱ	210	2,822	2,534	703	3.6
		学　系　　Ⅲ	65	1,128	1,032	205	5.0
創造理工	一般	建　　　　築	80	763	675	176	3.8
		総　合　機　械　工	80	1,029	931	217	4.3
		経　営　シ　ス　テ　ム　工	70	660	594	148	4.0
		社　会　環　境　工	50	452	412	113	3.6
		環　境　資　源　工	35	370	338	94	3.6
先進理工	一般	物　　　　　理	30	798	735	195	3.8
		応　用　物　理	55	457	422	134	3.1
		化　学　・　生　命　化	35	391	355	103	3.4
		応　　用　　化	75	1,196	1,097	303	3.6
		生　命　医　科	30	827	724	148	4.9
		電　気　・　情　報　生　命　工	75	517	465	133	3.5

（表つづく）

学部・学科・専攻等			募集人員	志願者数	受験者数	合格者数	競争率
人間科学	一般	一般 人間環境科	115	2,180	1,973	320	6.2
		健康福祉科	125	2,124	1,977	296	6.7
		人間情報科	100	1,528	1,358	200	6.8
		数学選抜方式 人間環境科	15	236	223	59	3.8
		健康福祉科	15	162	153	44	3.5
		人間情報科	15	258	242	70	3.5
	共通テスト	人間環境科	5	452	—	102	4.4
		健康福祉科	5	233	—	77	3.0
		人間情報科	5	352	—	99	3.6
スポーツ科学	一般	一般	150	1,090	914	303	3.0
	共通テスト	共通テストのみ方式	50	460	—	93	4.9
		競技歴方式	50	359	—	141	2.5

2023 年度一般選抜・共通テスト利用入試

学部・学科・専攻等				募集人員	志願者数	受験者数	合格者数	競争率	合格最低点／満点
政治経済	一般	政　　　　　治		100	824	708	260	2.7	151.5/200
		経　　　　　済		140	1,481	1,192	322	3.7	159.0/200
		国 際 政 治 経 済		60	561	462	131	3.5	158.5/200
	共通テスト	政　　　　　治		15	358	—	103	3.5	
		経　　　　　済		25	1,632	—	467	3.5	—
		国 際 政 治 経 済		10	353	—	111	3.2	
法	一般			350	4,780	4,269	811	5.3	90.25/150
	共 通 テ ス ト			100	1,836	—	510	3.6	—
教育	一般（A方式・B方式）	教育	教育学	教 育 学	95	942	867	112	7.7	93.682/150
				生涯教育学	687	655	114	5.7	90.002/150
			教 育 心 理 学		722	677	64	10.6	94.023/150
		初 等 教 育 学		20	632	590	40	14.8	92.795/150
		国 語 国 文		80	1,194	1,120	199	5.6	106.451/150
		英 語 英 文		80	1,642	1,520	328	4.6	107.858/150
		社会	地 理 歴 史	140	1,929	1,827	217	8.4	97.546/150
			公 共 市 民 学		1,771	1,686	248	6.8	94.899/150
		理	地 球 科 学	20	670	597	94	6.4	89.272/150
		数		45	903	806	149	5.4	122.042/150
		複 合 文 化		40	1,216	1,130	129	8.8	117.045/150
	一般（C方式）	教育	教育学	教 育 学	20	35	27	9	3.0	173.200/240
				生涯教育学	21	21	10	2.1	155.700/240
			教 育 心 理 学		15	15	6	2.5	167.000/240
		初 等 教 育 学		5	13	13	2	6.5	170.200/240
		国 語 国 文		15	66	60	17	3.5	185.500/240
		英 語 英 文		15	78	66	32	2.1	168.200/240
		社会	地 理 歴 史	25	61	58	26	2.2	175.400/240
			公 共 市 民 学		57	51	20	2.6	182.000/240

（表つづく）

学部・学科・専攻等			募集人員	志願者数	受験者数	合格者数	競争率	合格最低点／満点
教育	一般（C方式）	理 生　物　学	15	199	129	76	1.7	148.000/240
		地　球　科　学	5	36	35	10	3.5	176.700/240
		数	10	91	74	27	2.7	121.500/240
		複　合　文　化	10	45	41	22	1.9	163.700/240
	一般（D方式）	理 生　物　学	10	204	191	51	3.7	150.300/240
商	一般	地　歴・公　民　型	355	7,949	7,286	656	11.1	131.6/200
		数　　学　　型	150	2,490	2,129	370	5.8	109.05/180
		英語4技能テスト利用型	30	279	246	63	3.9	127/205
社会科学	一般		450	8,862	7,855	826	9.5	78.92/130
	共　通　テ　ス　ト		50	1,329	—	355	3.7	—
国際教養	一般		175	1,357	1,222	304	4.0	142.8/200
文化構想	一般	一般	370	7,353	7,049	736	9.6	131.7/200
		英語4技能テスト利用方式	70	2,694	2,622	355	7.4	85/125
		共通テスト利用方式	35	1,164	992	217	4.6	146/200
文	一般	一般	340	7,592	7,110	840	8.5	129.8/200
		英語4技能テスト利用方式	50	2,429	2,339	332	7.0	85/125
		共通テスト利用方式	25	1,115	875	203	4.3	146/200
基幹理工	一般	学　　系　　I	45	509	463	177	2.6	190/360
		学　　系　　II	210	3,048	2,796	640	4.4	206/360
		学　　系　　III	65	1,079	993	194	5.1	199/360
創造理工	一般	建　　　　築	80	768	697	169	4.1	196/400
		総　合　機　械　工	80	988	909	267	3.4	179/360
		経　営　システム工	70	629	584	154	3.8	191/360
		社　会　環　境　工	50	507	452	129	3.5	184/360
		環　境　資　源　工	35	280	259	90	2.9	180/360
先進理工	一般	物　　　　理	30	738	668	145	4.6	205/360
		応　用　物　理	55	565	517	119	4.3	188/360
		化　学・生　命　化	35	379	345	119	2.9	194/360
		応　　用　　化	75	1,060	962	325	3.0	195/360
		生　命　医　科	30	736	637	170	3.7	196/360
		電気・情報生命工	75	557	509	147	3.5	188/360

（表つづく）

学部・学科・専攻等			募集人員	志願者数	受験者数	合格者数	競争率	合格最低点／満点
人間科学	一般	一般 人間環境科	115	1,977	1,794	283	6.3	87.40/150
		健康福祉科	125	2,038	1,865	273	6.8	85.72/150
		人間情報科	100	1,951	1,761	221	8.0	86.92/150
		数学選抜方式 人間環境科	15	166	161	66	2.4	276.7/500
		健康福祉科	15	204	194	46	4.2	282.2/500
		人間情報科	15	240	232	74	3.1	296.0/500
	共通テスト	人間環境科	5	343	—	90	3.8	—
		健康福祉科	5	366	—	92	4.0	
		人間情報科	5	387	—	92	4.2	
スポーツ科学	一般	一般	150	972	804	257	3.1	159.9/250
	共通テスト	共通テストのみ方式	50	455	—	92	4.9	—
		競技歴方式	50	270	—	143	1.9	—

（備考）合格最低点欄の「—」は非公表を示す。

2022 年度一般選抜・共通テスト利用入試

学部・学科・専攻等			募集人員	志願者数	受験者数	合格者数	競争率	合格最低点／満点
政治経済	一般	政治	100	908	781	252	3.1	152/200
		経済	140	1,470	1,170	312	3.8	155/200
		国際政治経済	60	523	424	133	3.2	155.5/200
	共通テスト	政治	15	297	—	85	3.5	—
		経済	25	1,365	—	466	2.9	
		国際政治経済	10	309	—	89	3.5	
法	一般	般	350	4,709	4,136	754	5.5	89.895/150
	共通テスト		100	1,942	—	550	3.5	—
教育	一般	教育（教育学）教育学	100	950	889	106	8.4	95.160/150
		教育（教育学）生涯教育学		1,286	1,221	94	13.0	96.741/150
		教育（教育学）教育心理学		691	623	65	9.6	95.679/150
		教育 初等教育学	20	444	408	39	10.5	93.047/150
		国語国文	80	1,389	1,312	190	6.9	106.903/150
		英語英文	80	2,020	1,871	340	5.5	110.163/150
		社会 地理歴史	145	2,057	1,929	228	8.5	97.443/150
		社会 公共市民学		2,100	2,002	275	7.3	96.009/150
		理 生物学	50	554	503	122	4.1	85.250/150
		理 地球科学		687	610	98	6.2	86.571/150 〈83.250〉
		数	45	903	818	178	4.6	120/150
		複合文化	40	1,427	1,326	150	8.8	114.255/150
商	一般	地歴・公民型	355	8,230	7,601	694	11.0	130.6/200
		数学型	150	2,648	2,276	366	6.2	109.4/180
		英語4技能テスト利用型	30	899	774	80	9.7	133.7/205
社会科学	一般	般	450	9,166	8,082	823	9.8	89.451/130
	共通テスト		50	1,132	—	305	3.7	—
国際教養	一般	般	175	1,521	1,387	342	4.1	151.1/200
文化構想	一般	一般	370	7,755	7,443	832	8.9	134/200
		英語4技能テスト利用方式	70	3,004	2,929	375	7.8	85.5/125
		共通テスト利用方式	35	1,183	957	203	4.7	142.5/200

（表つづく）

学部・学科・専攻等			募集人員	志願者数	受験者数	合格者数	競争率	合格最低点／満点
文	一般	一　　　　　　　　般	340	8,070	7,532	741	10.2	131.9/200
		英語4技能テスト利用方式	50	2,646	2,545	332	7.7	86.5/125
		共通テスト利用方式	25	1,130	862	170	5.1	148/200
基幹理工	一般	学　　系　　Ⅰ	45	615	559	142	3.9	178/360
		学　　系　　Ⅱ	210	2,962	2,675	673	4.0	181/360
		学　　系　　Ⅲ	65	967	886	165	5.4	176/360
創造理工	一般	建　　　　　築	80	759	684	151	4.5	185/400
		総　合　機　械　工	80	968	875	240	3.6	161/360
		経営システム工	70	682	623	158	3.9	178/360
		社　会　環　境　工	50	464	416	133	3.1	163/360
		環　境　資　源　工	35	239	222	62	3.6	163/360
先進理工	一般	物　　　　　理	30	697	643	162	4.0	196/360
		応　用　物　理	55	471	432	143	3.0	176/360
		化　学・生　命　化	35	437	388	120	3.2	175/360
		応　　用　　化	75	1,173	1,059	259	4.1	180/360
		生　命　医　科	30	695	589	146	4.0	186/360
		電気・情報生命工	75	594	543	138	3.9	172/360
人間科学	一般	一般・人間環境科	115	1,845	1,671	242	6.9	88.5/150
		一般・健康福祉科	125	1,923	1,757	266	6.6	85.5/150
		一般・人間情報科	100	1,921	1,715	252	6.8	87/150
		数学選抜方式・人間環境科	15	135	126	48	2.6	306.1/500
		数学選抜方式・健康福祉科	15	111	106	41	2.6	293.5/500
		数学選抜方式・人間情報科	15	239	227	75	3.0	321.9/500
	共通テスト	人間環境科	5	266	―	85	3.1	―
		健康福祉科	5	198	―	77	2.6	
		人間情報科	5	273	―	98	2.8	
スポーツ科学	一般	一　　　　　　般	150	988	847	223	3.8	163/250
	共通テスト	共通テストのみ方式	50	475	―	109	4.4	―
		競　技　歴　方　式	50	331	―	119	2.8	

（備考）合格最低点欄の「―」は非公表を示す。

2021 年度一般選抜・共通テスト利用入試

学部・学科・専攻等			募集人員	志願者数	受験者数	合格者数	競争率	合格最低点／満点
政治経済	一般	政治	100	870	738	261	2.8	148/200
		経済	140	2,137	1,725	331	5.2	156/200
		国際政治経済	60	488	387	138	2.8	151/200
	共通テスト	政治	15	382	—	104	3.7	
		経済	25	1,478	—	418	3.5	—
		国際政治経済	10	314	—	113	2.8	
法	一般		350	4,797	4,262	738	5.8	90.295/150
	共通テスト		100	2,187	—	487	4.5	—
教育	一般	教育／教育学	100	1,440	1,345	77	17.5	97.688/150
		教育／生涯教育学		876	835	76	11.0	93.818/150
		教育／教育心理学		521	484	59	8.2	95.653/150
		教育／初等教育学	20	378	344	30	11.5	92.096/150
		国語国文	80	1,260	1,195	166	7.2	107.224/150
		英語英文	80	1,959	1,834	290	6.3	110.955/150
		社会／地理歴史	145	2,089	1,974	214	9.2	97.496/150
		社会／公共市民学		1,630	1,558	244	6.4	95.140/150
		理／生物学	50	454	395	89	4.4	86.245/150
		理／地球科学		676	612	112	5.5	87.495/150 〈84.495〉
		数	45	823	739	173	4.3	118.962/150
		複合文化	40	933	880	142	6.2	112.554/150
商	一般	地歴・公民型	355	8,537	7,980	681	11.7	131.35/200
		数学型	150	2,518	2,205	419	5.3	107.60/180
		英語4技能テスト利用型	30	250	214	66	3.2	120.05/205
社会科学	一般		450	8,773	7,883	739	10.7	78.62/130
	共通テスト		50	1,485	—	214	6.9	—
国際教養	一般		175	1,622	1,498	330	4.5	155.94/200
文化構想	一般	一般	430	7,551	7,273	702	10.4	130.6/200
		英語4技能テスト利用方式	70	2,585	2,532	340	7.4	85/125
		共通テスト利用方式	35	1,348	1,146	172	6.7	149.5/200

（表つづく）

学部・学科・専攻等			募集人員	志願者数	受験者数	合格者数	競争率	合格最低点／満点
文	一般	一般	390	7,814	7,374	715	10.3	130.8/200
		英語4技能テスト利用方式	50	2,321	2,239	243	9.2	87.5/125
		共通テスト利用方式	25	1,281	1,037	162	6.4	150/200
基幹理工	一般	学系 I	45	444	403	150	2.7	198/360
		学系 II	210	2,937	2,689	576	4.7	219/360
		学系 III	65	908	823	169	4.9	213/360
創造理工	一般	建築	80	686	634	141	4.5	218/400
		総合機械工	80	874	806	215	3.7	192/360
		経営システム工	70	721	662	146	4.5	206/360
		社会環境工	50	394	374	106	3.5	202/360
		環境資源工	35	273	260	67	3.9	202/360
先進理工	一般	物理	30	713	661	139	4.8	229/360
		応用物理	55	402	370	125	3.0	210/360
		化学・生命化	35	392	359	116	3.1	206/360
		応用化	75	1,123	1,029	308	3.3	209/360
		生命医科	30	829	716	132	5.4	219/360
		電気・情報生命工	75	573	524	154	3.4	198/360
人間科学	一般	一般 人間環境科	115	1,916	1,745	190	9.2	87.620/150
		一般 健康福祉科	125	2,043	1,894	244	7.8	85.601/150
		一般 人間情報科	100	1,407	1,270	161	7.9	85.616/150
		数学選抜方式 人間環境科	15	189	182	43	4.2	—
		数学選抜方式 健康福祉科	15	137	134	36	3.7	—
		数学選抜方式 人間情報科	15	196	186	51	3.6	—
	共通テスト	人間環境科	5	421	—	77	5.5	
		健康福祉科	5	296	—	76	3.9	
		人間情報科	5	370	—	72	5.1	
スポーツ科学	一般	一般	150	842	686	195	3.5	159.7/250
	共通テスト	共通テストのみ方式	50	482	—	96	5.0	—
		競技歴方式	50	314	—	122	2.6	—

（備考）合格最低点欄の「—」は非公表を示す。

募 集 要 項 の 入 手 方 法

　一般選抜・大学入学共通テスト利用入試の出願方法は「WEB 出願」です。詳細情報につきましては，入学センター Web サイトにて 11 月上旬公開予定の入学試験要項をご確認ください。

問い合わせ先

　早稲田大学　入学センター

　　〒 169-8050　東京都新宿区西早稲田 1 - 6 - 1

　　TEL　（03）3203-4331（直）

　　MAIL　nyusi@list.waseda.jp

　　Web サイト　https://www.waseda.jp/inst/admission/

 早稲田大学のテレメールによる資料請求方法

| スマートフォンから | QRコードからアクセスしガイダンスに従ってご請求ください。 |
| パソコンから | 教学社 赤本ウェブサイト(akahon.net)から請求できます。 |

大学所在地

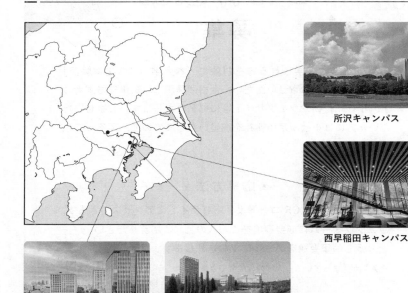

所沢キャンパス

西早稲田キャンパス

早稲田キャンパス　　　　戸山キャンパス

早稲田キャンパス	〒169-8050	東京都新宿区西早稲田 1 - 6 - 1
戸山キャンパス	〒162-8644	東京都新宿区戸山 1 - 24 - 1
西早稲田キャンパス	〒169-8555	東京都新宿区大久保 3 - 4 - 1
所沢キャンパス	〒359-1192	埼玉県所沢市三ヶ島 2 - 579 - 15

早稲田大学を
空から
見てみよう！

各キャンパスの
空撮映像はこちら ▶

合格体験記

募集

　2025 年春に入学される方を対象に，本大学の「合格体験記」を募集します。お寄せいただいた合格体験記は，編集部で選考の上，小社刊行物やウェブサイト等に掲載いたします。お寄せいただいた方には小社規定の謝礼を進呈いたしますので，ふるってご応募ください。

● 応募方法 ●

下記 URL または QR コードより応募サイトにアクセスできます。
ウェブフォームに必要事項をご記入の上，ご応募ください。
折り返し執筆要領をメールにてお送りします。

※入学が決まっている一大学のみ応募できます。

☞ http://akahon.net/exp/

● 応募の締め切り ●

総合型選抜・学校推薦型選抜	2025年 2 月 23 日
私立大学の一般選抜	2025年 3 月 10 日
国公立大学の一般選抜	2025年 3 月 24 日

受験にまつわる川柳を募集します。
入選者には賞品を進呈！
ふるってご応募ください。

応募方法　http://akahon.net/senryu/ にアクセス！☞

気になること、聞いてみました！

在学生メッセージ

大学ってどんなところ？　大学生活ってどんな感じ？
ちょっと気になることを，在学生に聞いてみました。

以下の内容は 2020〜2023 年度入学生のアンケート回答に基づくものです。ここで触れられている内容は今後変更となる場合もありますのでご注意ください。

メッセージを書いてくれた先輩　［政治経済学部］M.K. さん　［法学部］W.S. さん
　　　　　　　　　　　　　　　［文化構想学部］K.M. さん　［教育学部］S.T. さん
　　　　　　　　　　　　　　　［商学部］W.S. さん　［国際教養学部］M.G. さん
　　　　　　　　　　　　　　　［文学部］H.K. さん　N.M. さん　［人間科学部］R.T. さん

Message from current students

大学生になったと実感！

　自分のための勉強ができるようになったこと。高校生のときは定期テストや受験のための勉強しかしていなかったのですが，大学に入ってからは自分の好きな勉強を自分のためにできるようになり，とても充実しています。（W.S. さん／法）

　自分で自由に履修を組めることです。高校生までと違い，必修の授業以外は興味のある授業を自分で選べます。履修登録はかなり手こずりましたが，自分の興味や関心と照らし合わせながらオリジナルの時間割を考えるのはとても楽しいです。（N.M. さん／文）

　高校生の頃は親が管理するようなことも，大学生になるとすべて自分で管理するようになり，社会に出たなと実感した。また，高校生までの狭いコミュニティとまったく異なるところがある。早稲田大学は 1 つの小さな

世界のようなところで，キャンパス内やキャンパス周辺を歩いているだけ
で日本語以外の言語が必ず耳に飛び込んでくる。そのような環境にずっと
触れるため，考え方や世界の見方がいい意味ですべて変わった。今まで生
きてきた自分の中で一番好きな自分に出会えるところが大学だと思う。
（K.M. さん／文化構想）

大学生活に必要なもの

　軽くて使いやすいパソコンです。毎日授業がありパソコンを持ち歩くの
で，とにかく軽いものが良い！ Windows か Mac かは学部・学科で指定
されていないのであれば好きなほうを選んで良いと思います！ iPhone と
つなぐことができるので私は Mac がお気に入りです！（S.T. さん／教育）

　大学生になって一番必要だと感じたものは自己管理能力です。特に，私
の通う国際教養学部は必修授業が少なく，同じ授業を受けている友達が少
ないため，どの授業でどのような課題が出ているかなど，しっかりと自分
自身で把握しておかなければ単位を落としかねません。私は今までスケジ
ュール帳を使うことはあまりなかったのですが，大学生になり，授業の情
報やバイト，友達との約束などをまとめて管理することが必要不可欠とな
ったので，スケジュールアプリを使い始め，とても重宝しています。
（M.G. さん／国際教養）

この授業がおもしろい！

　英会話の授業です。学生が英語力別に分けられ，ランダムに 3，4 人の
グループを組まれます。1 グループにつき 1 人の講師がついて，100 分間
英語だけで会話をします。文法を間違えたときや何と言っていいかわから
ないとき，会話に詰まったときなどに講師が手助けしてくれます。最初は
私には難しすぎると思っていましたが，意外と英語が話せるようになり楽
しかったです。また，少人数のためグループでも仲良くなれて，一緒に昼

ご飯を食べていました。（M.K. さん／政治経済）

ジェンダー論の授業が興味深かったです。高校までは，科目として習うことがありませんでしたが，「ジェンダーとは何か」という基本的な問いから，社会で起きている問題（ジェンダーレストイレは必要か，など）についてのディスカッションを通して，他の学生の考え方を知ることができました。（H.K. さん／文）

心理学概論です。心理学の歴史と研究方法の特徴を学んだ後に，心は発達的にどのように形成されるのか，人が環境についての情報を入手するための心の働き，欲求や願望の充足を求めるときの心の動き方，経験を蓄積し利用する心の仕組み，困難な場面に直面したときの心の動き方と心の使い方などについて学ぶ授業です。もともと心理学に興味はあったのですが，この授業を通してより一層心理学に対する興味・関心が深まりました。（R.T. さん／人間科学）

 ## 大学の学びで困ったこと＆対処法

大学の課題はレポート形式になっていることが多く，疑問提起が抽象的で答え方に困ることがあります。同じ授業を履修している学生に話しかけてコミュニティを作っておくことで，課題の意味を話し合ったり考えを深め合ったりできます。（H.K. さん／文）

レポートの締め切りやテストの日程などのスケジュール管理が大変だったことです。スケジュールが自分で把握できていないとテスト期間に悲惨なことになります。私はテストやレポートについての連絡を教授から受け取ったらすぐにスマホのカレンダーアプリに登録するようにしています。（N.M. さん／文）

部活・サークル活動

　国際交流のサークルに入っています。人数が多いため，自分の都合が合う日程でイベントに参加することができます。また，海外からの留学生と英語や他の言語で交流したり，同じような興味をもつ日本人学生とも交流したり，と新たな出会いがたくさんあります。(H.K. さん／文)

　受験生に向けて早稲田を紹介する雑誌を出版したり，学園祭で受験生の相談に乗ったりするサークルに入っています。活動は週に1回ですが，他の日でもサークルの友達と遊んだりご飯を食べに行ったりすることが多いです。みんなで早慶戦を見に行ったり，合宿でスキーをするなどイベントも充実しています。(N.M. さん／文)

　私は現在，特撮評議会というサークルに入っています。主な活動内容は，基本的に週に2回，歴代の特撮作品を視聴することです。仮面ライダーやスーパー戦隊をはじめとした様々な特撮作品を視聴しています。また，夏休みには静岡県の別荘を貸し切って特撮作品を見まくる合宿を行います。特撮好きの人にとってはうってつけのサークルだと思うので，特撮に興味のある人はぜひ来てください!!（R.T. さん／人間科学)

 ## 交友関係は？

　語学の授業ではクラスがあり，いつも近くの席に座るような友達が自然とできました。クラス会をしたり，ご飯に行ったりして，より仲が深まりました。(W.S. さん／法)

　入学前の学科のオリエンテーションの後，一緒にご飯を食べに行って仲良くなりました。他にも授業ごとに仲の良い友達を作っておくと，授業が楽しみになり，また重い課題が出た際に協力できるのでおススメです。「隣いいですか？」「何年生ですか？」「学部どちらですか？」等なんでもいいので勇気をもって話しかけてみましょう！　仲の良い友達が欲しいと

みんな思っているはず！（S.T. さん／教育）

 ## いま「これ」を頑張っています

アフリカにインターンシップに行く予定なので，英語力を伸ばすために外国人ゲストが多く訪れるホテルや飲食店で働いています。また，日本のことをもっとよく知りたいので国内を夜行バスで旅行しています。車中泊の弾丸旅行なので少し大変ですが，安価で旅行できることが最大の魅力です。体力的にも今しかできないことだと思うので楽しみます！（M.K. さん／政治経済）

英語とスペイン語の勉強です。複合文化学科では第二外国語ではなく専門外国語という位置付けで英語以外の外国語を学びます。体育の授業で留学生と仲良くなったことで，自分も留学したいという思いが強まりました。まだ行き先を決められていないので英語とスペイン語の両方に力を入れて取り組んでいます！（S.T. さん／教育）

塾講師のアルバイトを頑張っています。授業準備は大変ですが，自分の受験の経験を活かしながらどのように教えたらわかりやすいかを考えるのは楽しいです。保護者への電話がけなどもするので社会に出る前の良い勉強になっています。（N.M. さん／文）

 ## 普段の生活で気をつけていることや心掛けていること

スキマ時間の活用です。大学生は自由な時間が多いため油を売ってしまいがちになります。空きコマや移動時間は話題の本や興味のある分野の専門書を読んだり英語の勉強をしたりして，少し進化した自分になれるようにしています！　もちろん空き時間が合う友達とご飯に行ったり，新宿にショッピングに出かけたりもします！　せっかくのスキマ時間は何かで充実させることを目標に，1人でスマホを触ってばかりで時間が経ってしま

Message from current students

うことがないように気をつけています。（S.T. さん／教育）

　無理に周りに合わせる必要など一切ない。自分らしく自分の考えを貫くように心掛けている。また，勉学と遊びは完全に切り離して考えている。遊ぶときは遊ぶ，学ぶときは学ぶ。そう考えることで自分のモチベーションを日々高めている。（K.M. さん／文化構想）

 ## おススメ・お気に入りスポット

　早稲田大学周辺のご飯屋さんがとても気に入っています。学生割引があったり，スタンプラリーを行ったりしているので楽しいです。また，授業終わりに友達と気軽に行けるのでとても便利です。（W.S. さん／法）

　文キャンの食堂です。授業の後，空きコマに友達と行ってゆっくり課題を進めたり，おしゃべりしたりできます。テラス席は太陽光が入るように天井がガラスになっているため開放感があります。お昼時にはとっても混むため，早い時間帯や，お昼時を過ぎた時間帯に使うのがおススメです。（H.K. さん／文）

　大隈庭園という早稲田キャンパスの隣にある庭園が気に入っています。天気が良い日はポカポカしてとても気持ちが良いです。空きコマに少しお昼寝をしたり，そこでご飯を食べることもできます。（N.M. さん／文）

 ## 入学してよかった！

　いろいろな授業，いろいろな人に恵まれているところが好きです。早稲田大学の卒業生に声をかけていただいて，アフリカでインターンシップをすることにもなりました。授業の選択肢も多く，乗馬の授業や国際協力の授業，法学部や文学部の授業，教員免許取得のための授業など，様々な授業があります。選択肢が多すぎて最初は戸惑うこともあるかと思いますが，

どんな人でも自分らしく楽しむことができる環境が整っているところが私にとっては早稲田大学の一番好きなところです。（M.K. さん／政治経済）

　全国各地から学生が集まり，海外からの留学生も多いため，多様性に満ちあふれているところです。様々なバックグラウンドをもつ人たちと話していく中で，多角的な視点から物事を捉えることができるようになります。また，自分よりもレベルの高い友人たちと切磋琢磨することで，これまでに味わったことのないような緊張感，そして充実感を得られます。（W.S. さん／商）

高校生のときに「これ」をやっておけばよかった

　学校行事に積極的に参加することです。大学では，クラス全員で何かを行う，ということはなくなります。そのため，学校行事を高校生のうちに全力で楽しむことが重要だと思います。大学に入ったときに後悔がないような高校生時代を送ってほしいです。（H.K. さん／文）

　英語を話す力を養うことだと思います。高校では大学受験を突破するための英語力を鍛えていましたが，大学生になると，もちろんそれらの力も重要なのですが，少人数制の英語の授業などで英語を使ってコミュニケーションを取ることが多くなるため，英語を話す力のほうが求められます。私は高校時代，スピーキングのトレーニングをあまりしなかったので，英会話の授業で詰まってしまうことがしばしばありました。高校生のときに英語を話す力をつけるための訓練をしていれば，より円滑に英会話を進められていたのではないかと感じました。（R.T. さん／人間科学）

Message from current students

　みごと合格を手にした先輩に，入試突破のためのカギを伺いました。
入試までの限られた時間を有効に活用するために，ぜひ役立ててください。

> （注）ここでの内容は，先輩方が受験された当時のものです。2025年
> 度入試では当てはまらないこともありますのでご注意ください。

・アドバイスをお寄せいただいた先輩・

　M.K. さん　政治経済学部（政治学科）
　一般選抜 2023 年度合格，神奈川県出身

　共通テストの自己採点により出た結果はE判定でした。1年生から
最後まで，E判定以外の判定は出ませんでしたが，合格しました。絶
対に最後まで諦めないでください。

その他の合格大学　日本大（商），立教大（観光〈共通テスト利用〉）

入試なんでも Q & A

受験生のみなさんからよく寄せられる,
入試に関する疑問・質問に答えていただきました。

 「赤本」の効果的な使い方を教えてください。

A　2年生の夏休みに一度問題を解きました。そこで志望校と自分の実力との間の距離を知ることができました。目標が定まったことで,限られた時間の中で勉強を効率的にすることができたと感じています。2021年度から入試科目が変わった政治経済学部の過去問はまだ少ないため,他学部や他大学の英語や国語などで似た問題を解いて力をつけました。その際,解答に至るまでの詳しいプロセスが書かれた解説が助けになりました。直前にもう一度解く予定だったので,あえて赤本には書き込みをしませんでした。

 どのように学習計画を立て,受験勉強を進めていましたか?

A　まず半年の目標を立てました(何点上げるなど)。それを達成するための1カ月の計画を立て,それを元に1週間でやるべきことを決めました。前週の進み具合により,日曜日の夜か月曜日の朝に1週間の計画を立て,それに基づいて前日の夜に次の日にやるべきことを紙に書き,達成したら消すようにしました。毎日,計画の達成度を日記に残しました。3年生になると約1カ月ごとに模試があったので,自分の計画が成長につながっているかを確かめることができました。

共通テストと個別試験とでは，それぞれの対策の仕方や勉強の時間配分をどのようにしましたか？

A 　英語の長文は毎日読みたかったので，時間があるときは個別試験レベルのものを，時間がないときは共通テストレベルのものを読んでいました。数学は苦手でしたので，主に共通テストレベルの問題集を解いていましたが，他大学の数学の問題も赤本を利用して解いていました。この過程で，知識から漏れていた公式や考え方などを得ることができました。国語は特にはそれぞれの試験の違いを意識しませんでしたが，なぜそうなるのかをマーカーなどを使いながら考えて勉強しました。世界史は早稲田の他学部の問題も解いて細かい知識を得ました。それらはすべて教科書に書き込みました。

 苦手な科目はどのように克服しましたか？

A 　私は数学が苦手でした。そのため，毎日必ず解くようにしました。苦手だと問題が解けず，さらに苦手意識が強まってしまうので，まず一度解けた簡単な問題を解いてから，次に難しい，その日にやろうとしていた問題を解くようにしました。それが解けなければ，終わりよければすべてよしという気持ちで，もう一度，最初に解いた問題とは別の簡単な問題を解きました。これが自信につながり，毎日数学を勉強し続けることができました。

　科目ごとに問題の「傾向」を分析し，具体的にどのような「対策」をすればよいか紹介しています。まずは出題内容をまとめた分析表を見て，試験の概要を把握しましょう。

=== 注　意 ===

　「傾向と対策」で示している，出題科目・出題範囲・試験時間等については，2024 年度までに実施された入試の内容に基づいています。2025 年度入試の選抜方法については，各大学が発表する学生募集要項を必ずご確認ください。

総合問題

区分	番号	内　容
2024 ◑	〔1〕	**ニュースアグリゲーターが提供する政治ニュースの意義**　　　⊘グラフ 空所補充，図表の説明，グラフの選択，論旨選択，内容説明（110字）
	〔2〕	**世界はどのように豊かになっていったのか**　⊘英文・統計地図・グラフ・統計表 文整序，グラフの選択，空所補充（30字他），内容真偽，数値計算，グラフの読み取り
	〔3〕	**個人の自由と社会の公平性について**　　　　　　　　　　　　⊘英文 意見論述（英作文）
2023 ◑	〔1〕	**所得格差と自己責任論**　　　　　　　　　　　　　　　　⊘グラフ 空所補充，計算，判断できないものの選択，論旨選択，理由説明（50字），内容説明（200字）
	〔2〕	**マジョリティジャッジメントという考え方**　　　　　　　　⊘英文 文整序，空所補充，論旨選択，数字の選択，内容説明（20字）
	〔3〕	**子どもの教育において，音楽や芸術は数学や語学ほど重要ではない** 　　　　　　　　　　　　　　　　　　　　　　　　　　　⊘英文 意見論述（英作文）
2022 ◑	〔1〕	**偏見・差別の解消と多文化共生** 空所補充，理由説明，論旨選択，不適切な例，内容説明（200字）
	〔2〕	**ギリシャにおける経済統計の改ざん問題**　　　　⊘英文・グラフ・表 内容真偽，内容説明，グラフの選択，空所補充，表の選択，表の読み取り（200字）
	〔3〕	**オンライン会話への参加者は本名を使用するべきである**　　　⊘英文 意見論述（英作文）
2021 ◑	〔1〕	**日本における少子高齢化の諸問題**　　　　　　　⊘グラフ・統計表 空所補充，グラフの選択，意見論述（200字）
	〔2〕	**倫理的に見た種差別と環境問題**　　　　　　　　　　　　　　⊘英文 空所補充（25字2問他），内容真偽
	〔3〕	**平和的な抗議は暴力に訴えるべきではない**　　　　　　　　　⊘英文 意見論述（英作文）
サンプル問題① ◑	〔1〕	**復興を支援することは，なぜ正しいのか** 空所補充（50字他），文整序，内容説明
	〔2〕	**日本における英語学習者の傾向**　　　　　⊘英文・統計表・グラフ グラフの作成，空所補充，グラフ・表の選択，意見論述（300字）⊘描図
	〔3〕	**AIはいずれ人間の知能を超えるだろう**　　　　　　　　　　⊘英文 意見論述（英作文）

サンプル問題②❶	〔1〕	**一票の格差とその科学的検証** グラフの選択，空所補充，内容説明，意見論述	⊘**グラフ・統計表**
	〔2〕	**潜在的能力アプローチと人権擁護** 文整序，内容説明，空所補充（80 字他）	⊘**英文**
	〔3〕	**印刷媒体は世界から消えてしまうだろう** 意見論述（英作文）	⊘**英文**

（注）　●印は全問，❶印は一部マーク式採用であることを表す。
　　　　サンプル問題①は 2020 年 3 月 31 日に，②は 2020 年 7 月 31 日に公開された。

論理的思考力，表現力が要求される
英語力以外のさまざまな知識も必要

01 出題形式は？

　2021 年度より選抜方法が変更され，新たに「総合問題」が課された。これに先立ち，2020 年に 2 種類のサンプル問題が大学より発表された。

　構成は〔1〕日本文の読解問題，〔2〕英文の読解問題，〔3〕英作文問題となっており，課題文のなかでの複数の多様な統計図表の読み取りや，日本語および英語での論述なども含まれている。

　解答形式はマーク式と記述式の併用である。試験時間は 120 分。

02 出題内容はどうか？

　政治経済学部のアドミッション・ポリシーには，「受験生に期待されるのは，学習の土台となる母語および英語を核とする言語運用能力や論理的思考力，自身の立ち位置を認識するために必要となる歴史・文化的知識，そして世界中の人々と交流しながら様々な問題に立ち向かう行動力」，さらに「各種入学試験ではこれらの知識・能力を多面的に考査することになる」とあり，まさにその通りの出題内容だといえる。

　〔1〕は，日本語で長めの課題文（図表を含む場合もある）を読んで選択式問題や論述問題に答える内容である。課題文では，一貫して社会問題に関するテーマが取り上げられている。選択式の空所補充・理由説明・内容説明などでは「国語」的な読解力で対応できる設問もみられるが，グラフの読み取り（計算問題を含む）や論旨を含めた文章選択問題では「社会

科」的な思考力が求められる場面も多い。また，論述問題では，全体の趣旨を踏まえたうえでの内容説明や意見論述が求められている。テーマに関する知識が直接的に問われるわけではないが，与えられた資料の論理的な読解に加えて思考力・論述力を求める出題であり，まさに社会科学系の「総合問題」といえる内容になっている。

〔2〕は，英文を読み取って選択式問題や記述式問題に答える内容である。選択式問題は，約1400〜2800語のいわゆる「超長文」を読み，データや英文の論旨を的確につかんで論理的に選択肢を選んだり，情報を処理したりする問題となっている。記述式問題は，内容真偽や内容説明，空所補充といった形式がある一方，本文に関する資料を読み取り，数学的発想に基づいて解答するような問題も出題されている。

〔3〕は，英語で与えられたテーマに対して，理由を添えて意見を述べる英作文問題である。論題は，抗議活動での暴力，オンライン会話における本名の使用，音楽や芸術の重要性，個人の自由と社会の公平性など，多岐にわたる。筋の通った解答を作成するためには，こういった現代社会で話題となっている事柄についての知識をある程度もっていることが望ましいだろう。

03 難易度は？

〔1〕は文章量が多く，年度によっては図表の読み取りも求められている。ただ，テーマに関する知識ではなく文章読解力や論理的思考力が重視されており，決して易しくはないが難問はみられないという点は共通している。論述問題も柔軟な思考力や洞察力を求める内容ではあるが，日頃から社会問題に関心をもちながら対策をしておけば，書きにくいものではないだろう。2022年度は図表がなく文章のみの提示，2021・2023・2024年度は図表を含む課題文だが，難易度は同程度であった。

〔2〕については，2021年度は非常に抽象的な文章で分量も約2000語と多かったが，2022年度は約1400語と減少し，見慣れない人名が多く登場したものの，内容は若干の易化がみられた。2023年度は約1800語と分量は増加したが，内容の難易度に変化はなかった。2024年度は比較的平易な英文であったが，語数は約2800語あり，分量が大幅に増加した。グ

ラフや表を読み取ったり，複数の情報から筋道を立てて考えたりする力が必要な設問があるため，英語の運用能力だけではなく，情報処理能力も求められる。

〔3〕の意見論述については，その分野の知識も若干必要であるが，日ごろから世の中の動きに関心をもっておき，自分の意見を英語で論理的に述べる練習をしておかなければ難しいレベルである。

〔日本文問題〕

01 文章を論理的に読み取る練習を

〔1〕の日本文の問題の対策としては，まず課題文が何について論じているのかを押さえ，次に，筆者は何を主張したいのかを押さえる練習をしておこう。その主張の根拠と論理展開の道筋を的確にとらえることが必要である。その際，語句と語句，文と文，段落と段落の論理関係を把握することが大事である。

02 問題演習

「総合問題」の大問〔1〕という問題形式であるが，早稲田大学の現代文の問題との類似性もみられるので，『早稲田の国語』（教学社）などを利用して，現代文の過去問に多く取り組んでおくとよいだろう。さらに，政治・経済や公共の教科書・資料集などで，日ごろから統計図表に慣れ親しんでおくこと，統計図表を使った過去問に多く取り組んでおくことも重要である。また，過去の出題で多くみられた，空所補充（選択式／記述式）問題を練習することが有効と考えられる。記述式問題については記すべき要素が何なのかを先にメモする習慣をつけるとよい。内容説明についても，過去問を多く解くことが望ましい。

03　現代の社会問題に関心をもつ

　政治経済学部を志望するのであれば，現在，政治や経済の分野で大きな問題となっていることには日ごろから関心をもっておきたい。例えば，2020 年以降に「新型コロナウイルス感染拡大」が世界規模の問題となったが，これに関して，どのような政策（例えば「都市封鎖」）がとられ，どのような経済措置がとられたか，また，それらに対してどのような批判や主張がなされたか，あるいは人々の心理や思想に与えた影響などを，確認しておこう。

〔英文問題〕

01　基本的な英語力を確実に身に付ける

　〔2〕〔3〕の英文問題の対策としては，まずは出題されている英文を正確に読んでいくための文法力・語彙力・構文力・読解力が必須である。毎日の授業を通じて基本的な英語力を身に付け，その上で，単語・熟語集，文法や構文の参考書，サイドリーダーなどの読み物を活用して，いっそう文法力・語彙力・構文力・読解力を伸ばしていくとよい。受験生が間違いやすいポイントを網羅した総合英文法書『大学入試　すぐわかる英文法』（教学社）などを手元に置いて，調べながら学習すると効果アップにつながるだろう。

　さらに，英語での意見論述のためには，学んだ語彙や文法，構文を自ら使えるようになることが必要となる。まず，短い文（30〜50 語程度）からでかまわないので，学んだ語彙や文法，構文を使って書く練習をし，慣れていけば，次第に 200 語程度まで増やしていくとよいだろう。また，読み手に論点が正しく伝わることが大切なので，学校の先生などに読んでもらい，添削してもらうとよい。

02　論理的思考力と表現力の育成を日ごろから心がける

　論理的思考力は，課題発見や問題解決，文章表現などの中で発揮される基礎的な力である。しかし，一朝一夕でその力を高めるのは難しい。日本

語でもかまわないので，論説文や新聞の社説などを読み，話の流れを読み取りながら，論理の飛躍はないかなどを疑ってみるのも一つの方法である。論理的思考力を鍛えるための問題集の類はたくさん出版されているので，それにトライしてみるのもよい。学研の『5分で論理的思考力ドリル』は，問題を解いて楽しみながら力をつけられるので，これから取り組む人にはおすすめである。もし，学校の授業でディベートがあれば，積極的に取り組むとよい。ディベートは論理的思考力を鍛えるのに非常に有効な手段である。

　表現力は，練習を積み重ねて身につけるしかない。論理的思考力を身に付ければ，ある程度は筋道を立てて表現できるようになるが，その上で，①ある程度まとまりのある文章を自分の言葉で要約する（例：新聞のコラムなどを，日本語100字とか英語50語とかでまとめてみる），②何らかの話題について，自分の意見を書く（例：教科書や新聞で目に留まった話題を取り上げ，日本語400字とか英語200語とかでそれに対する自分の意見を書く），③何らかの話題について，自分の意見にこだわらないで，②と同じような方法で賛成・反対両方の立場から意見を書く，といった練習に取り組むとよい。また，②，③についても，できるだけ第三者に書いた内容をチェックしてもらうのがよいだろう。②だけでも表現力は高められるが，③は自分の意見とは反対の立場の意見も考えることにより，表現力に加えて論理的思考力も高めることができるので，より高いレベルを望む人にはおすすめである。

03　世の中の話題や幅広い学問分野に関心をもつ

　受験勉強をしていると，どうしても受験教科・科目だけに集中してしまいがちだが，政治経済学部においては，英語の問題に解答するのにも，英語の運用能力だけでは太刀打ちできないところがある。アドミッション・ポリシーからもわかるように，政治経済学部では幅広い知識や力をもつ学生が求められている。特に，2022年度以降にみられる，数学的発想を要する問題は，学部が求める人物像についてのメッセージとみるべきだろう。課題文の英文の内容を理解するためにも，日本語・英語での意見論述のためにも，世の中の話題やさまざまな学問にアンテナを張り，内容をしっか

りと理解して，基本的な知識を身につけておくことが重要である。

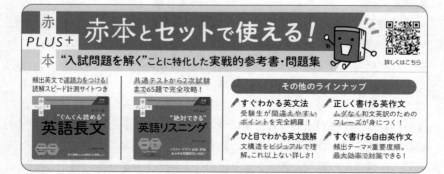

2024

年度

解

答

編

一般選抜

解 答 編

総合問題

Ⅰ **解答** 1―ロ　2―ハ・ニ（順不同）　3―ニ　4―イ
5. ③―ロ　④―イ　⑤―ニ　6―ハ・ホ（順不同）

7.〈解答例〉ニュースアグリゲーターがマスメディア事業者に適切な対価を支払うことで，良質な記事が提供される。その結果，政治的関心が低い人も政治知識が涵養されるため，政治参加の二極化が抑制され，民主主義が下支えされること。（110字以内）

===== 解説 =====

《ニュースアグリゲーターが提供する政治ニュースの意義》

1. ロ．適切。1つ目の空欄①の前の「政治ニュースの視聴を目的としない行動が政治についての知識の獲得につながる」がヒントとなり，「副産物的政治学習」が最も適切であるとわかる。

2. ハ・ニが適切。ハ．図1において，「どちらも利用なし」の回答者は娯楽志向の強弱にかかわらず政治知識が一定である。ニ．インターネットを利用する回答者とは，「ケーブルテレビとインターネットの両方を利用している回答者」と「インターネットのみ利用の回答者」を指す。図2で両者はいずれも右肩下がりになっており，娯楽志向が強いほど投票確率が低いという関連が強くなっている。

イ．不適。「娯楽志向が高いほど政治知識が少ない」という関連が強いのは，図1から，「ケーブルテレビとインターネットの両方を利用している回答者」「ケーブルテレビのみ利用の回答者」「インターネットのみ利用の回答者」の順であるとわかる。

ロ．不適。図2において，娯楽志向と投票確率の関連の強さの違いは，グ

ラフの傾きで示される。娯楽志向が 0.6 のあたりでは，どのようなメディアを利用しているかにかかわらず投票確率は 0.7 程度であるが，傾きはどのようなメディアを利用しているかによって異なる。

ホ．不適。図 1 と図 2 のみからは，ケーブルテレビとインターネットのどちらも利用しない回答者の政治知識と投票確率の関連はわからない。

3．ニが適切。空欄②を含む第 13 段落では，2 つの問題点が指摘されており，本問では後者に関係することが問われている。第 15 段落以下で述べられている，「後者について」のフィールド実験による検証の内容であり妥当。

イ．不適。空欄②の後の第 14 段落で，「前者について」以下の調査で検証されたと記されている内容である。

ロ．不適。既に図 3 に示された調査で検証できている。

ハ．不適。この研究は，「人々の選好とは無関係に政治ニュースを表示するヤフーへのアクセスは，マスメディアと同様に副産物的政治学習を生じさせると考えられる」という仮説（第 10 段落）の検証を目的としたもので，ニュース掲載料は無関係。

ホ．不適。この仮説の検証に，フェイクニュースは無関係。

4．イが適切。下線部(2)を含む文に続く内容「ハードニュースの表示数が多いほど，娯楽志向であっても政治知識クイズの正解数が多くなっており，ニュース志向と娯楽志向の回答者のあいだで政治知識の差が小さくなっている」に合うものを答えればよい。「ハードニュースの表示数が多いほど，娯楽志向であっても政治知識クイズの正解数が多くなって」いるのはイ，ハ，ニ。しかし，ハは後半の「ニュース志向と娯楽志向の回答者のあいだで政治知識の差が小さくなっている」に合わず，ニはニュース志向の回答者において，ハードニュースの表示数が多いほど正解数が少なくなるという極めて不自然な結果を示しており，不適である。

5．③はロが適切。1 つ目の空欄③の後の「フェイクニュースを大量に作り出しうるとして警戒されている」という記述と，③の前の文章が記事の自動生成技術に言及したものであることから，ロ．「記事の自動生成技術」が該当するとわかる。

④はイ，⑤はニが適切。第 19〜21 段落は，現代においてマスメディアと新興勢力であるインターネットの対立構造を過度に強調することが，現実

を見誤ることにつながるという文脈である。④と⑤は「ニュース発信に関わる媒体」である。④は，それが発信する記事がニュースアグリゲーターにとって重要なコンテンツであり続けているとの記述から，イ．「マスメディア」が該当する。よって⑤はニ．「インターネット」である。

6. ハ．不適。第3段落最終文に「1950年代から1970年代にかけての地上波テレビが中心となった時代においては，副産物的政治学習が最低限の政治知識や関心を下支えすることで，多くの人々が投票に足を運んでいた」とある。当時，地上波テレビによる政治の二極化や分断は深刻な問題となっていなかった。その後，「メディアの選択肢が増えることで，人々の選好が直接的に視聴行動に反映されるようになり，政治との関わりが二極化されていった」（第4段落）。

ホ．不適。第20段落に「政治家などのニュース当事者によるSNSを通じた情報発信は（中略）自らが伝えたい情報のみを発信する広報であり，たとえば汚職や不祥事などの本人が伝えたくない情報も伝える報道とは異なる」とある。

7.「マスメディアとインターネットの共存共栄」による「われわれの利益」について110字以内で記述する問題。

　まず関係する論点を抽出すると，

- 「1950年代から1970年代にかけての地上波テレビが中心となった時代においては，副産物的政治学習が最低限の政治知識や関心を下支えすることで，多くの人々が投票に足を運んでいた」（第3段落）
- ところが「メディアの選択肢が増えることで，人々の選好が直接的に視聴行動に反映されるようになり，政治との関わりが二極化されていった」（第4段落）
- ニュースアグリゲーターは，「人々の選好にもとづく強化がもたらすインターネットの副作用を軽減する働きを持つと言える」（第17段落）
- 「マスメディア事業者が利益を上げることができなくなれば，ポータルサイトなどに掲載される記事の質は低下し，ニュースアグリゲーターも共倒れすることになる」（第22段落）

「われわれの利益」については複数の捉え方ができよう。たとえば，良質なニュースが人々に提供されることでフェイクニュースや偏向情報の拡散に対抗できることでもよい。〔解答例〕では，広い視野から，人々の政

治参加を支えることや民主主義の健全性を維持することを「われわれの利益」として，記述した。

 **解答**　1．3番目—(a)　5番目—(d)　2—(d)　3—(b)
4—(a)　5—(f)　6—(c)　7—(d)

8．イギリスやアメリカにおいて，19世紀以降に起こった。（30字以内）

.... **全訳** ....

《世界はどのように豊かになっていったのか》

① 世界は豊かである。確かに，世界のある地域は他の地域よりも豊かであるし，何百万人もの人はいまだに貧困の中で生きている。だが，世界はかつてないほど豊かになっており，日々より豊かになり続けている。

② 私たちのことが信じられないだろうか？　世界中の現在の所得と，過去のいくつかの最も豊かな国の所得とを比較してみよう。図1は，1900年当時の「世界で最も豊かな国」つまりアメリカよりも，2018年時点で人口1人当たりの所得が多いすべての国を地図上に表したものである。世界の大部分の平均所得は今や，わずか1世紀少し前の世界で最も豊かな国の平均所得よりも多いのである。現代の富の驚くべきレベルは，1800年当時の最も豊かな国である英国と比較すると，ずっと明確になる。ほとんどがサハラ砂漠以南のアフリカなのだが，いくつかの例外を除いては，世界のほとんどすべての国において，わずか2世紀前の世界有数の経済大国よりも平均所得が多いのである。

図1　2018年において，1900年のアメリカよりも裕福な国（1人当たりの年間所得に基づく）

③ 現代の富はもちろん，平均所得をはるかに超えている。世界の最貧地域の多くでさえ，私たちの先人が夢見ることしかできなかったぜいたく品を持っている。スマートフォンや平面スクリーンテレビのことは忘れた方がよい——私たちの最も豊かな先人でさえ，私たちの時代の屋内の水洗トイレや，電気，予防注射，子どもの死亡率の低さ，平均余命の長さといったものをうらやましく思っただろうから。

④ 考えてみるとよい。皆さんの今の人生を，例えば1200年の裕福な英国貴族の人生と取り換えるだろうか？　もちろん，皆さんには召使いもいるだろうし，上流階級の一員であることから得られる社会的，政治的な恩恵もあるだろう。だが，皆さんはまた，隙間風が入ってくる快適ではない城

で生活するだろうし，複数の子どもを幼い時に亡くしてしまうだろう。戦場で早死にしないにしても，たぶん（英国のジョン王やヘンリー5世の命を奪った）赤痢，（フランスの王ルイ15世や英国の女王メアリー2世の命を奪った）天然痘，あるいはペストのような，今は治療可能な病気で死ぬだろう。私たちの中には，私たちの現在の運命を貴族の運命と取り換える人もいるかもしれないが，このようなリスクがあるのなら，多くの人は取り換えないだろう。

4　私たちは思いやりがないのではない。世界にはいまだに莫大な極貧状態が存在する。私たちは，現在のあるいは歴史的な基準に照らしてみれば，世界中が実際には「豊か」でないことは理解している。だが，重要なことは，極貧状態は急速に減少しているということだ。この減少は2世紀前に始まり，最近の数十年で加速している。この傾向は著しい。わずか2世紀前には，世界の94％が1日2ドル（2016年の物価で換算）未満で，84％が1日1ドル未満で生活をしていた。2015年までには，1日1ドル90セント未満で生活をしている人は世界の10％に満たず，この数字は下がり続けている。誤解のないように言っておくが，世界の10％の人々というのはそれでも多い。だが，世界がより豊かになるにつれて，その数字はより大きく減少するだろう。

5　それは，世界がより豊かになるにつれて，絶対的な貧困の減少があったからだけではない。世界のより多くが，前世紀に，必要最小限の生活の瀬戸際からどんどん離れていったのである。例として2018年当時のアメリカドルで1日10ドルという，比較的恣意的だが重要な指標を見てみよう。これはそれほど高額ではなく，年に3,650ドルというのは，非常に大きな金額というわけではない。だが，ほとんどの国においては，生活基本物資（食料，住まい，衣服など）を賄える以上の金額である。このことは，相対的に貧しい国ではさらにいっそう当てはまることで，そういった国々では，質素な住まいや食料は安価に手に入れることができるのだ。

6　世界はどのように豊かになったのだろうか？　とても豊かな人もいれば，とても貧しい人もいるのはなぜなのだろう？　答えは決して明白ではなく，経済学者，歴史学者，その他の学者の間で大きな議論を巻き起こすテーマである。これは，とにかくそうした問いがいかに重要なものであるかを反映している。貧困を緩和するためには，富を理解しなければならない。ま

だすべての答えを得ているわけではないが，この問いに対する答えに向かって進歩はしてきている。その問いとは「世界がいかに豊かになったのかについて私たちは何を知っているのだろうか？」である。

⑦　世界史のほとんどの時期において，世界の人口の大多数の——90％を優に超える——人々は貧しかった。あなたの祖先が中国，インド，アフリカ，ヨーロッパ，中東，その他のどこの出身であれ，おそらく彼らのほとんどは1日数ドル程度で過ごしていたのだ。いまや，言うまでもなくそういうことはない。前に書いたように，世界中で極貧の生活をしている人の割合は，最近2世紀で急激に減少した。私たちのほとんどが，おそらくある程度の快適さの中で生活をしており，私たちの中の最も貧しい人々でさえ，私たちの先人にとっては羨望の的だろう。なんといっても，彼らは文字が読めるのだから！　世界はどうやってここまで登ってきたのだろう？

⑧　表面的には，この問いに対する答えは単純だ。最近2世紀に，それ以前の歴史全体よりも大きな「経済成長」があったのである。経済成長とは，その国の経済において生み出された商品やサービスの合計（一般的には国内総生産，すなわちGDPとして表される）によって測定された，経済的繁栄の持続的増加を意味する。私たちが経済成長を気にするのは，それ自体が目的だからではなく，1800年よりも前に生きたほとんどすべての人が経験した種類の貧困を緩和する鍵だからである。そしてまた，そういった貧困はいまだに，今日の世界の人口において，あまりにも多くの人々を悩ませているのである。

⑨　私たちが経済成長に焦点を当てるからといって，人類の発展の他の側面を評価していないということではない。余暇時間，長寿，健康，読み書きの能力，教育，女性の権利拡大，弱い立場の人々の権利と保護といったことはすべて，幸福で公正な社会を持つための中心となることである。だから，私たちは，こういった特徴すべてが，経済成長によって可能になると信じているのである。最近の200年間で，人類の発展のまさにこういった側面が劇的な進歩を遂げたのは偶然ではない。私たちのほとんどが望む種類の社会を達成するまでの道のりは明らかにまだ長いとしても，経済成長はその解決のための鍵となる部分であろう。

⑩　経済成長自体は必ずしも万能の解決策ではない。経済成長は，環境劣化，不平等の拡大，健康状態の悪化を伴う可能性がある。例えば，イギリスの

産業革命の際には，大気の質が低下し平均余命が短くなった。今日では，気候変動や社会の分極化といった問題は，為政者が直面している最重要課題の１つである。ここで強調するに値する点は，経済成長のおかげで，こういった重要な課題に取り組むのに必要な資源や新しい科学技術を利用できるようになるということだ。もちろん，人類は，こういった課題に取り組むために実際にこのような資源を費やす必要がある。だが，経済成長がなければ，私たちはそのような機会も得られないだろう。

⑪　私たちが「必然的に」経済成長か他の価値観（例えば環境保護）かを選ばなければならないと考えるのは間違いだ。例えば，より不安定になっている気候は，私たちの社会に対して，潜在的に壊滅的な危険性を示している。それでもなお，近年，炭素排出を削減する方策は経済成長に付随してなされることを私たちは経験している。例えば，英国では，1990年から2017年にかけて，炭素の排出は38％，6億トンから3億6700万トンに減少した。それと同時に，同期間のGDP全体は，（インフレの補正をして）60％以上増加したのである。

⑫　また，私たちは，経済成長かより公平な社会かを必然的に選択しなければならないのでもない。実際には，経済成長の「欠如」は深刻な倫理的悪化をもたらす。歴史的に，暴力，不寛容，政治的な分極化の最悪の事例が発生するのは，経済が停滞しているか衰退している時なのである。一方で，社会的流動性やより大きな機会均等は，成長期にある経済の時により実現するのである。ベンジャミン＝フリードマンが述べているように，停滞した経済は「経済的流動性，より一般的には機会の開放性への支援を生まない」。

⑬　それでは，世界経済は長年にわたってどのように成長したのだろうか？図２は，紀元以来，世界で最も人口の多い地域の人口１人当たりのGDPのざっくりとした概算を示したものである。確かに，この図の数字は推測である――そして，18世紀よりも前の数字は図が示すよりも変動しやすい――が，一方で，傾向は明らかで議論の余地はない。19世紀よりも前は，世界で「最も豊かな」地域でも，平均で（2011年のアメリカドル換算で）１日４ドル以上には決してならなかった。世界の歴史のほとんどの時期において，１日２，３ドルというのは普通だった。そう，とてつもなく豊かな人々というのは存在していて，そういう社会は，世界中で知られ

ている最も偉大な芸術，建築，文学（一般的には飢餓の瀬戸際にある人とは関係のない娯楽）のいくつかを生み出したのだ。こういった芸術家や作家は，あなたが最もよく知っている過去の人物である。というのも，一般的には，彼らは私たちの歴史の本を埋めている人たちだからだ。だが，これは19世紀よりも前のほぼ人類全体の運命ではなかった。実は，少なくとも20世紀よりも前に生きていたほとんどの人は，現在の世界のまさに最貧の人々が生きているのと非常によく似た環境の中で生きていたのだ。過去2世紀の経済成長が，その仕事は明らかにまだ終わってはいないが，この貧困の大部分をやわらげたのだ。

図2　任意の地域における1人当たりの年収，紀元1年から現在

⑭　誤解のないように言うと，過去，あちらこちらで，経済的進歩の急増はあったのだ。ジャック=ゴールドストーンは，これを「成長の開花」と呼んでいる。そのような経済的進歩の時期が，古代ギリシャで発生した。そこでは，人口の増加と，住まいの大きさと品質で測定した生活水準の上昇の両方が発生した。他のエピソードは，イスラム教文化普及後の数世紀にわたる，中東，北アフリカ，イベリア半島の大部分に及んだ「パクス・イスラミカ」のような，政治的な平穏によるものだ。この「イスラム帝国による平和」によって，より高度な貿易が可能になり，農業技術や穀物の普及がもたらされた。モンゴル帝国の破壊的活動の後にアジアの各地域が繁栄することになった「パクス・モンゴリカ」も，同様の影響をもたらした。

⑮　一時的な経済的進歩のもう1つの要因が，病気による死のまん延であった。伝染病は，疑いもなく，それを生き延びた人々にとっては恐ろしいものだった——14世紀に，黒死病はヨーロッパの人口の3分の1から2分の1，そして中東でもおそらくは同じくらいの数の人々の命を奪った——が，養うべき人がより少なくなったことも確かに意味していたのである。このような出来事の後，人口1人当たりの所得は，少なくとも数世代にわたって上昇する傾向にあったのである。だが，経済的進歩の最も重要な要因は，科学技術の変化であった。耐病性のある新種の穀類，土壌の質や灌漑を改善した新しい農業技術，農具の改善はすべて，より少ない労働でより多くの人々を養うことを可能にした新しい科学技術の具体例である。それでもなお，18世紀より前では，すべての経済的進歩の急増は「一時的なもの」であった。

⑯　長期的に見て重要なことは，経済成長が持続的かどうかであり，それは，19世紀半ば以降，米国や英国のような国が経験した継続的な正の成長率を表す。今日の先進国に特有なのは，そういった国が加速度的な経済成長を経験したということではない。今日の貧しい国も，多くは過去に一時的な成長の加速は経験しているのだ。豊かな国を際立たせているのは，豊かな国が負の成長を経験していないということである。例えば，米国のGDPは1870年以降，非常にコンスタントに伸びている。大恐慌の時でさえ，経済成長に一時的な影響を与えただけで済んだ。要点は，英国や米国，その他先進国が過去2世紀の間に経験した継続的な経済成長は，19世紀初期の数十年より前には，ほとんどなかったも同然だということだ。もっと一般的だったのは，2011年から2021年の間にベネズエラが経験したような，経済縮小の期間がもたらした成長消失の期間であった。スティーブン＝ブロードベリーとジョン＝ウォリスはこれを「収縮」と呼んでいる。この見地から言うと，豊かな国と貧しい国の主な相違点とは，豊かな国が成長期に急速に成長するということではない。豊かな国とは，経済が縮小する期間がより少なかった国のことなのである。

⑰　持続的な経済成長には，社会と生産の劇的な再編成が伴ってきた。これを私たちは「経済発展」と呼んでいる。この言葉によって，私たちは，都市化と，製造業やサービス部門のような非農業経済部門の成長と関係する経済の根本的で斬新な再構成を意味している。この発展の過程はまた，工場，企業，株式市場といった経済活動を構造化する新しい方法の出現と関係してもいる。対照的に，1800年以前には，人口の大半は田園地方に住み，大地の上で働いていた。確かに，都市化と製造業やサービス部門の突出には，いくらかの変動も存在していた。紀元0年から200年までのイタリアでは，都市化の割合は30％という高率だったかもしれない。中国の宋時代には鉄生産量が上昇した。商業や長距離貿易は，中世後期のベニス，ブルージュ，アントワープにおいては経済の重要な要素であった。それでもなお，これらのすべての社会の構造は，ほとんどすべての近代経済のものよりもはるかに単純だった。

⑱　先進国世界においては，経済の「構造」は異なっている。重要なことだが，農業は，経済全体に占める割合として，そして雇用を生み出すものとしてはさらに劇的に縮小している。今日，米国では，労働力のわずか1.3

％しか農場で働いていない。英国では，この数字はさらに小さい（ちょうど1％である）。この構造的変化に加えて，組織の複雑性にも変化があった。これは，株式会社のような，国家から独立した寿命の長い組織の隆盛に最も顕著である。これらはすべて，先進経済の特質である。

⑲　皆さんは疑問に思われるかもしれない。過去の貧しい人がどのようだったかなんてどうしてわかるのか？　20世紀半ばまで，情報を収集しGDPの概算を蓄積する，国家統計を担当する部門がある国などなかったのだ。その代わりに，社会科学者や歴史学者が過去を再構成せざるを得なかった。この種の最初の実践が，アンガス＝マディソンの先駆的な研究である。彼は，数十年を費やして，1820年まで遡って，人口1人当たりのGDPの質の高い概算を作り上げた。マディソンはまた，ローマ帝国時代の地域レベルでの人口1人当たりの所得の概算を含む，初期の時代についての非常に影響力のある概算も一通り行った。だが，これらの概算は，その正確性において非常に疑問のあるものだった。マディソンの研究プロジェクトや無数の学者による研究を含めた最近の研究は，より強固な根拠に基づく，人口1人当たりのGDPの最新の概算を生み出した。

⑳　だが，GDPの概算は，過去の経済について私たちが持っている唯一の情報源では決してない。19世紀以降，経済歴史学者たちは，過去に非熟練労働者がどのくらい物の購入をすることができたかについての概算を算出するために，賃金と物価についての情報を収集してきた。ロバート＝アレン他の研究のおかげで，今では，多数のヨーロッパやアジアの都市の労働者の購買力の包括的な概算が存在する。アレンの手法は，典型例となる労働者の「消費バスケット」の構築に基づいている。これらのバスケットは，貧しい家や児童養護施設の多数の日記や生活費を調べることによって構築されている。消費バスケット構築の1つの利点は，消費バスケットを構築することによって，地域や時代が異なれば人の選択の好みも異なるということに留意しながら，時間や場所を超えて生活水準の比較ができるということだ。生活水準は，年間賃金の消費バスケットの費用（食費の合計）に対する比率として計算することができる。コメが東アジア地域の食事の大部分を占めていたと想定できるのに対して，穀類やパンは西欧地域で大部分を占めていたと想定できる。

㉑　過去の生活水準を評価するために用いることができる他の比較尺度もあ

る。1つの一般的な比較尺度は身長である。経済歴史学者は，身長の概算を，多くの国について何世紀分にもわたってまとめた。身長は，遺伝的素質を含め，いくつかの要因で決定される。身長はまた，母体の妊娠期間中や子ども時代に利用可能な体外の環境や栄養にも影響される。過去200年では，身長の伸びと人口1人当たりのGDPの伸びとの間に，強い正の相関を見て取れる。過去の人は身長が低かった。1763年から1767年にかけての英国陸軍の18歳の兵士の身長の中間値は160.76センチメートルだった。平均身長の伸びは，ある面では，現代の経済成長の始まり以降達成されている栄養基準の改善を反映している。

22　最後の生活水準の比較尺度は平均余命である。現代の経済成長は，平均余命が大幅に延びたことと関係している。このことは2つの理由で重要である。第一に，平均余命の延びは経済成長によってもたらされた付加的な繁栄の重要な構成要素であるからである。第二に，平均余命の延びは経済発展自体の要因となり得るからである。平均余命の延びは，人的資本に対する投資の価値を増大させる。人的資本とは，教育や個人の生産力に対する他の投資を包括するために経済学者が用いる用語である。

23　「世界はどのように豊かになったのか？」という問いに対する答えは，どこで，いつ，どのように人類社会が持続的な経済成長を達成することができたのかを説明しなければならない。どこといつについては，私たちは答えを知っている。イギリスやアメリカにおいて，19世紀以降に起こった。私たちが今までに議論してきたすべての測定基準はこの点で一致している。非常に悩ましいのは，3番目の問い——停滞からの脱却が「どのようにして」起こったのか——である。

===== 解　説 =====

1. (a)「だが，皆さんはまた，隙間風が入ってくる快適ではない城で生活するだろうし，複数の子どもを幼い時に亡くしてしまうだろう」

(b)「戦場で早死にしないにしても，たぶん（英国のジョン王やヘンリー5世の命を奪った）赤痢，（フランスの王ルイ15世や英国の女王メアリー2世の命を奪った）天然痘，あるいはペストのような，今は治療可能な病気で死ぬだろう」

(c)「もちろん，皆さんには召使いもいるだろうし，上流階級の一員であることから得られる社会的，政治的な恩恵もあるだろう」

(d)「私たちの中には，私たちの現在の運命を貴族の運命と取り換える人も
いるかもしれないが，このようなリスクがあるのなら，多くの人は取り換
えないだろう」

(e)「考えてみるとよい。皆さんの今の人生を，例えば1200年の裕福な英
国貴族の人生と取り換えるだろうか？」

　各選択肢中で用いられている語句から，いくつかの手がかりが得られる。
まず，(a)の文中にある also は，この文の前に書かれていることを踏まえ
て同種の事例を示す時に用いる語である。また，(c)で用いられている Of
course は，前出の内容を受けていると考えられるし，(d)の文中にある
these risks についても，指示形容詞の these を用いていることから，前
出のことがらを受けていると判断できる。したがって，(a)，(c)，(d)は先頭
に来ない。さらに，(a)では，逆接の接続表現 But が文頭に置かれて，あ
まり快適でない生活を送るかもしれないという趣旨のことが書かれている
から，上流階級の優雅な生活について述べられている(c)の後に(a)が来ると
考えられる。また，(d)の these risks の具体的な内容は，(a)，(b)で列挙さ
れている不快さ，子どもを亡くすこと，病気で死ぬことを指していると考
えられるので，(a)，(b)の後に(d)が来ると考えられる。最後に，どの文でも
仮定法過去が用いられていることから，(e)の冒頭の Think about it「考え
てみるとよい」を受けて，仮定の話が書かれていると考えられる。よって，
先頭の文は(e)だと考えるのが妥当である。また，(e)との関係や全体の内容
で考えれば，過去の貴族の生活と今の生活を取り換えることはないだろう
という(d)が結論を示していると推測される。以上を総合的に勘案すれば，
(e)→(c)→(a)→(b)→(d)という順序が最適だと判断できよう。

2. 問題文の指示にある「1820年から2015年頃まで」を手がかりに考え
る。第4段落第7文が Just two centuries ago「ほんの2世紀前には」で
始まり，第8文が By 2015「2015年までには」で始まっていることから，
これらの内容をもとに解答すればよいと判断できる。同段落第4文（But
the fact …）の記述から，極度の貧困の状態にある人々は全体として減少
傾向にあり，第5文（This decline …）から，最近の数十年でさらに急激
な減少を見せているとわかるので，(d)のグラフの曲線が最も正確に変化を
表していると判断してよいだろう。

3. sustained「持続的な」，temporary「一時的な」，positive「正の，プ

ラスの」，negative「負の，マイナスの」という語をどのように組み合わせるかという問題である。

第15段落第4文（The most important …）において，経済的進歩にとって最も大切なものは科学技術の変化であると指摘があり，これに対比する形で同段落最終文（Yet, prior …）には，18世紀以前の経済的進歩は一時的なものに過ぎなかったとある。経済成長にとって重要なものは，科学技術の発展によってもたらされる一時的でない発展，つまり sustained「持続的な」発展であると読み取ることができる。よって，望ましい経済成長は positive と sustained によって説明されていると考えられる。そのようになっているのは(b)と(c)である。空欄 E については，豊かな国が経験しなかったことを考えると「マイナスの成長」となるので，E が negative になっている(b)が正解である。

4．(a)「ほとんどの尺度によると，過去において世界の富はゆっくりと成長したが，最近の数十年間で劇的に拡大し，成長あるいは停滞のどちらの期間があったかによって国の間に大きな違いが生じた」

第4段落第5文（This decline began …）には，極度の貧困の解消が2世紀前から始まり，この数十年で加速度的に進展していると指摘されている。これは，選択肢の前半部分（By most … few decades）で示されている内容に一致していると考えられる。また，第16段落最終文（Rich countries …）には，経済成長後に生じる，経済が縮小する期間がわずかしかない国が豊かな国だとの指摘がある。縮小期間が短い場合を成長期，縮小期間が長い場合を停滞期と捉えると，これは選択肢の後半部分（with sharp … or stagnation）の，経済の成長期を経験したのかあるいは停滞期を経験したのかで，国の間に違いが生じたという趣旨に合致する。これを正解と考えてよいだろう。

(b)「世界経済の全体的な進歩にもかかわらず，多くの人がいまだに貧困の中で暮らしている。栄養状態や全体的な健康は進歩したが，持続的な正の成長がないことによって，消費における大きな相違が生み出された」

differences in consumption「消費における違い」という記述は本文には見当たらない（「消費バスケット」についての言及は第20段落にあるが，それは過去の生活水準を知るための手法として説明されている）。ここが「国ごとの経済状態の違い」であれば正しいといえそうである。

(c)「もしも皆さんが昔に生きていたら若くして死ぬかもしれないが，貧困の減少により現在，健康状態ははるかに良好である。過去数年間だけをとってみても，経済成長によって利用できるようになった資源が，世界中の富を増大させた」

　この2世紀の間の貧困の減少や，最近数十年間に一層貧困が解消されていることは，本文で述べられている。第10段落第5文（The point that …）で，経済成長と資源の関係についても述べているが，選択肢が示すようなここ数年の状況についての記述は見当たらない。

(d)「世界経済の構造の進歩は，世界中の人々にプラスの変化，特に流動性と機会の公開性をもたらし，それが富の全体的な増加につながった」

　「世界経済の構造の進歩」は，本文に記述がなく，それが指す内容も曖昧である。第18段落第1文（In the developed …）に「先進諸国では経済構造が異なる」とはあるが，それをもって「世界経済の構造が進歩した」というのは難しい。

(e)「現在，世界のほとんどは豊かであり，経済成長はすべての人の生活の進歩の鍵である。人々はより長生きし，病気になることもより少なくなり，生き残るために製造業に携わる人もより少なくなる」

　例えば，第18段落第2文（Importantly, agriculture …）では，経済発展に伴って農業は縮小すると指摘しているが，選択肢にあるように，経済成長によって，生存のために製造業に携わる人が少なくなると述べている箇所はない。

5. Calories の項目で示されている数値と Price の項目で示されている数値を品目ごとに掛け算することで，それぞれの食料品の年間総費用が算出され，それを合計することで食料品全体の総費用が得られる。ここで，第20段落第7文（Living standards …）に従えば，生活水準は，年間賃金：食料品にかかる総費用の比（the ratio of yearly wages to … （total cost of food））で求められる。それぞれの「食料品にかかる総費用／年間賃金」は，およそ104%（A国），51%（B国），46%（C国）となる。この値が低いほど生活水準が高いと考えられる。

6. 問題のグラフは，全体的な傾向として，Z国・X国のグループと，Y国・W国のグループに大別することができる。このことを踏まえて選択肢を読むと，(c)の記述がY国・W国グループの特徴を示していることがわ

かる。

7. (a)「犯罪発生率」　　(b)「不平等」　　(c)「余暇時間」
(d)「平均余命」　　(e)「政治的分極化」　　(f)「社会的流動性」

　空欄Ｆのある第22段落では，全体的にＦの増加と経済成長が関連していると判断できる。経済成長に対する付加的な幸福であり，さらには，第6文の前半（An increase … human capital）には，Ｆが増加することによって，人的資本（human capital）に対する投資価値が増大するとあることから，(d)が正解と判断するのが最も自然といえよう。

8. 第16段落第7文（The point is …）に，19世紀の最初の数十年以前には，アメリカや英国などの先進国がこの200年で経験した経済成長は発生しなかったとあることから，この文をもとにして解答するとよいだろう。

Ⅲ　　**解答例**　　When we talk about a society's fairness, there is one important thing we should keep in mind: Since we live in a society, the freedom of individuals is sometimes restricted in order to maintain a society's fairness. Let us think back on, for example, what we did during the COVID-19 pandemic. When we did not know much about what the COVID-19 was, what we did first was restrict our own behavior to protect others, especially those who were vulnerable; schools were closed for a couple of months; we seldom went out for shopping or eating; if we had to go out, we always wore masks. What we were thinking about then was behaving fairly in a society, especially to protect the vulnerable. If we are to live in any society and enjoy freedom, we must ensure a society's fairness first. So, to save the vulnerable, it is plausible to restrict what we want to do.

━━━━━━━━━━━━━━ **解説** ━━━━━━━━━━━━━━

　問題の指示は「個人の自由は社会の公平性とどのように関係するだろうか？　具体例とあなたの主張を支える理由を1つ示しなさい。解答は，解答用紙に与えられた囲みの中に英語で書きなさい」である。

　自由英作文を書く際には，論旨を明確に伝えることが重要である。そのためには例えば英文全体を，①自分の主張を端的に述べる導入部分，②例

などを示して主張を説明する展開部分，③それまで書いてきたことをまとめるなどして主張を強調する結論部分の3部構成で考えるとよい。〔解答例〕は，問題の指示にある具体例と理由を展開部分にして，この3部構成で書いたものなので，参考にしてほしい。なお，〔解答例〕は社会の公平性を重視する立場でまとめているが，過度に個人の自由を制限することに懐疑的な立場をとることもできるだろう。

講 評

　Ⅰは，2022・2023年度には問題文2つから構成されたが，2024年度は1つになり，2021年度と同様の形式となった。問題文の分量は増加したが，図表の数は減り，受験生の負担は2023年度とほぼ変わらないと考えられる。

　問題文は，インターネットが提供する政治ニュースが社会に与える影響に関する実証的研究を踏まえ，新興のインターネットと旧来のマスメディアが，対立ではなく共存共栄することが，われわれの利益にかなうと主張するものである。現代社会が抱える様々な問題の1つとして，新しい情報通信技術が社会にもたらす変化に着目したテーマである。

　設問は7問で，6つの選択問題と1つの論述問題で構成された。空所補充，グラフの選択，論旨選択など2023年度と大きな変化はなかったが，計算問題はなく，論述問題が1つ減り，解答字数も計250字から110字となった。設問1・3・5は論理展開の理解力，設問2は図表の読解力，設問4は推論能力，設問6は論旨把握能力，設問7は論述力と，それぞれ異なる能力が問われている。空所補充でややこしい面があるものの，いずれも論理的に考えれば正解にたどり着ける設問ばかりである。

　Ⅱは図表を含めて問題用紙5ページにわたる，英文の長文問題で，比較的平易な英語で書かれている。設問2は，本文の内容の理解に基づいて正しいグラフを選択する問題である。設問4の内容に一致するものを選ぶ問題や設問7・8の空所補充問題では，本文の詳細な内容まで確認する必要があり，しっかりとした英文読解力が求められる。さらに，設問5では，根拠となる本文の記述を確認したうえで，表に示されている数値を用いて計算することが求められている。また，設問6については，

グラフの解釈そのものが問われており，データを読み取る力が必要である。

　Ⅲは自由英作文問題である。テーマが与えられているほか，具体例と主張の理由を示すよう指示がある。

　過去4年間の入試問題を振り返ると，知識の量よりも論理的思考力や推論能力を重視していることがわかる。出題形式は今後も変化するかもしれないが，過度に恐れることはない。作問のねらいは明確で，①課題文や図表などの情報を読み解き，理解する力，②論理的に思考し，自分の考えをまとめる力，③日本語と英語を正確に使いこなす力を試すことにある。受験生はこの点に留意して，準備しておこう。

////////////////// · **memo** · //////////////////

//////////////// · memo · ////////////////

//////////////////// · memo · ////////////////////

2023
年度

解 答 編

解答編

総合問題

Ⅰ　**解答**　1 ―ロ　2 ―ニ　3 ―ハ　4 ―イ・ハ・ニ（順不同）
5 ―イ・ホ（順不同）

6．〈解答例〉経済的成功の要因に関して，情報が欠如しているため，「自己責任」の範囲が際限もなく拡大してしまうから。（50 字以内）

7．〈解答例〉自己責任論は，世界は公正で努力が経済的成功をもたらすとのイデオロギーにより，人々の学習意欲や労働意欲を高めたり，富裕層の投資意欲を高めたりすることで，経済成長を促進する。他方，自己責任の範囲を際限なく拡大して，貧困に陥った人々が声を発しにくい状況を生むだけでなく，低賃金労働者を増やしてきた企業や貧困対策を怠ってきた政府など，本来責任をとるべき人々を責任から解放し，これを責任のない人々に押しつける。（200 字以内）

━━━━━━━━◀解　説▶━━━━━━━━

≪所得格差と自己責任論≫

1．図 2 で所得階層を単純に実額で区分するわけにはいかない理由として最も適切なものを選ぶ。貧困層を，たとえば「200 万円以下」などと単純に実額で区分すると，1975 年〜2015 年の 40 年間で貨幣価値が変化（物価が上昇）しているため，貧困層の数が大きく減少することになる。これでは経済的実態を反映した統計にはなり得ない。よって，ロが適当。

イ．不適。単純に実額で区分するのだから各自の主観的なとらえ方ではない。

ハ．不適。図 2 は国際的な比較ではなく経年変化を表すものである。

ニ．不適。貧困線は，所得中央値の二分の一を基準にするというのが世界共通に使われているやり方であるとの記述がある。

ホ．不適。所得が指標なので業種による賃金の違いは考慮する必要がない。

2．問題文 A の記述から，「貧困層」とは貧困線未満の人々のことを指す。

すなわち所得が所得中央値の二分の一に満たない人々である。総人数は100 人であるから中央値は下から 50 番目の人の所得である。以上を踏まえて貧困層に該当する人数を計算すると，次表のようになる。

	所得中央値	貧困線	貧困層数	順位
(a)	700	350	17	3
(b)	500	250	20	2
(c)	1100	550	15	4
(d)	900	450	25	1

3．前の段落に，「（1975 年には）豊かな人々は自分たちの豊かさを，また貧しい人々は自分たちの貧しさを，よくわかっていなかった」と述べられており，それとの対比で「（2015 年には）豊かな人々は自分たちの豊かさを，また貧しい人々は自分たちの貧しさを，それぞれ明確に意識するようになった」という論理展開になる。よって，ハが適当。

イ．不適。図 2 では，過去 40 年間に所得格差拡大が進んだかどうかは読み取れない。

ロ．不適。図 2 からは格差拡大が急速に進んだことや，所得の下落などは読み取れない。また，富裕層だけでなく，相対的富裕層や貧困層の意識も変化している。

ニ．不適。図 2 から所得中央値の上昇や富裕層の減少は読み取れないし，「40 年間の経済成長の副作用」という論点は筆者の記述にはない。

4．イ．これを判断するためには，自己責任論と格差拡大に対する評価の関係を示す図 5 を所得階層別にみる必要があるが，図 3・4 を含めてそうしたデータはなく，判断できない。

ロ．これは，図 3 と図 4 をみれば正しいと判断できる。

ハ．過去に比べて近年では，貧困層で，格差拡大を肯定・容認する傾向が広がっていることは図 3 からわかるが，同様に貧困層で，自己責任論を肯定する傾向が広がっているどうかは，図 4 からは判断できない。

ニ．富裕層には，女性より自己責任論を肯定する傾向が高い男性が多いということを示すデータは図 3・4・5 にはない。

5．イ．適切。問題文 B の冒頭にある「再分配」は所得格差是正を目的とした政策である。問題文 A には所得再分配に関する記述はない。

ロ．不適。政府や政治家を免責することを自己責任論の問題点としているのは問題文Aのみである。

ハ．不適。このような趣旨の記述は問題文Aにも問題文Bにも見あたらない。

ニ．不適。問題文Bでは，日本人とではなく，ヨーロッパ人もしくはフランス人とアメリカ人を比較している。

ホ．適切。所得が偶然や生まれついての階層や地位の結果ならば，本人は何の努力もしていないのだから全部を再分配してもよろしいということは，世界的に共有されていると，問題文Bの第1段落にのみ記述されている。

6．「すべて自己責任と片付ける論調が少なくない」理由を，問題文Bの記述に基づいて説明する。「『自己責任』の範囲が際限もなく拡大する傾向にある」というのが問題文Aの指摘なのだが，そうなるのはなぜかが問題文Bに述べられている。問題文Aの自己責任論とは，問題文Bの〈世界は公正で，どの人もその人の努力に応じた境遇に生きている〉という考え方にあたる。そしてこの考え方についてアメリカと欧州では評価が正反対であるとし，その原因を「努力と経済的成功との関係は実証的には裏付けられない」のに，「情報が欠如しているために，さまざまな見方や考え方が大手を振ってまかり通っている」とし，このように情報不足では，各自が勝手に自分の信じたいことを信じてもふしぎではないと述べている。以上を簡潔にまとめればよい。解答例のほか，「努力と経済的成功の関係を示す実証的裏付けがないため，各自が勝手に自分の信じたいことを信じているから。」でもよい。

7．問題文A・Bの記述を踏まえ，所得格差における自己責任論の功罪について説明する。

　「罪」について，問題文Aは「自己責任論は，格差社会の克服を妨げる強力なイデオロギーである」として，その問題点として次の2点を挙げている。それは，①自己責任論が成立しないような状況であっても，「自己責任」の範囲が際限もなく拡大され，貧困に陥った人々が声を発しにくい状況に陥っている，②本来責任をとるべき人々を責任から解放し，これを責任のない人々に押しつけるものである——というものである。問題文Bには，自己責任論の根拠となる実証的データはないにもかかわらず，情報が欠如しているために，さまざまな見方や考え方が大手を振ってまかり通

っているので，アメリカ人の多くが貧困層も含めて自己責任論に感化され
ていると指摘する。

　「功」については，問題文A・Bともに直接的な言及はないが，主に問
題文Bの前半から汲み取ることができる。そこに再分配の強化が購買力や
成長力の減退につながるとある。この論理を裏返せば，自己責任論に基づ
いて再分配しなければ，高所得者の購買意欲や投資意欲が増し，結果とし
て経済成長につながるということである。「努力の結果として高所得を手
にしている人には，意欲を失わせないような税率を維持することが好まし
い」という記述や，アメリカ人が「自国の社会移動性を過大評価してい
る」という指摘からも，自己責任論が人々の経済的意欲を高め，その結果
として経済成長を促したりするとも考えられていると解釈できる。

II 　**解答**　1．1番目—(d)　3番目—(c)　2—(c)
　　　　　　　3．D—(b)　E—(a)　4—(d)　5—(c)　6—(d)
7—(b)　8．(1)—(c)

(2)(i)小野

(ii)〈解答例〉C候補への評価を可もしくは不可に変える。(20字以内)

━━━━━━━◆全　訳◆━━━━━━━

≪マジョリティジャッジメントという考え方≫

　フランス中のラウンドアバウトで，「黄色いベスト運動」が，フランス
の政治に衝撃を与えている。燃料費の高騰に対する抗議として始まったも
のが，エマニュエル＝マクロン政権に対する異議——そして彼が選出され
た投票方法への異議へと，様相を変えてきている。実際，抗議参加者によ
るスローガンの1つは，マクロン氏は有権者の24.01％（2017年の大統領
選における第1回投票の得票率）しか票を得ていないのだから，大統領の
職を辞するべきだというものである。確かに，マクロン氏は第2回投票で，
得票率66.10％という大差で勝利している。しかし，投票総数31,381,603
票のうち4,085,724票は白紙か無効であったのだ。そして全体として，第
2回投票に参加した人は第1回投票よりも150万人少なかったのである。

　選挙改革は今やイエローベストにとって喫緊の要求事項である。白票の
存在を公的に認識してほしいと考えている。そして，彼らが言うところの
「市民のイニシアティブによる国民投票」（RIC），すなわち700,000の署

名を集めればいかなる政策提言も一般投票にかけることができる，という
ものの導入を望んでいる。RIC ——そして代表民主制と直接民主制の間に
潜む本質的な対立——をテーマとしたディベートは，フランス中で熱を帯
びている。最新の世論調査によれば，フランスの有権者のほぼ 80％が
RIC の導入に賛成している。しかし，評論家の多く——マクロン大統領を
含めてだが——が，国民投票を通した世論操作がいかに簡単か，と警鐘を
鳴らしている。

　一番の好例が，2016 年，イギリスの EU 離脱を巡る国民投票で起こっ
たことである。この 2 年半イギリスの政界において，明確なことが 1 つあ
るとすれば，それは，EU 離脱というものが実際意味するところについて，
「離脱」に賛成して運動していた政治家たちは意見が一致していなかった，
ということである。これにより，今度は 2016 年の国民投票での，イエス
かノーかの 2 択だった投票システムがとりわけ不適切なものになってしま
った。というのも，異なった意味をもつ票を，あたかも同一のものである
ようにカウントしてしまったからである。「残留」という選択肢の意味は，
多少は明確だったかもしれないが，「離脱」という選択肢は，さまざまな
有権者がさまざまな理解の仕方をしていたのである。

　同様に，2019 年 1 月 15 日にあった議会の投票では，テリーザ＝メイ首
相の，EU との交渉方針に反対した 432 名の下院議員は，それぞれにさま
ざまな意味合いで「反対」した。2 回目の国民投票を望んだ者もいれば，
イギリスはよりよい交渉結果を得られると考えた者もおり，「取引しない
方がよい」という者もいた。まず初めにするべきことは，実行可能な選択
肢すべてについて，有権者に自分の意見を表現させることであり，それは
少なくとも 9 つある。
—リスボン条約第 50 条の通告を取り消し，残留する
—第 2 回国民投票
—リスボン条約第 50 条を延長し，政権交代のための総選挙を実施する
—リスボン条約第 50 条を延長し，現政府が EU と再度交渉する
—メイ首相の交渉結果のまま
—メイ首相の交渉結果のままだが，期限付きのバックストップを伴う
—メイ首相の交渉結果のままだが，一方的にバックストップを終了できる
　仕組みを整える

―EU との恒久的関税同盟を伴う新たな取引

―単一市場への残留を伴う新たな取引

　もし従来からの多数代表制を用いなければならないとすると，上記の 9
つから 1 つだけしか選ぶことができない（なので暗黙のうちにほかの選択
肢を排除することになる）。ということは，得票数が最も多かった選択肢
が，全体の合意に最も近いものである，ということが保証されないという
ことである。たとえば，ある選択肢が 20％の票を得ても，投票者の 80％
がその選択肢に反対であり，痛切にそう感じている，ということがあるか
もしれない。

　別な方法がある。マジョリティジャッジメント（MJ）という，新たな
方法を我々は提案する。それにより，コンセンサスが確立される可能性が
高まるのだが，それは，提示されている選択肢のそれぞれについて，「非
常に良い」，「どちらかと言えば良い」，「まずまず」，「どちらかと言えば悪
い」，そして「非常に悪い」といったような 5 段階評価をすることにより，
投票者が自分の意見を表す機会が与えられるからである。投票者は自由に，
自分の思った評価をつけることができ，多数の人によって一番良く評価さ
れた選択肢が選ばれるのである！　ブレグジットと 9 つの選択肢について
いえば，投票者は選択肢の 1 つ（たとえば，「単一市場への残留を伴う新
たな取引」）を「非常に良い」と評価し，2 つは「どちらかと言えば良い」，
2 つは「まずまず」，3 つは「どちらかと言えば悪い」，そして 1 つ（たと
えば，「取引しない方がよい」）を「非常に悪い」，と評価することができ
る。別な投票者は違った意見をもっているだろうし，「取引しない方がよ
い」は「非常に良い」が，その他はすべて「非常に悪い」，と考えるかも
しれない。

　マジョリティジャッジメントの仕組みがどのようになっているのか，そ
れを用いることによってどのように選挙結果を根本的に変えられるのかを
理解するために，2016 年のアメリカ大統領選だったらどのようになって
いたのかを見てみよう。幸運にも，MJ の評価と同じような意見調査のデ
ータがある。それから，イギリスによる最近の調査を用いて，ブレグジッ
トについてそこからわかることを示してみよう。2016 年のアメリカ大統
領選の予備選挙において，ピュー研究所は，無作為に選ばれた 1,787 人の
有権者に対し，次のような質問を行った：

現在誰を支持しているかにかかわらず，次の人たちが 2016 年 11 月に選ば
れたとしたら，どのような大統領になるだろうとお考えになるか，お聞か
せいただきたいと思います。「素晴らしい」，「良い」，「平均的な」，「不十
分な」，「ひどい」大統領になると思いますか？

	素晴らしい	良い	平均的な	不十分な	ひどい	聞いたことがない
ジョン＝ケーシック	5 %	28%	39%	13%	7 %	9 %
バーニー＝サンダース	10%	26%	26%	15%	21%	3 %
テッド＝クルーズ	7 %	22%	31%	17%	19%	4 %
ヒラリー＝クリントン	11%	22%	20%	16%	30%	1 %
ドナルド＝トランプ	10%	16%	12%	15%	44%	3 %

表 1 （出典：ピュー研究所　1,787 人の有権者を対象　2016 年 3 月 17〜27 日）

　結果は，表 1 の通りである。マジョリティジャッジメントを適用すると，
多数代表制とは大きな違いがあることがわかる。マジョリティジャッジメ
ントを適用した場合，それぞれの候補者に対する結果というのは，その候
補者に投票した人の割合ではなく，その候補者のことを「素晴らしい」，
あるいは「良い」等々と，どれくらいの投票者が考えているかについて正
確にそのイメージを表したものとなっている。

　表 1 における評価から MJ での順位を計算するために，評価項目の範囲
の両端から始め，投票者の意見の過半数となるまで，各割合を足してみよ
う。ジョン＝ケーシックを例にとると，5 ％の人が彼を「素晴らしい」と
考え，5＋28＝33％の人が，彼を「良い」またはそれ以上と考え，33＋39
＝72％（過半数）の人が，「平均的」またはそれ以上と考えている。よっ
て，過半数によるケーシックの評価は，「平均的」となる。同様に計算す
ると，クリントン，サンダース，クルーズの過半数による評価もまた，
「平均的」となり，トランプの評価は，「あまりよくない」となる。過半数
による評価が同じ（この場合は平均的）であった 4 名の順位を決定するた
めに，我々が「ゲージ」と呼んでいる，ある数字を計算する。ケーシック
の場合，5＋28＝33％の人が，過半数による評価よりも高く彼を評価して
おり，13＋7＋9＝29％の人が，過半数による評価よりも低く評価している。
彼を良く評価している人の割合の方が大きいため（33＞29），ケーシック
のゲージは＋33％となる。サンダースのゲージは－39％となり，クルーズ

とクリントンのゲージはそれぞれ−40％, −47％となる。したがって, MJによるもっとも有力な候補者2名は, ケーシックとサンダースとなる。MJでの順位を決定するルールは, 基本的な民主主義の原則に, 論理的に従った結果である。よって, アメリカの投票プロセスが失敗したのは, 「最も優れた」候補者がケーシックとサンダースであったのに, 各党の「最もよくない」候補者2名——クリントンとトランプ——を指名してしまったからである。候補者それぞれに対して投票者が評価できるようになる——良くも悪くも——と, 多数代表制とは全く逆の結果が表れるのである。

　2019年1月30〜31日, ユーガブとタイムズは別の調査会社, ナットセン・ソーシャル・リサーチに依頼し, 調査を行った。イギリスの成人1,650人を対象に, ブレグジットによってどうなると考えられるか, 評価をしてもらった。投票者はこのような質問をされた。「もし…なら, 結果は良い, もしくは悪いものとなるだろうと思いますか」
—X：イギリスが交渉結果を受け入れ, その条件でEUを離脱したら？
—Y：イギリスが新たな国民投票を行い, EU残留を投票で決めたら？
—Z：何の取引もなく, イギリスがEUを離脱したら？

	非常に良い結果	どちらかといえば良い結果	まずまずの妥協点	どちらかといえば悪い結果	非常に悪い結果	わからない
X	3％	11％	26％	21％	16％	23％
Y	29％	8％	7％	7％	36％	13％
Z	11％	7％	17％	15％	36％	13％

表2（出典：ナットセン・ソーシャル・リサーチ, ユーガブ, タイムズによる調査, 2019年1月30〜31日）

幸運にも, この意見調査のデータはMJの評価と同様である。表2より, Y「残留」とZ「取引なし）が, 36％の投票者から, 「非常に悪い結果」と評価されている。対照的に, 選択肢X「政府の交渉結果」を「非常に良い結果」と評価したのはわずか3％かもしれないが, 全体として, それほど否定的には評価されていない（「非常に悪い結果」と評価したのはわずか16％）。MJによれば, 選択肢Xが3つの中で最も良いものであった。

	支持率
X：政府の合意に従う	12%
Y：EU 残留	45%
Z：取引なしでの EU 離脱	28%
わからない	9 %
投票しない	5 %

表 3 （出典：ナットセン・ソーシャル・リサーチ，ユーガブによる調査，2019 年 1 月 18 日）

　興味深いことに，これらの結果は，ユーガブの別の調査結果とは大きく異なっている。13 日前の 2019 年 1 月 18 日，ナットセン・ソーシャル・リサーチによって行われたのだが，イギリスの成人 1,754 人を対象に，次の問いに対する回答を選んでもらった。「もし国民投票があったとして，その選択肢が『EU 残留』，『政府が最近交渉した条件での離脱』，『取引なし』だとしたら，どれに投票しますか？」 結果は表 3 を見てみよう。ここでは，多数代表制による最も良い選択肢は「EU 残留」となるが，離脱という投票は，X（取引あり）と Z（取引なし）に分けられるからである。実際，世論調査というものは本当の国民投票ではないし，考えるべき選択肢はもっとたくさんある。ありがたいことに，表 2 における調査では，投票者に対して第 4 の選択肢についての意見を聞いている。

―W：もしイギリスが，単一市場や関税同盟への残留を含む，別な取引を伴う形で EU を離脱したら？

MJ によれば，選択肢Wが最も良いものとなる。実行可能な選択肢すべてについて，投票者に自分の意見をより正確に反映させることで，より良い決定が下せるということを，分析結果が示してくれると期待している。

	非常に良い結果	どちらかといえば良い結果	まずまずの妥協点	どちらかといえば悪い結果	非常に悪い結果	わからない
W	9 %	18%	23%	14%	14%	22%

表 4 （出典：ナットセン・ソーシャル・リサーチ，ユーガブ，タイムズによる調査，2019 年 1 月 30～31 日）

　世界中の選挙や国民投票において，かなり大変なことになっている。我々が見る限り，問題の根本原因は古くからある投票システムであり，そのせいで，投票者は自分の意見を十分に反映させられないでいる。マジョリ

ティジャッジメントは，投票における数学理論をよく考えたものであり，基本的民主主義を満たすように作られた。特に，

- MJ により，投票者は自分自身の考えをより表現することができる。すべての選択肢や候補者に対し，自分の意見をより正確に表すことができる。

- MJ により，票割れをなくすことができる。似たような候補者，また選択肢でもすべて，お互いのチャンスに影響を与えることなく，競わせることができる。

- MJ により，投票者は気に入らない選択肢のすべてについて否定的に評価ができるので，投票をしない，もしくは白票で投票することで，抗議をする必要がない。

- 数学的に作られているため，MJ は操作をするのが最も難しいシステムである。実際の意見を膨らませて，評価を大げさにする投票者が複数いたとしても，結果に与える影響は限定的である。

- 最も重要なことだが，MJ は，有権者の評価が最も高かった候補者（あるいは国民投票の選択肢）を選ぶ。

　MJ ができたのはつい最近，2011 年のことである。それにもかかわらず，すでに用いられている。たとえば，人文科学および社会科学におけるイギリスのアカデミー，イギリス学士院は，新たなフェローを選出するのに MJ を用いている。2016 年，LaPrimaire. org（市民の誰もが参加できるオンライン上の予備選挙を実施する，フランスにおける新たな政治的試み）は，2017 年の大統領選に向け，32,625 名以上が参加するなか，候補者を挙げるために MJ を用いた。Generation. s（フランスの政治運動）は，内部での意思決定において MJ を用いており，Yashar という直接参加民主主義を強調するイスラエルの政党は，そのプロセスを改善する 1 つの方法として，MJ について検討をしている最中である。

　黄色いベスト運動の参加者も，MJ の導入を望んでいる。マクロン大統領が国民の意見を求めるため，2019 年 1 月に開始した「大討論会」では，国の投票システムとしてマジョリティジャッジメントを採用すべきという提案が，これまでのところ 197 となっている。イギリスはその未来のために，第二次世界大戦以来最も重要な決断を迫られているわけだが，その決断をどのように下すのか，考えるべきときではなかろうか？　投票システ

ムというものは人間の手によるものであり，よりうまくいくと示されたものに取り替えることができるものなのだから。

■■■■■■■■■◀解　説▶■■■■■■■■■

1．空所Aに(a)〜(d)の文を適切な順序に並べ替えて挿入する問題。

(a)「しかし，投票総数 31,381,603 票のうち 4,085,724 票は白紙か無効であったのだ。そして全体として，第 2 回投票に参加した人は第 1 回投票よりも 150 万人少なかったのである。」

(b)「実際，抗議参加者によるスローガンの 1 つは，マクロン氏は有権者の 24.01％（2017 年の大統領選における第 1 回投票の得票率）しか票を得ていないのだから，大統領の職を辞するべきだというものである。」

(c)「確かに，マクロン氏は第 2 回投票で，得票率 66.10％という大差で勝利している。」

(d)「燃料費の高騰に対する抗議として始まったものが，エマニュエル＝マクロン政権に対する異議――そして彼が選出された投票方法への異議へと，様相を変えてきている。」

　選択肢にある接続詞 But や the protesters の冠詞，代名詞 he，It's true that 〜，but 〜「確かに〜だが，〜」という構文がヒントとなる。第 1 段第 1 文（On roundabouts across…）において，注にもあるとおり政府への抗議活動である黄色いベスト運動に言及しており，その発端となったのが，選択肢(d)にある燃料費の高騰である。その運動参加者が，選択肢(b)の the protesters のことであり，マクロン大統領の辞任を求めていることがわかる。そのマクロン大統領を受けているのが，選択肢(c)の he であり，「確かに彼は投票で勝利している」のだが…となる構文により，最後に選択肢(a)が来て，「白紙や無効となった票が多く存在していた」という流れになる。よって(d)→(b)→(c)→(a)となり，1 番目は(d)，3 番目は(c)である。

2．空所B，Cに入れるのに最もふさわしい組み合わせを選ぶ問題。

(a)（B）「肯定的な」　　（C）「否定的な」
(b)（B）「明確な」　　　（C）「不明瞭な」
(c)（B）「異なった」　　（C）「同じ」
(d)（B）「より少ない」　（C）「より多い」
(e)（B）「合理的な」　　（C）「感情的な」

　第 3 段第 2 文（If one thing…）より，イギリスの EU 離脱をめぐって

は，離脱を掲げていた人々の間で意見が一致していなかったということが読み取れる。また，空所C直後の同段最終文（"Remain" may have…）より，「残留」という言葉の意味は比較的はっきりしているのだが，「離脱」については投票者が異なる理解の仕方をしていた，つまり，それぞれ違った風に解釈をしていたということである。この流れを踏まえると，(c)が正解としてふさわしい。投票者がそれぞれに異なった意味を込めて「離脱」に投票しても，それらはすべて同じ「離脱」という言葉でひっくるめられていたということである。

3．空所D，Eに入れるのに最もふさわしいものを選ぶ問題。

(a)「選択肢W」　　(b)「選択肢X」

(c)「選択肢Y」　　(d)「選択肢Z」

　表2より，選択肢X～Zについてのマジョリティジャッジメントの評価は以下のとおりである。

X：3＋11＋26＋21＝61％（過半数）となり，評価は「どちらかといえば悪い結果」

Y：29＋8＋7＋7＝51％（過半数）となり，評価は「どちらかといえば悪い結果」

Z：11＋7＋17＋15＝50％（過半数）となり，評価は「どちらかといえば悪い結果」

XとYとZの評価が同じであるため，第9段（To calculate the…）に従ってゲージを計算してみると，

X：3＋11＋26＝40％，16＋23＝39％，40＞39であるから，＋40％

Y：29＋8＋7＝44％，36＋13＝49％，44＜49であるから，－49％

Z：11＋7＋17＝35％，36＋13＝49％，35＜49であるから，－49％

よって，この3つのうちで最も高い評価となるのはXなので，(b)が空所Dに入る。

　また，選択肢Wについては，9＋18＋23＝50％（過半数）となり，こちらの評価は「まずまずの妥協点」となる。

よって，選択肢Wが最も評価が高くなるため，空所Eには(a)が入る。

4．空所Fに入れるのに最もふさわしいものを選ぶ問題。

(a)「すべての候補者または選択肢を評価するよう強制されているわけではない」

(b)「選択肢のうち 1 つを支持し，その他すべてを除外するよう制限されているわけではない」

(c)「気に入った選択肢または候補者のすべてに対し，良い評価をつけることができる」

(d)「気に入らない選択肢のすべてに対し，否定的に評価をつけることができる」

　第 6 段（There is another …）から続いている MJ について，その特徴がまとめられている部分である。空所直前（With MJ, there …）では「投票者が投票をしない，もしくは白票で投票することで抗議をする必要がない」とあるが，1 つだけを選ぶ多数代表制の場合，よく思わない候補者や選択肢があれば投票しない，あるいは白票を投票することも考えられるが，MJ ではそのようなことはせず，それらを低く評価すればよいということである。これを踏まえると，(d)が正解である。

5．空所 G に入れるのに最もふさわしいものを選ぶ問題。

(a)「神の」　　　　(b)「悪の」　　　　(c)「人間の」

(d)「自然の」　　　　(e)「万人共通の」

　空所を含む第 14（最終）段最終文（Voting systems, after …）は，「投票システムというものは…が作るもの，…の手によるものだ」という文である。空所直前の同段第 3 文（As the UK …）で，今は決断を下すその方法を考えるべきときだとしている。その方法とはもちろん投票方法のことであり，人が変えるもの，人の手によって変えられるものであるから，正解としてふさわしいのは(c)である。

6．本文の内容に合うものとして最もふさわしいものを選ぶ問題。

(a)「数学は，有権者があいまいな選挙運動に影響を受けないようにする鍵であると，筆者は主張している」

(b)「選挙結果というものは，民主社会においてさえ政治指導者たちに容易に操作されうるものである，と筆者は主張している」

(c)「アメリカの大統領選挙が失敗したのは，アメリカの投票システムで計算ミスがあったからである，と筆者は説明している」

(d)「多数代表制の投票システムよりも，投票者が自分の意見を十分に表すことができるようになるため，我々はマジョリティジャッジメントシステムを導入すべきである，と筆者は主張している」

(e)「代表民主制よりも直接民主制の方が優れているということをイギリス国民が学ぶ機会として，筆者はブレグジットを解釈している」

　第6段第2・3文（We propose a … and *very bad.*）において筆者はマジョリティジャッジメントの導入を提案しており，それは投票者が自分の意見を反映させる機会を得られるものだとしている。また，第12段第2文（The root of …）より，投票者が自身の意見を十分に表明できていないことが，現在の選挙や国民投票における問題の根源である，ともしている。これらのことから，(d)が正解としてふさわしい。(a)，(b)については本文に記述がない。(c)について，アメリカ大統領選については第9段第11文（Thus, the US …）にあり，うまくいかなかったのは計算ミスではなく，システム上最もよくない候補者を選んでしまったからだとしているので，不適。(e)については，第2段第4文（The RIC ── and …）に直接民主制と代表民主制についての記述があるが，その優劣については述べていないので不適。

7．候補者Hのゲージとして最も近いものを選ぶ問題。

(a)「－81％」

(b)「－47％」

(c)「－36％」

(d)「＋19％」

(e)「＋53％」

	秀	優	良	可	不可	聞いたことがない
候補者H	19%	34%	11%	32%	3 %	1 %

　与えられた表より，候補者Hのマジョリティジャッジメントでの評価は，$19+34＝53$％（過半数）となり，優となる。優よりも高く評価をしているのは19％，低く評価をしているのは$11+32+3+1＝47$％となり，$19<47$であるから，－47％となる。よって(b)が正解である。

8．(1)マジョリティジャッジメント（MJ）を用いた場合の勝者として最もふさわしいものを選ぶ問題。

　問題文と表5より，候補者A～Dが7人の有権者から得た評価を表にすると，以下の通りとなる。

	秀	優	良	可	不可
A	2			3	2
B	1		3	2	1
C		4		1	2
D	1	1		3	2

　MJ での順位は以下のとおりである。

A：秀が 2 名，2＋3＝5 名（過半数）が可以上となるので，A は可。

B：秀が 1 名，1＋3＝4 名（過半数）が良以上となるので，B は良。

C：優が 4 名（過半数）なので，C は優。

D：秀が 1 名，1＋1＝2 名が優以上，2＋3＝5 名（過半数）が可以上となるので，D は可。

よって MJ に基づいた勝者は C 候補である。

(2)下線部(1)にある主張が成立しない事例を考える問題。

　下線部(1)は「数学的に作られているため，MJ は操作をするのが最も難しいシステムである」という意味であるから，MJ が操作できてしまう場合を考える。

　MJ における勝者は(1)の通り，C 候補である。このとき，有権者のうち誰かが候補者 1 人に対する評価を変えることにより，その人が最も高評価を付けた，C 候補ではない候補者が当選することになる事例を考える。C 候補を最も高く評価しているのは，表 5 より佐藤と坪内であるから，この 2 名は除外できる。市島もしくは大隈の場合，MJ の評価が可である A 候補が当選となるが，B 候補，C 候補，D 候補いずれかの評価を変えても A 候補の可という評価が一番高くなることはないため，この 2 名も違う。小野の場合，一番高く評価している B 候補（MJ の評価は良）が当選となるが，C 候補の優という評価が下がればよく，C 候補の評価を可もしくは不可とした場合に MJ の評価が可となり，B 候補の評価が一番高くなるので，B が当選となる。塩澤もしくは高田の場合，一番高く評価している D 候補（MJ の評価は可）が当選となるが，A 候補，B 候補，C 候補いずれかの評価を変えても D 候補の評価が一番高くなることはないため，この 2 名も違う。よって(i)の正解は「小野」であり，(ii)は，「C 候補への評価を可もしくは不可に変える」などとすればよい。

III 解答例

〈解答例1〉 I agree that music and arts are of less importance for a child's education than math and languages. Math and languages provide skills that can be used across many careers. Music and arts, on the other hand, are things that more people do as hobbies than as jobs. Schools need to give their students the best chance possible to find a good job, so it is more important that they focus on subjects that will make them employable. Also, creative students often choose to engage in music and arts outside of school, and there are many clubs they can join. Children may need more structure and encouragement to be able to understand math or languages, so their time in school is better spent on these kinds of subjects. For these reasons, I think that children benefit from an education that focuses on math and languages more than on music and arts.

〈解答例2〉 I disagree that music and arts are of less importance for a child's education than math and languages. Firstly, schools should provide a well-rounded education that lets children explore different subjects equally, so they can learn about themselves and make good decisions about what to do with their lives. Students who struggle with math and languages shouldn't be left to feel like they have less value and should be given the same opportunity to succeed in other subjects. Secondly, music and arts can help people develop creativity, expression, and critical thinking, which are important skills that can be helpful in all areas of life. If we neglect these subjects in schools, it will impact that generation's ability to think creatively and express themselves in the future, which will have a negative impact on not only their individual lives, but on society as a whole. For these reasons, I believe that creative subjects such as music and arts are just as important as more academic subjects such as math and languages for a child's education.

━━━━━━━━━━ ◀ 解 説 ▶ ━━━━━━━━━━

「子どもの教育において，音楽や芸術は数学や語学ほど重要ではない」

という文に対し，英文で意見を述べる問題。1 つのパラグラフで書く，少なくとも 2 つの理由を添える，という指示は必ず守る。構成としては，まず初めに，与えられた文に対して賛成か反対かを述べてから，指示に従い，その理由を 2 つ以上挙げることになるが，その際，できるだけ具体的な理由や根拠を添えると説得力が増し，読み手も納得するような文章になるだろう。以下に賛成か反対か，各々の立場で理由として考えられる表現を挙げる。

（賛成の立場）〈解答例 1 〉では，数学や語学のほうが雇用を含めたさまざまな進路で役に立つこと，それらを理解できるよう枠組みを与えたり励ましたりすることが求められているかもしれないことを挙げている。

career「仕事，進路」 employable「雇用できる」 structure「体系，枠組み」 encouragement「激励，励ますこと」

（反対の立場）〈解答例 2 〉では，さまざまな科目を等しく学ぶよう総合的に教える必要があること，創造性や表現力，批判的思考力を身につけるうえで音楽や芸術は重要であることを挙げている。

well-rounded「総合的な」 struggle with ～「～に一生懸命取り組む」 neglect「～を放っておく」

❖講 評

I では，2022 年度と同じく 2 つの問題文が提示されたが，文章のみだった 2022 年度と異なり，2023 年度は 5 つの図表が含まれていた。出題形式は，2020 年に発表されたサンプル問題①（文章のみの論説文），サンプル問題②（図表を多用した政治経済的テーマ）の折衷型といえるだろう。2022 年度と比較して問題文の分量は減ったが，図表の読み取りがあることから，解答時間に対する問題の分量は変化はなく，配点 45 点も変化がない。問題文Aは，文中に示されたデータに基づいて，自己責任論が「格差社会の克服を妨げる強力なイデオロギー」として日本社会に深く浸透している実態とその問題点について論じた文章である。図表と関連づけて筆者の論理展開を正確に読み取れるかどうかが問われた。問題文Bは，各自の努力と経済的成功に関係があるか否かを論じた文章である。問題文Aの内容と関連させて，自己責任論の功罪を論理的に説明できるか思考力が問われた。

　設問は５つの選択問題と２つの論述問題（50 字以内・200 字以内）で構成され，論述問題が 2022 年度より１つ増え，解答字数も 200 字から 250 字に増えた。選択問題は空欄補充が２問，内容把握が１問，図表読取りが２問であった。空欄補充と内容把握は文章読解力が試された。図表読み取りの設問２では，問題文における貧困層の定義をふまえて簡単な数値分析（計算）が必要であり，設問４では選択肢のエビデンスが図表から得られるかどうかの判断が求められ，データ活用力や推論力が問われた。２題の論述問題では，2022 年度と同様に，２つの問題文を統合した説明が求められており，洞察力が問われた。

　Ⅰの難易度は 2022 年度と変化はない。早稲田大学政治経済学部では入試形式が変わって３年目であり，「総合問題」の形式は今後も変遷することも考えられる。しかし過去３年を振り返ると，知識ではなく文章読解力や論理的思考力が重視されている点や，決して易しくはないが難問がみられないことは共通で，過度に恐れる必要はないだろう。アドミッション・ポリシーにあるように，特に政治経済学部の受験生は，社会的関心を持ちつつ，文章読解力・データ分析力・論理的思考力・推論力などを幅広く身につけておくことを心がけたい。

　Ⅱの読解問題は，マジョリティジャッジメントという投票方法についての英文である。本文の語数は約 1,800 語で，分量としては 2022 年度よりも 400 語ほど増えたが，内容の難易度としては変化はなかった。設問は，総合問題になる以前の「英語」の問題にみられたような文整序が１問，空所補充が４問（うち計算が必要なものが１問），論旨の選択が１問，本文を踏まえた計算問題が１問，本文に関連する選択式問題が１問，記述問題が２問であった。記述問題に関しては本文と設問を踏まえて候補者に関する評価をまとめ，そこから論理的に解答を導くものであった。ここでも計算が必要であり，設問が連動しているのが特徴的である。政治経済学部では 2021 年度から出題方法が変更されており，2022 年度に引き続き 2023 年度も新傾向問題がみられた。論旨を素早く理解する読解力はもちろん，数学的に情報を処理する高い能力が求められる。

　Ⅲの英作文のテーマは，音楽や芸術は子どもの教育において数学や語学ほど重要ではない，というものである。2021・2022 年度と比べてより身近な話題であったため，比較的書きやすいと思われるが，他の大問

との時間配分を考えると，解答に余裕があるわけではないだろう。これまでと同様，時事的なものも含めてさまざまな事柄に関心をもち，英作文を書いて添削してもらうなど，かなりの訓練が必要である。

　大問 3 題に対して解答時間が全体で 120 分ではあるが，英文や設問の難度が非常に高いため，やはり難問である。英文の論旨を早く正確に読み取る力，その下地となる語彙・文法・語法の豊富な知識，英語力だけではないさまざまな分野の知識，そして経済系ならではの高い情報処理能力が求められることとなるだろう。

2022
年度

解答編

解答編

総合問題

Ⅰ **解答** 1―(ロ)　2―(ハ)　3―(ロ)・(ハ)　4―(ホ)　5―(ニ)

6．〔解答例〕情報過多の現代社会において，即座に情報を理解したり他者を認識したりしなければならないとき，人は情報をカテゴリー化し単純化したステレオタイプを用いる。特に自らが属さない外集団に対して知識が欠如すると，客観的な事実とは関係なく否定的なステレオタイプが形成され敵対関係になりやすい。このように無知をテコとして偏見が形成され，無知が未知のものに対する恐れの感情と結びつくと憎悪を伴う差別が生まれるのである。(200 字以内)

◆解　説▶

≪偏見・差別の解消と多文化共生≫

１．お互いにマイノリティの立場を経験することでどういう理解が生まれるのかを考える。２つ目の空欄①は日本人と留学生の交流合宿の効果についての記述のなかにあるのに加え，問題文Ａの最後に「マイノリティの立場を想像し共感することができる感性と，（中略）痛みを共有できる感性こそが重要」とある。以上から「共感」が適切だとわかる。

２．第３～第５段落でステレオタイプ・偏見・差別について説明している文脈と照らし合わせて考えればよい。その文脈に「暴力」「排斥」「誤解」という概念は登場しないことからも，それらが入っていない(ハ)が適切であるとわかる。

３．(イ)不適。下線部(1)のカテゴリー化は認知傾向に着目した研究だが，「権威主義的パーソナリティ」起因説は個人差に注目した研究である点で不適切。

(ロ)適切。下線部(1)の２段落前に，「私たちの現実社会は情報過多で混沌としているため，カテゴリー化によって主観的に単純化され整理されやすくなっている」とある。

㈎適切。同じく下線部⑴の2段落前の後半に「内集団に対しては一般的に内集団ひいきが生じ協力，平和，友好関係になりやすいが，外集団に対しては，両者がそれを修正しない限り敵対関係になりがちである」とある。

㈡不適。これは下線部⑴の前段落の社会的アイデンティティ理論による説明である。

㈭不適。偏見はコンフリクトによって起こるのではなく無意識的，自動的に生じてしまうというのが問題文Aの指摘である。

4．下線部⑵以下の主旨は，偏見や差別を低減・解消するためにはシャープな人権感覚が必要であり，シャープな人権感覚とは「私」をその場（差別が存在する場）に入れ込むことであるというもの。

㈠不適。「他人の行いの善悪を見て自分の行いを反省し改めよ」という意味である。「私」を「差別する人」「差別される人」の外側において，「差別する人」を見ていると解釈できるから該当箇所の主旨と異なる。

㈡不適。「人に情けをかけることは，結局は自分の為になる」という意味である。同情はシャープな人権感覚ではないと該当箇所で述べているわけだからふさわしくない。

㈢不適。コスモポリタンは世界市民主義者のことだから該当箇所の主旨とは無関係。

㈣不適。マイノリティとマジョリティとは固定化されていないと該当箇所に書かれている。

㈭適切。「対岸の火事にしないために」とは，「自分には関係がなく何の苦痛もないこととしないために」という意味だから，マイノリティの立場を想像し共感することができる感性と，偏見や差別を受け入れている人の問題を「私自身」の問題として痛みを共有できる感性こそが重要であるという該当箇所の主旨に最もふさわしい。

5．ステレオタイプとは，①限られた一面的な情報の中で，②客観的な事実とは関係なく，③過度に一般化・単純化された考えにより形成された認知のことで，カテゴリー化にともなう固定化されたイメージで十把一絡げに自動的に他者判断してしまうことである。アジア人，中国，黄色人種あるいは移民といったカテゴリーを単純にコロナウイルス感染症と結びつけている㈠・㈡・㈢・㈭がステレオタイプである。㈡は多様性（具体的には移民の受け入れ政策を指す）に対する憎悪からそれを感染拡大と結びつけ

たプロパガンダで，糾弾の焦点は多様性という価値観にあり，カテゴリー（国家，民族，階級，職業，性，宗教などある特徴をもつ分類）にではないためステレオタイプの例として適切ではない。

6．「無知」であることが差別につながる理由を 2 つの問題文の論考を踏まえて論述する。問題文 A が理論，問題文 B が具体的事例という関係になっているから，A の理論を B の事例に応用して論理的に説明するという方向で考察する。以下，設問の論点に絞って各問題文を要約する。

（問題文 A）

・煩雑で情報過多の現実社会の中で，相手がどのような人かを即座に判断したいために，情報を過度に単純化したステレオタイプを使用する。

・ステレオタイプに基づいた態度で，実際の経験や根拠に基づかず，ある人々や集団に対して偏見をもつ。

・偏見がある程度継続すると，正当な根拠なくある人々や集団を差別するようになる。

・人は外集団に対して，否定的なステレオタイプや偏見を促進させる傾向がある。

・オルポートによれば，相手に対する知識の欠如が偏見形成に関わっている。

（問題文 B）

・新型コロナウイルスに関する「未知」は人々を不安にさせる。

・「未知」と「無知」がイコールで結ばれるとき，それに「恐れ」（不安）の火を焚きつけられたら，「ヘイト（差別）」が抽出される。

・同級生の少年が息子に謝ったのは彼自身が誰かに指摘されて自身の「無知」に気づいたから。つまり「アジア人＝コロナウイルス」というステレオタイプからくる差別に気づいた。

・この出来事を通して，息子も自閉症である同級生への偏見をもっていることに気づけた。

・人々は日常の中でむき出しの差別や偏見にぶつかり，自分の中にもそれがあることに気づき，これまで見えなかったものが見えるようになる。

・間違いに気づくとき「無知」が少し減っている。この気づきが他者との共存を広げていく。

　以上を踏まえて，無知はステレオタイプと偏見を形成し，恐れの感情と

結びつくことによって差別へとつながるというように，無知から差別が生まれる過程を要領よくまとめたい。〔解答例〕では問題文Aの論考を中心に問題文Bと結びつけたが，問題文Bの後半に言及されている〈自分の内なる偏見への気づき〉という視点から，その「気づき」によってどういう世界が開かれ，気づかない＝無知でいることが差別にどうつながるのかという方向性で論じることも可能だ。

Ⅱ　解答

1 —(d)　2 —(d)　3 —(a)
4．①—(c)　②—(c)　③—(d)

5．(1)—(d)

(2)〈解答例 1 〉ベンフォードの法則によれば，実社会で観察される数字の最大桁は 1 であることが最も多く全体の 30％に及び，最大桁が大きくなるにつれて割合が減って 9 が最も少なくなる。全 EU 参加国の統計データの方は，これに則っていると言える。一方，ギリシャの統計データでは，最大桁 2 が 1 を上回って 34％と明らかに異常な割合であり，最大桁 4 の割合も 3 を上回るなど，逸脱が見られ，改ざんが行われた可能性があると言わざるを得ない。（200 字以内）

〈解答例 2 〉実社会で観察される数字の最大桁は 1 が最も多く最大桁が大きくなるにつれ相対度数が低くなるというベンフォードの法則に，EU 参加国の統計資料は当てはまる一方，ギリシャの統計は最大桁 2 の相対度数が最も大きく，最大桁 3 よりも最大桁 4 の相対度数の方が高い。よってベンフォードの法則に基づけば，ギリシャの統計資料に何らかの改ざんが考えられ，また最大桁 1 の数字の統計が最大桁 2 に改ざんされた可能性が高いと言える。（200 字以内）

━━━━━━━◆全　訳◆━━━━━━━

≪ギリシャにおける経済統計の改ざん問題≫

　経済学者のアンドレアス＝ジョージウー氏は，自分の仕事が容易でないことはわかっていた。それでも，自分のメールがハッキングされ外部に漏れてからやっと，公的な統計において職業上の自立を守ることがいかに大変であるかがわかったのである。

　信用を失ったギリシャ統計局，エルスタットの再建のために 2010 年に雇われたのだが，ジョージウー氏は勤務が始まって何週間も経ってから，

メールが侵害されていることを発見した。「警察が教えてくれたのは，ハッカーは私がエルスタットで勤務を始めたその日から，一日に何回も私のアカウントに入り込み，私の何千というメールにアクセスしてダウンロードをしていた，ということでした。すべての信用が崩れました」とジョージウー氏はロイター通信に語った。

　ギリシャの債務危機は，ギリシャがその財政赤字をかなり過少申告していたことが明らかになった 2009 年以降，ユーロ圏を苦しめた。ミシガン大学で経済学の博士号を取得しているジョージウー氏は，こうした慣習をやめさせるために招かれたのだが，騒動にも巻き込まれてしまった。昨年 11 月，ジョージウー氏は，より厳しい緊縮財政をギリシャに実施させようとするドイツ主導の陰謀の一環として，ギリシャにおける 2009 年の財政赤字を膨らませたのではないかという前統計当局役員からの非難に回答するよう，議会に呼ばれた。

　先月，金融犯罪の検察官が，公的なデータを改ざんしたとしてジョージウー氏を告発した。こうした告発の理由はまだ明らかにされていないが，背信の罪で有罪となってしまうかもしれない。背信というのは，通常は公的な資金を悪用した者に適用されるのだが，もし彼が有罪なら，最低でも禁固 5 年となる可能性がある。

　ジョージウー氏は，不正は行っておらず，データ収集者は必ず政治的影響がないようにするといった EU の統計基準を適用しただけだと述べた。「こうしたことがユーロ圏の真ん中で起こっているということが，非常に奇妙な経験だ」と彼は述べた。「法律を守ったことで，私は起訴されているのだ」

　ギリシャ政府に何千億ユーロもの資金を提供している EU 加盟国を含む彼の支持者たちは，今回の件は，ギリシャにおいて，自国の多くの構造的欠陥に向き合おうとしない政治的態度が続いていることの表れだと述べている。EU の公的な統計局であるユーロスタットは，急いでジョージウー氏の擁護へと走り，彼を支持しようと公的な声明を出した。ドイツ連邦財務省のスポークスマンは，捜査のことは聞いていたが，ドイツの共謀とされている部分については聞いたことがない，と述べた。「告発のことすら私は知らない。ナンセンスだ」と述べた。

　現ギリシャ政府もまた，法律的な手続きに干渉しないよう明らかに用心

　しているが，ジョージウー氏を支持してきた。「外の世界の人にはわからないでしょう。正直にいうと，起こっていることを加盟諸国にどう説明すればよいか，非常に困っているのです」 ギリシャ財務省の高官が，名前を明かさないという条件で述べた。「我々が強調しているのは，我々は経済プログラムの現在の数字を支持しているということです。ユーロスタットによって信頼性が確認されており，ジョージウー氏には絶対の信頼を寄せています」

　政府高官は，ギリシャの統計業務に関する問題の一部は，最近までそれが財務省によって管理され，大臣たちのやりたい放題だった，ということだと述べた。高官たちによると，過去には，EU からの補助金をより多く集めるために GDP を低くしておきたいと思ったり，財政赤字の対 GDP 比率を EU のルール内に収めようと，GDP を高くしたいと思ったりした者もいたかもしれないとのことである。ユーロスタットはギリシャの数字をいつも認めてきたが，それは「条件」付きでのことであり，つまりはその信頼性を疑っていたということである。2004 年，当時の財務大臣ジョージ＝アロゴスコフィス氏はブリュッセルで，欧州委員会（EU の執行機関）に対し，ギリシャがユーロ圏に加わった 2001 年も含め，何年にもわたって財政赤字を低く申告してきたと話したのである。

　それから 2 年後，ギリシャは違法な金融活動や不正を算入したのちに GDP を 25％上方修正していると発表して，またもやヨーロッパ諸国を驚かせた。ユーロスタットは抗議し，9 ％の修正のみを認めたが，国際メディアからギリシャが嘲笑された後のことであった。「ギリシャは，条件付きでどうにか統計をしばらくの間はやってこれた」とアンドレアス＝ジョージウー氏が述べた。彼は 1989 年から 2010 年まで，国際通貨基金（IMF）で上級職にも就いていたのだ。「それは 1 つの手法であり，1 つの体質のようなものでもありました。しかし，それによってギリシャの統計に対する信頼は完全になくなってしまったのです」

　その信頼は，新たな財務大臣によってさらに傷つけられた。社会主義者のジョージ＝パパコンスタンティノウ氏は，2009 年後半に，財政赤字はそれまで見積もられていた GDP の 6 ％ではなく，12.7％にまで達するだろうと発表した。彼は，自分の前にその職に就いていた保守党のヤニス＝パパタナシオウ氏を非難した。ユーログループの議長でありルクセンブル

クの首相でもあるジャン゠クロード・ユンケル氏は，当時ブリュッセルにおいてレポーターに対し，次のように語っている。「ゲームは終わりました一我々にはきちんとした統計が必要なのです」 2010 年 4 月，新たに赤字は 13.6％と見積もられ，修正が行われた。

　パパコンスタンティノウ氏が，ギリシャを金融崩壊から救い出す国際的資金援助の一環として新たな独立統計機関を設立してジョージウー氏を招き入れたのは，この時点であった。2010 年 10 月には，ジョージウー氏は2009 年の財政赤字の数字についてユーロスタットとともに再調査を実施し，再び修正した。この時，財政赤字は 15.4％まで修正された。

　パパコンスタンティノウ氏は，その機関が政治的な干渉を受けることなく機能し始めたのは，自分が在職中のことであった，と述べている。ジョージウー氏への告発に関し，彼は，EU 加盟国のいかなるデータも，その信頼性を最終的に判断するのはユーロスタットである，各国の統計諸機関はその規則を適用することが求められている，と述べた。「したがって，この件がどのように，そしてなぜギリシャの法廷で問題となっているのか，私にはわかりかねる」

　エルスタットには当初から課題があったとジョージウー氏は言う。その役員の一人は財務大臣によって任命され，中央銀行から任命される者もいた。ジョージウー氏のことをライバル視していた役員もいた。また，役員には労働組合の代表もいた。こうした者たちは，数字作成により直接的に関わりたがった。ジョージウー氏は，そうしたことは統計の専門家だけの業務であると主張した。「専門の職員が独立して自分の業務を行わなければならない，と，私は説明しました」と，彼は述べた。ジョージウー氏によれば，過去 2 年半で，ギリシャはユーロスタットの条件なしに，5 度にわたり一連の数字を作り変えてきた，とのことであるが，これは数年ぶりのことであった。実際，ユーロスタットは 2009 年の赤字を，入念な調査の結果，間違いがないと確認している。

　しかし，対立は続いた。エルスタットの労働組合との対立もそうだった。その組合長であるニコス゠クロウヴァトス氏は，ジョージウー氏に裁判中はその職から降りるよう求めた。「ジョージウー氏はすべてを変えようとしたのです。そして我々は同意を伝えましたが，それはその変革がゆるやかだった場合のみです」 クロウヴァトス氏は言う。上述した財務省役員

の言葉を借りていえば，パパコンスタンティノウ氏はエルスタットを引っ
張っていくような国際人——外部の人間になるほどと思わせるように話が
できる人——が欲しかったのだ。政府によってコントロールされたメンバ
ーとともに，パパコンスタンティノウ氏は自分が選んだその人を政府によ
って管理された人間で囲む結果にもなった，と，その役員は述べた。

　2011 年 9 月，当時の財務大臣エヴァンゲロス＝ヴェニゼロス氏はエル
スタット役員会を解散し，2012 年 4 月，新たな法律により諮問委員会が
発足した。それ以来，前役員たちは，ギリシャへの資金援助の代わりに，
より厳しい緊縮財政をユーロ圏各国が要請することにつながるよう，ジョ
ージウー氏が故意に 2009 年の財政赤字を膨らませたのではないかと主張
している。テッサロニキ大学の応用計量経済学教授ゾーイ＝ゲオルガンタ
氏は，この前役員の一人である。彼女は，自分の懸念は専門的なものであ
ると主張する。ゲオルガンタ氏によれば，ギリシャに講じられた抜本的な
緊縮財政は，なおも間違った数字に基づいているという。彼女の計算だと，
ギリシャの GDP は 30％低く見積もられている。ギリシャの財政赤字
（2012 年当時）は GDP の 4 ％を超えるものではない，と彼女は見積もっ
ている。ジョージウー氏はこうした数字や，赤字を膨らませたという疑い
を否定している。IMF や EU は 2012 年のギリシャの財政赤字を GDP の
6.6％であるとしている。

　この争いにすぐに参加した者たちもいた。ある新聞はジョージウー氏を，
国際金融機関におけるトロイの木馬だと揶揄した。しかし前首相のジョー
ジ＝パパンドレウ氏は，統計の長への攻撃は自分が在職していた時期への
非難であり，以前，統計に関わった職員たちは何年にもわたって数字を歪
めてきたとして，検察官たちを強く非難した。ギリシャの検察官組合は反
論し，パパンドレウ氏の声明は法的手続きへの受け入れがたい介入である
とした。この件が裁判へと持ち込まれるには何年もかかる可能性がある。
捜査がいまだ終わっていないことを踏まえると，ジョージウー氏への告訴
が取り下げられる可能性は依然として残っている。

　ジョージウー氏は，ギリシャにはきちんとした統計が必要であると言う。
「国益にかなうということは，国際的な統計基準や正しい方法論，EU の
規則に則った公的な統計を作成することである。これが，国のために尽く
す一番の方法である」と彼は述べている。「私はギリシャを愛しているか

らこそここにやって来たのです。いろいろありましたが，今でも私はギリシャを愛しています」

■ ◀解　説▶ ■

1. 本文の内容に合うものを選ぶ問題。

(a)「アンドレアス＝ジョージウー氏は，警察と協力して，メールアカウントをハッキングしてメールにアクセスしその内容をダウンロードしようとした者を見つけ出すために雇われた」

(b)「ジョージ＝アロゴスコフィス氏は 2009 年，財政赤字が，それまで見積もられていた GDP の 6 ％ではなく，12.7％に達すると発表した」

(c)「ジョージ＝パパコンスタンティノウ氏は，ギリシャを金融崩壊から救い出すための国際的資金援助の一環として，新たな独立統計機関を設立することを拒んだ」

(d)「エルスタットの前役員の中には，より厳しい緊縮財政を正当化するため，アンドレアス＝ジョージウー氏が 2009 年におけるギリシャの財政赤字を膨らませたと主張する者もいた」

(e)「ユーロスタットに報告された 2009 年の財政赤字の数字は，ヤニス＝パパタナシオウ氏によって再調査され，15.4％まで上方修正された」

　第 3 段最終文（Last November, he …）や，第 15 段第 2 文（Since then, former …）より，ジョージウー氏が 2009 年のギリシャの財政赤字を膨らませ，緊縮財政を実施するよう仕向けたのではないかとエルスタット前役員から疑われていたことがわかる。よって(d)が正解。第 2 段第 1 文（Hired in 2010 …）より，ジョージウー氏はエルスタットの立て直しのために雇われたことがわかるので，(a)は不適。第 10 段第 2 文（Socialist George Papaconstantinou …）より，2009 年の財政赤字が 12.7％であると発表したのはパパコンスタンティノウ氏であるから，(b)も不適。第 11 段第 1 文（It was at that point, …）より，パパコンスタンティノウ氏は新たな統計機関を設立し，ジョージウー氏を招き入れていることがわかるので，(c)も不適。同段最終文（In October 2010, …）より，2009 年の財政赤字を再調査し，15.4％に修正したのはジョージウー氏であるから，(e)も不適。

2. 近い意見をもつ人物のグループ分けとしてふさわしいものを選ぶ問題。

(a)「グループ 1：ゾーイ＝ゲオルガンタ氏，アンドレアス＝ジョージウー

氏，ジョージ＝パパコンスタンティノウ氏

グループ2：ニコス＝クロウヴァトス氏，ジョージ＝パパンドレウ氏，
ヤニス＝パパタナシオウ氏」

(b)「グループ1：アンドレアス＝ジョージウ氏

グループ2：ゾーイ＝ゲオルガンタ氏，ニコス＝クロウヴァトス氏，
ジョージ＝パパコンスタンティノウ氏，ジョージ＝パパ
ンドレウ氏，ヤニス＝パパタナシオウ氏」

(c)「グループ1：アンドレアス＝ジョージウ氏，ニコス＝クロウヴァト
ス氏，ジョージ＝パパコンスタンティノウ氏

グループ2：ゾーイ＝ゲオルガンタ氏，ジョージ＝パパンドレウ氏，
ヤニス＝パパタナシオウ氏」

(d)「グループ1：アンドレアス＝ジョージウ氏，ジョージ＝パパコンス
タンティノウ氏，ジョージ＝パパンドレウ氏

グループ2：ゾーイ＝ゲオルガンタ氏，ニコス＝クロウヴァトス氏，
ヤニス＝パパタナシオウ氏」

　第10段（That credibility suffered …）より，ジョージ＝パパコンス
タンティノウ氏が2009年の財政赤字は低く見積もられていて実際は
12.7%になると発表し，ヤニス＝パパタナシオウ氏を非難していることが
わかるので，アンドレアス＝ジョージウ氏とジョージ＝パパコンスタン
ティノウ氏が同じグループであり，ヤニス＝パパタナシオウ氏とは意見が
異なることがわかる。また，第14段第1・2文（But clashes continued,
…）より，ニコス＝クロウヴァトス氏はジョージウ氏のやり方が性急で
あると批判し，職を降りるよう彼に求めていることがわかるので，この人
物もジョージウ氏とは意見が異なるグループにいることがわかる。さら
に，第15段第3文（Zoe Georganta, an …）以降，ゾーイ＝ゲオルガン
タ氏による財政赤字の見積もりが述べられているが，その数字をジョージ
ウ氏は否定しており，さらにゲオルガンタ氏はジョージウ氏を疑って
いた前役員の一人であることもわかる。よってこの人物もジョージウ氏
とは意見の異なるグループに属する。最後に，第16段第3文（But
former prime …）より，ジョージウ氏への攻撃をパパンドレウ氏が強
く非難しており，統計の数字を役人たちが歪めてきたと述べていることが
わかる。よってこの人物はジョージウ氏と同じ意見をもつグループにい

ることがわかる。これらのことより，正解は(d)である。

3．ギリシャの経済状態の推移を表すグラフとして正しいものを選ぶ問題。

　2009 年の財政赤字については，第 10 段第 2 文（Socialist George Papa-constantinou …）より，まず 12.7％に達すると発表された後，同段最終文（The revision was …）より，2010 年 4 月には 13.6％であったとされ，そして第 11 段最終文（In October 2010, …）より，2010 年 10 月には 15.4％へと修正された。また，第 15 段最終文（The IMF and …）より，2012 年の財政赤字は GDP の 6.6％であるとされたことがわかる。この 2 点が盛り込まれているのは，(a)のグラフである。

4．空所に入れるのに最もふさわしいものを選ぶ問題。

　第 15 段第 6 文（Her calculations show …）より，ゾーイ＝ゲオルガンタ氏は 2012 年の GDP が 30％低く見積もられていると計算していたのだから，当時の GDP を 210 億米ドルと仮定すると，彼女の計算による GDP は 300 億米ドルとなる。よって①は(c)が正解。また，直後の同段第 7 文（She has estimated …）より，当時の財政赤字は GDP の 4 ％を超えることはないと彼女が見積もっていたのだから，300 億米ドルの 4 ％は 12 億米ドルである。よって②は(c)が正解。また，210 億米ドルの 6.6％は 13 億 8600 万米ドルとなるが，この数字の約 86.6％が，ゾーイ＝ゲオルガンタ氏による 12 億米ドルという推定値と一致する。よって③は(d)が正解。

5．(1)ある数の最大桁の相対度数を正しく示している表を選ぶ問題。

　設問文にある，「数字の最大桁は 1 であることが最も多」いというベンフォードの法則より，これを満たしていない(a)と(b)は不適。また，2^{15} までを実際に計算すると，最大桁が 3 となる数字が 2 回（32 と 32768），4 となる数字も 2 回（4 と 4096）登場することがわかる。つまり，この 2 つの相対度数は同じであるはずだから，これらを満たす(d)が正解である。実際に計算しても，0 〜15 まで 16 のデータのうちの 2 回，相対度数は 0.125 となり，表の数字と一致する。

(2)表を踏まえ，ギリシャの統計改ざん問題に関して推測できることを 200 字以内で記述する問題。

　数字の最大桁は 1 であることが最も多く，9 である場合が最も少ないというベンフォードの法則についての説明や，それを示す表 1 で，最大桁が大きくなっていくにつれて相対度数が低くなっていくということがわかる

ことを踏まえると，表2のEU参加国による統計資料はこれらを満たして
いる一方，表3のギリシャの統計資料は，最大桁2の相対度数が最も大き
くなっており，また，最大桁3の相対度数よりも最大桁4の相対度数の方
が大きくなっている。つまり，ベンフォードの法則に基づけば，何らかの
改ざんが行われた可能性があるということが推測できる。これらのことを
200字以内でまとめるとよい。またさらに，上記の法則性に外れた最大桁
数の数字の改ざんの可能性が高い，例えば最大桁1を2にするといった改
ざんが行われた可能性が高い，ということも言えるだろう。

III 解答例

〈解答例1〉 I agree that participants in online conversations should use their real names. First, if all participants' real names are visible, although it may seem dangerous to have your name visible online, it becomes easier to take action against harassment. If someone you have spoken to online tries to use your information to harass you in real life, you can identify that person and take legal action against them. Second, being anonymous online enables people to use hate speech without consequences. Some people feel that they can make homophobic, racist, and sexist comments online because nobody knows who they are. If their real names were visible, they would either have to stop saying harmful things, or face the social and legal consequences. In conclusion, an internet where everyone must use their real names would help us take action against harassment and hate speech.

〈解答例2〉 I disagree with this statement. I think a nickname will suffice when participating in online conversations. In fact, most social networking sites do not request that you should give your real name, for good reason: so that your privacy may be protected. Considering the dangers of using your real name online, such as identity theft and stalking, which could affect your personal life profoundly, this seems like a wise choice.

Looking more on the bright side, conducting online interactions under a nickname gives you a chance to be viewed in a different light. In real life, you may face various constraints in socializing with others, such as your appearance, age, sex, family background, and so on. But you need not worry about all of that. By expressing yourself freely and responsibly online, you will be judged fairly by what you say rather than who you are.

■■■■■■■■■■ ◀解　説▶ ■■■■■■■■■■

　「オンライン会話への参加者は本名を使用するべきである」という文に対し，賛成か反対の立場で英文を書く問題。1 つのパラグラフで，賛成か反対かを示し，少なくとも 2 つの理由を添える，という指示は必ず守る。構成としては，まず初めに，与えられた文に対して賛成か反対かを述べてから，指示に従い，その理由を 2 つ以上挙げることになるが，その際，できるだけ具体的な理由や根拠を添えると説得力が増し，読み手も納得するような文章になるだろう。以下に賛成か反対か，各々の立場で理由として考えられる表現を挙げる。

（賛成の立場）〈解答例 1 〉では，本名を使用すれば嫌がらせに対して何らかの措置がとりやすくなること，匿名にしてしまうとヘイトスピーチを助長してしまうことを挙げている。

　harassment「嫌がらせ」 identify「〜を特定する」 anonymous「匿名の」 consequence「悪い結果」 homophobic「同性愛を嫌悪するような」

（反対の立場）〈解答例 2 〉では，本名を使用してしまうと，他人から身元を特定され個人情報が悪用される恐れがあることと，本名を使わなければ，自分のバックグラウンドに制限されない自由な自己表現ができることを挙げている。

　suffice「十分である」 identity theft「なりすまし」 stalking「ストーカー行為」 appearance 「外見」

❖講　評

　Ⅰでは文章のみの問題文が 2 つ提示された。2020 年 3 月発表のサンプル問題①に近い形式だが，問題文が 2 つ提示された点が異なる。解答時間に対する問題の分量は 2021 年度と比較して変化はなく，配点 45 点も変化がない。

　問題文は両方とも偏見や差別について論じた文章である。Ａは社会心

理学の立場から偏見や差別が生まれるメカニズムとその低減・解消に向けて必要なことについて解説している。Ｂはイギリス在住の著者とその息子がパンデミックのもとで経験したアジア人差別を通して得た「気づき」について述べたエッセイで，Ａで説かれている内容が具体的体験として書かれている。

　設問は5つの選択問題と1つの論述問題（200字以内）で構成されている。選択問題は空欄補充が2問，内容把握が3問で，正確に読み取りができれば正解できるが，ステレオタイプの例として不適切なものを選択する5は判断が難しい。6の論述問題は字数制限が200字である点は2021年度と変わらないが，2021年度は意見論述だったのに対し，2022年度は内容説明となり変化がみられた。問題文Ａで示された概念や理論を問題文Ｂの事例に応用して，無知と差別を論理的に関連付けられるかどうかが問われた。

　Ⅰは全体としてやや易化した。入試選抜方法が変更され「総合問題」2年目となった2022年度だが，出題形式に若干の変化はあるものの，受験生に求められている力は変わらず，アドミッションポリシーにのっとった出題であった。

　Ⅱの読解問題は，ギリシャの経済統計改ざん問題についての英文である。本文の語数は約1,400語で，2021年度よりも600語程度減り，また文章も易しいものであった。設問は，英文の内容理解を問うものが3問，空所補充が3問，本文に関連する問題が2問で，内容理解を問う問題には人物のグループ分けや，本文の内容を表すグラフを選ぶものがあった。本文関連問題は，設問文と表の読み取り問題，表の読み取りから推測できることを記述する問題であった。2021年度から出題方法をかえた政治経済学部であったが，2022年度も新傾向の問題が見られた。いずれの設問においても，論旨を素早く理解し，本文の流れを論理的かつ的確に把握する力が求められる。

　Ⅲの英作文のテーマは，オンライン会話への参加者は本名を使用するべきである，というものである。SNSでの匿名性に関する問題は社会問題にもなっているため，比較的書きやすいと思われるが，他の大問との時間配分を考えると，解答に余裕があるわけではないだろう。例年同様，時事的な事柄も含めて様々なトピックに関心をもち，英作文を書い

て添削してもらうなど，かなりの訓練が必要である。

　大問 3 題に対して解答時間が全体で 120 分ではあるが，英文や設問の難度が非常に高いことを踏まえると，やはり難問だと言える。日本語の論説文と英文の論旨を早く正確に読み取る力，その下地となる語彙・文法・語法の豊富な知識，英語力だけではない様々な分野の知識，そして経済系ならではの数学的発想力が求められることとなるだろう。

//////////////// · **memo** · ////////////////

2021

年度

解 答 編

解答編

▌▌総合問題▌▌

I　**解答**　1—ニ　2—ハ　3—ロ　4—ホ　5—ハ　6—ロ

7．〔解答例〕図5の高齢単独者世帯の増加や，図6の要介護認定者数の増加は，表3より，特に地方において深刻化していると思われる。したがって地方において高齢者の孤立を防ぎ，自立した生活を支援する政策が必要である。そのため高齢者の見守り活動の組織化や外出・通院のための移動手段の整備が有効である。特に高齢者が広範囲に居住する地域においては，自治体が移動販売事業者を助成し，見守り活動と併用して展開する方策が考えられる。（200 字以内）

━━━━━◀解　説▶━━━━━

≪日本における少子高齢化の諸問題≫

1．イ）不適。図4に関して，問題文第9段に「全体的に見ると，女性の労働力人口比率が高くなるほど，TFR が高くなる傾向がある」とある。これだけ読めばこの選択文は正しいように思われるが，図4をよく見ると都道府県別では右下がりになっているものも多い。これは女性の労働力人口比率が高くなれば，合計特殊出生率（TFR）が低くなることを意味する。したがって，少子化の回避には経済活動への女性の参加促進が効果的であるという記述は不適と判断できる。

ロ）不適。「両者の相関はそれほど強くない」というのは正しい。しかし，婚姻率が上昇しても直ちに出生率上昇につながらないことは表1や表2から推測できる。したがって，少子化対策として，女性の就業促進に有配偶率を高めるなどの施策を追加することは，適切とは言えない。

ハ）不適。不妊治療に費用がかかることが合計特殊出生率の低い主な要因ではないことは，表2から明らかである。少子化対策として，出産だけに着目した不妊治療の助成金は，適切とは言えない。

ニ）適切。イで述べたように，都道府県別にみると両者はおおよそ負の相

関をもつ。一方，全体的にみると女性の労働力人口比率が高くなるほど
TFR が高くなるという弱い相関もある。したがって，女性の就業と TFR
の向上を両立させる政策としては，女性の経済活動を促しながら，就業す
る女性の育児負担が重くならないような対策を講じる必要がある。

２．表１の子ども数２は，理想と予定の割合はほぼ一致している。子ども
数３は理想が約 32％，予定は約 20％，子ども数１は理想が約４％，予定
が約 15％である。また，子ども数０は理想より予定が 100 人程度上回っ
ている。以上から，全体的には，理想は２〜３人だが予定は０〜２人とい
う傾向が読みとれる。したがって，予定する子どもの数の方が理想の子ど
もの数より少ない傾向があるというハが適切。

３．表２が多重選択ということで１人が複数の回答をする場合があるから，
回答数と回答者数は同じではない。ただし，回答者数は表１と同じ 5334
（総数 1214 ＋非該当 4120）であるとわかる。

イ）不適。前述のとおり多重選択であるので，回答数の単純合計は回答者
数の合計値とは異なる。

ロ）適切。非該当を除く回答者数は 1214 であり，そのうち 602 人が年齢
や健康上の理由（番号６）を原因の一つとして選択している。

ハ）不適。年齢や健康上の理由（番号６）と収入が不安定なこと（番号
１）の回答数を合計しても回答者数に達しないので，両方を選択した回答
者は０〜290 人になる。しかし，それ以上に推測値を絞り込める情報は，
表２や他の図表，問題文から得られないので，「145 人程度」という推測
は不適。

ニ）不適。回答総数 1214 に対して，今後持つつもりである子ども数を
「実現できない可能性は低い」（番号８），つまり「実現できるだろう」と
する回答数は 140 なので，10％を上回っている。よって，「８％程度」と
いう記述は不適。

４．人口変化率と 65 歳以上人口比率の最大値・最小値を中心に，散布図
に当てはめていけばよい。秋田県の数値からロかホに絞られ，東京都の数
値からホであると判断できる。

５．表４の読み取りである。

イ）不適。世帯総数は増加している。

ロ）不適。2000 年には３人世帯が４人世帯を上回った。

ハ）適切。1990 年以降，各調査年において単独世帯が最も多い。

ニ）不適。2015 年に 3 人世帯が減少している。

ホ）不適。世帯総数は毎回増加しているのに，4 人以上世帯の世帯数は一貫した減少がみて取れるから，後者の構成比は下降したとわかる。

6．「問題文の図表から判断できる事柄」かどうかという点がポイント。

イ）不適。1985 年に 40 歳以上の者が，2015 年に 70 歳以上の高齢者となるが，図 5 では前者よりも後者の方が多い。したがって，70 歳以上の単身者の大幅増加は未婚という要因のみでは説明できず，配偶者との死別や子の独立などで単独世帯となった等の，別の要因も作用していると考えられる。また，未婚率に関する図表は問題文にはない。よって 1985 年の 40 歳代の単身者の多くがその後も未婚であることが，70 歳以上の単身者の大幅増加の原因であるとは，問題文の図表からは判断できない。

ロ）適切。図 1 の出生数と死亡数や図 3 の合計特殊出生率などから，少子化と若者の減少が読み取れる。また表 3 は地方では人口の急速な減少と老齢化が進んでいることを示しており，問題文第 12 段では，その一因は「高校や大学の卒業を機に，勉学や就業のために都市部に移住し，地元に戻らない若者が多いこと」であり，「その結果…相対的に高齢者が多くなる」と述べている。よって，問題文の図表から，高齢単身者の増加の要因は，若者の減少と都市部への移動であると判断できる。

ハ）不適。女性の労働力人口比率を扱った図 4 から読み取れる内容として，空欄①で都道府県別にみた場合の合計特殊出生率との負の相関関係が指摘されているので，前者が上昇すれば少子化が進むと理解することも可能である。しかし，女性の晩婚化についての情報は，問題文や図表には含まれていない。よって，問題文の図表から，「女性の労働力人口比率が上昇するにつれて，晩婚化と少子化が進み，単独世帯における高齢の世帯主が増加した」とは判断できない。

ニ）不適。男性と女性の寿命に関する情報を含んだ図表は，問題文の中には存在しない。また，図表から女性の長寿化を読み取った記述も問題文中には見当たらない。男性に比べて女性の長寿化が急速に進んだことは，高齢者の単独世帯化が進んだ原因である，とは問題文の図表からは判断できない。

7．「問題文の内容を理解した上で，その内容と関連する社会問題をどの

ように解決するのかを考える力と，それを説得的に説明する能力を問う」というのが大学の公表した設問のねらいである。評価の観点は，①高齢者の生活支援に有効性があると考えられる政策を書くことができている，②その政策がなぜ有効と考えられるのか説明できている，③その説明に問題文中の図表が用いられている，という３点である。

　解答例のほかに，例えば地域コミュニティの社会的な活性化を通じて高齢者の生活を間接的に支援するという立場からは，若者の居住促進やそのための雇用創出などの方策も考えられよう。また，マクロ経済的な視点から財政問題に焦点をおいて，移住者を増加させて地方財政の安定化を図り，介護サービスや高齢者施設を拡充するなどの方策も考えられる。

Ⅱ　**解答**　1―(b)　2―(a)　3―(d)　4―(d)
　5．〈解答例〉（仮に）人間以外の動物が，人間とは異なる集団である（という理由で，）その利益や内在的価値を無視することが許される（と想定しよう。）
6―(c)　7―(a)

――――◆全　訳◆――――
≪倫理的に見た種差別と環境問題≫
　これは，私が折に触れて，特に拙著『動物の解放』の中で擁護してきた立場を非常に簡潔にまとめたものである。動物に対する現在の我々の扱い方は，種差別，つまり，我々人間という種に対するひいき目や，その他の種に対する偏見に基づいている。種差別は，人間ではないという理由からその種になされる，倫理的に擁護の余地のない差別の形態である。感覚をもつあらゆる存在には利益があり，我々は，その存在が同じ人間であれ，別の種であれ，そうした利益を我々のそれと同様に考慮すべきである。

　この章での私の目的は，この立場を擁護し，なぜそれに固執するのかを説明することにある。種差別主義者の倫理を守ろうとする人や，私の掲げるような倫理は役に立たないと考える人からは批判を受けるが。私がここで論じたいのは，特に後者の方の批判である。動物解放主義者やディープエコロジー派は，倫理は人間という種を超えて拡張されなければならないということでは一致しているが，その拡張が有意義になされるのはどこまでなのかという点では異なっている。木に感覚がないのならば，我々がそ

れを切り倒そうと，木にとっては大したことではない。もちろん現在の，もしくは将来の人間には大いに重要なことであり，その木やその木がある森に住む人間以外の動物にとってもそうであろう。動物解放主義者なら，木を切り倒すということの悪さを，その行為が他の感覚をもった存在に与える影響という観点から判断するであろうし，一方ディープエコロジー派であれば，それは木に対して，もしくは森や，さらに大きな生態系に対してなされた悪事というふうに考えるだろう。どのようにすれば，なされた悪事を決して経験・知覚することのできない存在に対してなされた悪事に基づいて，あるいはそうした悪事の結果に基づいて倫理的に判断できるのか，私にはわかりづらい。そこで以後，感覚をもった存在の個々がもつ利益を考慮し，それに基づいた立場を重視しようと思う。

　環境的価値観に対するいかなる本格的探究においても，その中心にある問題は，人間を超えた内在的な価値のあるものがあるかどうか，ということである。この問いを探求するためには，我々はまず「内在的価値」というものの概念を理解する必要がある。本質的に価値のあるものというのは，そのもの自体が良いもの，あるいは望ましいものである。それと対照になるものが「道具的価値」であり，これはある何らかの目的に達するための手段としての価値のことである。例えば，我々自身の幸福というのは，そうなることを目的として我々が望むという点において，少なくとも我々のほとんどにとっては，内在的価値をもつ。他方，お金というものは我々にとって道具的価値しかもたない。我々がそれを欲するのはそれを使って物が買えるからであり，もし無人島に置き去りにされてしまったら，我々はお金を欲しいと思うことはないだろう。（一方で幸福というのは，他の場所と同様，無人島であっても我々にとって重要なものであるだろう。）

　それでは，人間の利害と人間以外の動物の利害が衝突する問題を考えてみよう。ここに我々は，特に環境問題に関心を寄せているので，例としてオーストラリアのカンガルー産業を挙げる。カンガルーの肉や皮を売って利益を得るため，野生のカンガルーを殺してしまうというものである。1つのコミュニティとして，オーストラリアの人々はこの産業を存続させてよいかどうか決めなくてはならない。その決定は人間の利害のみによってなされるべきなのだろうか？　話を簡単にするために，仕留められたカンガルーの種の中で地球上から消えてしまう恐れのあるものはない，と考え

ておこう。したがって問題なのは，人間以外の個々の動物の利益を考慮すべきか，また，どの程度考慮すべきなのか，ということである。すぐに我々は，道徳上の根本的な不一致，道徳に関する議論においてどの種が考慮されるべきか，ということについての意見の食い違いに直面してしまう。こうした意見の食い違いが一度起こると，議論は頓挫してしまうと多くの人が思っている。倫理における合理的な議論の範囲について，私はもっと楽観的に考えている。倫理においては，根本的なレベルにおいてさえ，合理的な人であれば誰でも納得できる論拠があるのである。

　別の例を挙げよう。ある集団が道徳的に配慮される権利のある存在の輪の中に自らを置き，一方で自分たちと重要な点で似ているような別な集団を，この神聖な保護の輪の外へと排除する，といったことは人類の歴史上これが初めてではない。古代ギリシャにおいて，ギリシャ人が「バルバロイ（野蛮人）」と呼んだ人々は，「生ける道具」，つまり，内在的価値があるのではなく，より崇高な目的を果たすために存在する人間と考えられていた。その目的とは，彼らを所有するギリシャ人の幸福であった。この考え方から抜け出すには，我々の動物に対する現在の種差別主義的な考えから非種差別主義的な考えへと我々を転換させるような変化と重要な類似点をもつ，我々の倫理における変化が必要であった。人間以外の動物に対する平等な考慮をめぐる議論とちょうど同じように，また，ギリシャ人以外の存在への平等な考慮についての議論と同様に，倫理観におけるこうした根本的な違いは，合理性に基づいて議論するような余地はなかった，と人が口にするところが想像できよう。しかし今，振り返ってみると，古代ギリシャにおける奴隷制度の場合，それが正しいことではなかったのだろうということがわかる。

　知っての通り，最も偉大なギリシャ人哲学者の一人が，バルバロイはギリシャ人ほど理性的ではないと論じることで，奴隷は「生ける道具」だという考えを正当化している。アリストテレスは，自然のヒエラルキーの中では，理性的でない者の目的は，より理性的な者に仕えることである，と言っている。したがって，ギリシャ人でない者は，ギリシャ人に仕えるために存在している，ということになる。アリストテレスの奴隷制擁護を認めるものは，今では誰もいないだろう。我々は様々な理由から，それに反対する。ギリシャ人でない者はギリシャ人ほど理性的ではないという彼の

前提を，当時のギリシャ人の文化的業績を考えれば，それはばかげた前提とは決して言えないのだが，我々は受け入れないであろう。しかしより重要なことは，理性的でない者が理性的な者に仕えるために存在するという考えを，我々は道徳的な観点から認めないということである。そうではなく，人間はみな平等であると我々は考えている。人種差別やそれに基づく奴隷制を我々が間違っていると考えるのは，それらがすべての人間の利益を平等に考慮できていないからである。このことは，奴隷の良識や文化状態がどんなレベルであれ，当てはまることだろう。よって，ギリシャ人の方がより理性的であるというアリストテレスの訴えは，たとえそれが真実であれ，ギリシャ人でない者を奴隷とすることを正当化することはなかったであろう。バルバロイの人々もギリシャ人と同じように痛みを感じ，ギリシャ人と同じように喜びや悲しみを感じ，ギリシャ人と同じように，家族や友人と離れることに苦しんだのである。ギリシャ人たちがこうした要求を押しのけ，自分たちのはるかに小さな要求を満たしていたことはギリシャ文明の大きな過ちであり，汚点である。このことは，道理をわきまえたあらゆる人が認めてくれるであろうことである。この問いを中立の立場から捉えることができ，奴隷制の存続に個人的な関心をもつことで悪影響を受けなければ，であるが。

　では，人間以外の動物の道徳的身分に関する問題に戻ろう。有力な西洋の伝統と一致する形で，人間以外のあらゆる自然界は，人間の利益になる場合にのみ，もしくは主にそういった場合に価値があるのだと，多くの人が考えている。この支配的な西洋の伝統に対する強力な反論により，アリストテレスの奴隷制正当化になされた反論の拡大版とこの伝統が敵対することになる。人間以外の動物も，人間と同じように痛みを感じることができる。きっと悲しみを感じ，ひょっとしたら彼らの暮らしが楽しいものであると言える場合もあるかもしれない。そしてイヌやウマやブタのような哺乳類の多くが，家族集団から離れることに苦しみを感じるのである。大したことのない我々の要求を満たすために人間以外の動物のこうした要求を押しのけてしまうのは，人類の文明の汚点とは言えないだろうか？

　人間とその他の種との間にある道徳に関連した違いは，人種間でのそれよりも大きい，と言われるかもしれない。ここで，「道徳に関連した違い」という文言から，思考力や自己認識力，自主的に行動する力や将来に向け

て計画する力などを思い浮かべるだろう。こうした能力において，我々の種とその他の種との間には概して明らかな違いがあるということは疑いなく事実である。しかし，これがすべての場合に当てはまるわけではない。イヌ，ウマ，ブタ，その他哺乳動物は，生まれたばかりの新生児や重度の知的障がいのある人よりも思考力があるのである。しかしながら我々は基本的な人権をすべての人には認めるが，人間以外のすべての動物には認めていない。人間の場合，痛みは痛みであり，痛みがどの程度本質的に悪いものなのかは，その痛みを知覚している人の知的能力ではなく，その痛みが持続する期間や激しさといった要因によるということはわかっている。我々は，その痛みに苦しんでいる存在が我々と異なる種であろうと同じことである，と考えるべきである。我々人間という種の周りに内在的価値の境界線を引く正当な根拠はないのである。仮に人間以外の動物が，人間とは異なる集団であるという理由で，その利益や内在的価値を無視することが許されると想定しよう。それなら，我々はどのようにすれば，我々と異なる集団だからという理由で他の人種の利益を無視しようとする人々に反論ができるのだろうか？

　私がここで提示してきた議論が示すのは，有力な西洋の伝統が人間以外の動物をどのように考えるべきかという重要な問題について間違っている一方で，この伝統にはその内部に——思考力と議論がもつ役割に対する認識において——種の境界線を越えて人間と動物の関係に取り組む，拡張した倫理規範を構築するための道具を備えている，ということである。この拡張に反対する原則はないであろう。適用されなければならない原則は，利益を平等に考慮するという原則である。残っている課題は，我々とは異なる，命をもった存在——精神的にも肉体的にも——に対してどのようにこの原則を適用させるかということに他ならない。

　私は動物解放という倫理を，西洋の伝統の広い枠組みの中に当てはめて擁護してきたが，その伝統こそがそもそもの問題であると考える人もいる。彼らは，歴史上はじめて地球の気候を変え，オゾン層に穴をあけ，地球上から尋常でない速さで種を絶滅させてきた文明に対して責任があるのは，西洋の伝統である，と主張する。

　歴史的な観点からみると，こうした主張の真実性を疑うことはできない。しかし我々は，後ろを振り返るのではなく，前を向かなければならない。

本当の問題は，どのような方法によれば，今の混乱状態から抜け出せる最良のチャンスを得られるのかということである。皮肉にも，環境危機はあまりにも重大で，環境に対する根本的に異なった姿勢に賛成の主張を述べるために，実に慣習的な倫理を用いることに問題はない。多くの点で，人間に限定された慣習的な倫理でさえ十分であろう。人は有力な西洋の伝統という制限の完全にその中で，核燃料は，爆弾の中でも発電所にあっても，人間に非常に有害なので地中にとどめておいた方がよいという理由から，ウラン採掘に反対するかもしれない。同様に，環境汚染やオゾン層に有害なガスの使用，化石燃料の燃焼，森林破壊に反対する議論の多くは，汚染物質および化石燃料の使用や森林の喪失によって起こる可能性のある気候変動が人間の健康や幸福に与える害といった観点からなされるであろう。バングラデシュやエジプトのデルタ地帯にある低地で農業を営む小作農の運命は，富裕国の人々が温室効果ガス排出に制限を設けるかどうかにかかっているかもしれない。こうしたガスと地球温暖化との関連がいくらかはっきりしないことを考慮に入れたとしても，問題となっている利益の不均衡——一方では 4,000 万人の生存，他方では自家用車の使用制限や現代のエネルギー集約型農法で生産される畜産物の消費削減といった変化——は非常に大きく，道徳的な策を講じることに疑いの余地はないのである。

━━━━━━━━ ◀解　説▶ ━━━━━━━━

1．空所 A に入れるのに最もふさわしいものを選ぶ問題。

(a)「するつもり」

(b)「できない」

(c)「したいと思わない」

(d)「すべきではない」

(e)「したい」

　空所A直前に注目すると，wrongs done to beings who …「who 以下という存在に対してなされた悪事」となるが，空所を含む第 2 段における悪事は，木を切り倒すことであると考えられる。よって beings が指すのは，木や森林のことである。また，空所直後にある experience が「〜を経験する，知覚する」という意味であること，in any way が否定語と結びついて「決して〜ない」という意味を表すことを考えると，空所前後は「悪

事を決して知覚…存在」という意味となる。第2段第4文（If a tree is
…）より，木には感覚がないという前提で論を展開していることから，(b)
を選び，「なされた悪事を決して知覚することのできない存在」とするの
が適切である。

2．空所Bに入れるのに最もふさわしいものを選ぶ問題。

(a)「人間以外の個々の動物の利益を考慮する」

(b)「環境問題を，オーストラリアの関心事とする」

(c)「カンガルーの道具的価値を，他の動物のそれよりも優先する」

(d)「動物解放主義者とディープエコロジー派の違いを理解する」

(e)「カンガルー産業の存続を尊重する」

　空所Bを含む文は，「問題は～すべきか，どの程度～すべきか」という
意味である。第4段は，第1文（Now consider any issue …）にあるよ
うに，人間と動物の利害が一致しないケースを扱っており，その例として，
同段第2文（Since we are here …）にあるように，カンガルー産業を挙
げている。このカンガルー産業の存続に関して，同段第4文（Should the
decision be …）にあるように，人間の利益だけを元に決定してしまって
よいのだろうかと問うており，同段第5文（For simplicity, I …）にある
ように，絶滅の危機に瀕しているカンガルーがいないということを考える
と，我々が考えなければいけないのは，カンガルーなどの動物の利益を考
えるべきか，また，それはどの程度考えるべきなのか，ということになろ
う。よって正解は(a)である。さらに言えば，空所B直後の第7文（So
immediately we reach …）では，こうした議論の際にはどの種が考慮さ
れるべきなのか意見の不一致が起こる，とも述べられている。

3．空所Cに入れるのに最もふさわしいものを選ぶ問題。

(a)「たとえそれが間違いであれ，ギリシャ人でない者を奴隷とすることを
正当化していたであろう」

(b)「たとえそれが真実であれ，ギリシャ人でない者を奴隷とすることを正
当化していたであろう」

(c)「たとえそれが間違いであれ，ギリシャ人でない者を奴隷とすることを
正当化することはなかったであろう」

(d)「たとえそれが真実であれ，ギリシャ人でない者を奴隷とすることを正
当化することはなかったであろう」

　選択肢内の it の指す内容が，空所 C 直前の Aristotle's appeal to the higher rationality of the Greeks であることが見抜ければ，比較的容易に正解を導き出せるだろう。第 6 段第 8 文（Instead we hold …）で，すべての人間は平等であると述べられ，続く第 9 文（We regard both …）で，我々が人種差別や奴隷制に反対するのは，それらが人間の利益を平等に考慮しないからである，としている。次の第 10 文（This would be true …）では，これは奴隷の良識や文化状態のレベルがどの程度であれ当てはまることである，と述べている。よって，ギリシャ人の方が理性的であるというアリストテレスの主張が本当だとしても，良識や文化状態に関係なく，人間の利益はみな平等に考慮されるべきであり，ギリシャ人でない者を奴隷にしてもよいということにはならない，とするのが適切である。よって正解は(d)である。

4．空所 D に入れるのに最もふさわしいものを選ぶ問題。
(a)「人類の文明」
(b)「内在的価値」
(c)「解放主義者」
(d)「家族集団」
(e)「飼い主」

　第 6 段から第 7 段にかけての文章構造に注目すると，第 6 段第 11 文（Members of the "barbarian" …）に，バルバロイの人々もギリシャ人と同様，痛みを感じ，喜びや悲しみを感じ，家族や友人と離れることに苦しみを感じる，といった記述がある。一方，第 7 段ではバルバロイに代わって動物の話となるが，この動物も人間と同様であるという記述が第 4 文（Non-human animals are …）以降に見て取れる。人間と同様に動物も痛みや悲しみを感じるのであり，イヌやウマやブタも人間と同様，家族や友人と離れれば苦しみを感じる，という第 6 段と第 7 段の対応関係が読み取れる。よって正解は(d)である。

5．空所 E にあてはまる日本語を書く問題。解答欄には「仮に…という理由で，…と想定しよう。」とあり，それぞれの空欄に 25 字以内で記入する。

　空所 E を含む第 8 段で述べられているのは，第 2 文（Here, by "morally relevant differences" …）にある思考力や自己認識力は人間に限られたも

のではなく，第5文（Dogs, horses, pigs, …）にあるように他の動物にも備わっているものであり，第8文（We should be able …）にあるように，知覚（課題文では痛みを挙げている）に関して人間も他の動物も同様である，ということである。それを踏まえて空所直前の第9文（There is no justifiable …）では，人間と動物の間で内在的価値の有無についての線引きはできないとしている。また，空所直後の最終文（How, then, are we …）は，「それなら，我々はどのようにすれば，我々と異なる集団だからという理由で他の人種の利益を無視しようとする人々に反論ができるのだろうか？」という修辞疑問文となっている。つまり，通常であれば我々と異なる集団だからといって他の人種の利益を無視しようとする人はいないが，空所Eのような仮定が存在すると，そういった人々に反論ができなくなってしまう，ということである。よって空所Eには「その動物が人間とは異なる集団だからという理由で，その動物の利益や内在的価値をないものとして扱うことが認められると仮定しよう」という内容の文言が入ると考えられる。このことを，解答欄の(1)(2)に入る形でそれぞれ25字以内でまとめればよい。なお，〔解答〕には intrinsic value を入れたが，後続文と対応するように「利益を無視する」という内容だけでもよい。

6. 空所Fに入れるのに最もふさわしいものを選ぶ問題。
(a)「小作農への利益」
(b)「途上国と先進国の違い」
(c)「問題となっている利益の不均衡」
(d)「森林破壊が人間の生活に与える影響」
(e)「富裕国が環境に深刻な損害を与える可能性」

空所直後のダッシュによる挿入句の後に is so great that … とあるから，空所に入る何かが非常に大きいことがわかる。この挿入句に注目すると，一方では4,000万人の生存（最終段第7文（The fate of peasant farmers …）にある，バングラデシュやエジプトのデルタ地帯の小作農のことであろう），他方では自家用車の使用制限や畜産物の消費削減（同文の富裕国による温室効果ガス排出制限のことであろう）と述べている。温室効果ガス削減のためにちょっとした策を講じるかどうかで4,000万人の人々の命が左右されるということを考えると，その利益の差は大きいと言える。よって正解として適切なのは(c)である。

7．筆者の主張に当てはまらないものを選ぶ問題。選択肢ごとに見ていこう。

(a)「環境保護論者が従来型の西洋の倫理に訴えるのは戦略的間違いである」

　環境保護に関しては，第 10 段第 2 文（They argue that it is …）に，西洋の伝統が環境を壊してきたことに触れているが，最終段第 3 ～ 6 文（Ironically, … loss of forest.）では，皮肉ではあるが，従来の西洋の伝統を使って環境問題を論ずることの有効性は認めていることがわかる。つまり戦略的には西洋の伝統の使用を認めているわけであるから，選択肢の内容は筆者の主張に一致しない。

(b)「ディープエコロジー派と種差別主義者の両方を説得できるような，人間以外の動物の利益に関する合理的な主張を提示することは可能である」

　まず，筆者（Animal liberationist）とディープエコロジー派の意見は，第 2 段第 3 文（While animal liberationists …）で「人間以外の利益も擁護すべき」という点ですでに一致している。種差別主義者については，とりわけ第 7 段にあるように「人間と同様，動物も感覚をもっていて，痛みや悲しみがある」から，人間もそれ以外の種も同じ利益を擁するのだという主張を提示できる。よって，選択肢の内容は筆者の主張に一致している。なお，第 2 段において，切り倒される木の利益を例に，どこまでを含むかに関してはディープエコロジー派と筆者は意見が異なる旨が述べられているが，選択肢には non-human animals とあるので，動物に関しては一致している。

(c)「オーストラリアのカンガルーの命は，それ自体が良いものであり，望ましいものであるため，内在的価値がある」

　第 3 段の「内在的価値」と「道具的価値」の説明に対する具体例として，カンガルー産業が取り上げられている。本論では，筆者は一貫して動物そのものの利益を擁護する立場なので，カンガルーの命も内在的価値があるというのは，筆者の主張に一致すると考えてよい。

(d)「先進国において，人間が人間以外の動物の肉を食べるという行為も，種差別の一形態である」

　肉食を差別行為だとする記述は本論にはない。

(e)「利益を平等に考慮するという原理は，たとえ人間の命と異なっている

としても，イヌやウマにも適用してもよいだろう」

　人間以外の動物の利益も人間と同様であるという筆者の立場を鑑みると，筆者の主張に一致していると考えられる。

以上より，(a)が正解である。

Ⅲ 解答例

〈解答例1〉I agree with the statement and believe protests should remain peaceful, I have two reasons for this. The first reason is that the goal of a protest is to get as many supporters as possible to sympathize with its agenda. If protests remain peaceful, then there is a greater chance of gaining more and more supporters, and thus, the protest or movement becomes more powerful. The second reason is that it will create more pressure on the authorities to meet the protestors' demands. This is due to the growing support that the protest achieved, as mentioned in my first reason. The more the number of people joining the protest or movement, the more the influence and pressure created by the protest on the authorities to make changes. For these two reasons, I believe protests should remain peaceful.

〈解答例2〉I disagree with the statement and think that it is sometimes necessary to resort to violence when protesting. I have two reasons for this. Firstly, I believe that if the protesters are being ignored, then they need to get their voices heard. If the protest turns violent, then it will more than likely get more coverage in the media, which in turn will make the public take notice of the protesters. The second reason is that everyone wants a quick solution if violence is involved. So, this means the change the protesters want could actually happen faster than if the protest remained peaceful. For these two reasons, I don't think protests should always remain peaceful.

━━━━◀解　説▶━━━━

　「平和的な抗議は，自分たちの声が無視されていると抗議者が感じても，暴力に訴えるべきではない」という文に対し，賛成か反対の立場で英文を

書く問題。1つのパラグラフで，賛成か反対かを示し，少なくとも2つの理由を添える，という指示は必ず守る。構成としては，まず初めに，与えられた文に対して賛成か反対かを述べてから，その理由を2つ以上挙げよう。その際，できるだけ具体的な理由や根拠を添えると説得力が増し，読み手も納得するような文章になるだろう。論理的で，筋道立てた表現を心がけよう。

〈解答例1〉は，賛成の立場からの意見で，抗議の目的は支持者を集めることにあるということと，支持者が集まればより大きな影響力をもつことになる，ということを挙げている。

sympathize with ～「～を支持する，～に共鳴する」 movement「運動」 authority「権威者」 achieve「～を獲得する」 mention「～に言及する」 gaining more and more supporters は gaining an increasing number of supporters と表現するとフォーマルになる。「増える／減る」に関する表現は読解・英作文ともに頻出なので，表現力を高めるためにぜひ習得したい。

〈解答例2〉は，反対の立場からの意見で，暴力に訴えればメディアに取り上げられて人々に知ってもらえるということと，変革がより早くもたらされるということを挙げている。

resort to ～「～に訴える」 more than likely「確実に」 coverage「報道範囲」 in turn「今度は」 take notice of ～「～に関心をもつ」

❖ 講　評

Ⅰの課題文はオリジナル，テーマは日本における少子高齢化の諸問題である。2020 年7月に公表されたサンプル問題②の出題形式をほぼ踏襲している。課題文中に統計図表が 10 あり，設問にも5つ示され，サンプル問題②よりやや増えた。空所補充の選択問題が6問ですべて資料の読み取り問題であるが，単純な読み取りだけでなく，読み取りに基づく推論が求められる設問もある。200 字の論述が1問出題されたが，これも図表を根拠にして論述するという条件が付けられており，応用力が必要である。読解力，資料活用力，論理的思考力，社会的関心など総合的な学力が問われる良問である。

1．図4の散布図から推論できることの妥当性を判断する問題である。

全体的傾向と地域ごとの違いを読み取るだけでなく，選択肢にある施策の妥当性をも判断させるもので，洞察力が必要な難問であった。

2．表1から理想と予定の関係を読み取る問題である。理想は2〜3人だが予定しているのは0〜2人という傾向を読み取るのは容易である。

3．表2が多重選択であることを踏まえて各数値の関係を解析する問題で，論理的思考力が試された。

4．表3をもとに正しい散布図を選択する問題である。似た問題はサンプル問題②にも出題されていた。最大値や最小値に着目して判断するという手法に気づけば判断は容易である。資料読み取りの基礎的手法を問う問題。

5．表4の単純な読み取りである。データが多いので比較に時間がかかるが，判断そのものは容易である。

6．課題文の図表から判断できる事柄かどうか，正しく推論できるかがポイントであった。

7．大学が公表した設問のねらいは「問題文の内容を理解した上で，その内容と関連する社会問題をどのように解決するのかを考える力と，それを説得的に説明する能力を問う」となっている。意見論述なので様々な視点からの解答が考えられるが，図表を用いて根拠を示すという条件をクリアすることも必要で，おのずと論点は絞られていくだろう。200字と字数が少ないので，要点を押さえ簡潔に論述することが求められる。有効な方策を提案しなければならず社会的関心も問われている。

　Ⅱの読解問題は，種差別と環境問題を倫理という観点で論じた英文である。本文の語数は約2,000語で，サンプル問題やこれまで政治経済学部で出題されてきた英語の大問よりも分量が多かった。また，内容も非常に抽象的で，難度も高かったと思われる。設問は，空所補充が6問，内容一致が1問で，空所補充のうち1問が記述問題であった。この記述問題はサンプル問題②と同様で，前後の流れからどのような内容の日本語が入るかを答えさせるものであった。いずれの設問においても，論旨を的確に理解し，本文の流れを論理的に把握する力が求められる。いくつかの主義主張が登場し，筆者が意見の異なるどのグループをどう説得するのかを読み取ることに，英文量の多さも加わり，苦戦したかもしれない。設問7の解説を参考に，本論では種差別主義者への説得のために

論を展開していることを読み取ってほしい。

　Ⅲの英作文のテーマは，平和的な抗議は，自分たちの声が無視されていると抗議者が感じても，暴力に訴えるべきではない，というものである。抗議運動の問題は社会問題になっているとはいえ，根拠を 2 つ添えて論理的な英文を書くのは難しいだろうと思われる。政治的，時事的な事柄も含めて様々なトピックに関心をもち，英作文を書いて添削してもらうなど，かなりの訓練が必要である。

　大問 3 題に対して解答時間が 120 分であるが，英文や設問の難度は非常に高く，解答に余裕があるとは言いづらい。英文の論旨を速く正確に読み取る力と，それを支える語彙・文法・語法の豊富な知識とが求められると同時に，英語力だけではない様々な分野の知識も必要となってくる。

/////////////////// · **memo** · ///////////////////

解

答

編

解答編

総合問題

◀サンプル問題①▶

I **解答**　問1．ハ
　　　　　　問2．②—ヘ　③—ニ
問3．ニ→イ→ロ→ハ
問4．ホ
問5．事故の責任を負う必要はないにもかかわらず，補償を得ることなく，事前にこの町から移住したのである（50字以内）
問6．ニ

◀解　説▶

≪復興を支援することは，なぜ正しいのか≫

問1．空所直前の「彼」はドゥオーキンを指す。彼の主張は，次の段落の第6・7文に「本人がギャンブルするという『選択』をしたことが，暮らし向きの悪さの原因である。ギャンブルしたことの責任を重視するならば，それによって生まれた不利益は本人が負うものと考えるべきだ」と説明されている。よって，「責任」を「本人が負うべきではない」とするロ・ニは外せる。次にイ・ハを見比べる。イの「状況を自らがコントロールできない」は「先天的な障碍」のように「本人のコントロールの及ばない『状況』」（第5文）を言い換えたものである。原因は「状況」であって「選択」ではないから，責任は問えない。

問2．②は，直前文の「『選択 vs 状況』という二分法が成立すると考えるかどうか」に着目。「ドゥオーキンらと同じ土俵で論争することを強いられる」のは，ロールズが「二分法が成立すると考える」場合である。したがって，ヘの「二分法を受け入れた上で」は適切。「選択でなく状況の方

に」も適切。ロールズが，ロの「状況でなく選択の方に」責任を帰すべき
だと考えていたなら，ドォーキンらと同じ見解になるため，論争にならな
いはずである。

③は，直前の「他方」に着目。②とは逆に「『選択 vs 状況』という二分
法が成立すると考え」ない場合である。それを「そもそも選択と状況とを
分けることに意味がないと考えていた」と表現したニが適切。第3段落第
2文にあるように，ロールズは「『暮らし向きが悪い』…という一点だけ」
を問題にしていたというのだから，「選択と状況」について，ハの「分け
られるかどうかについて考えていなかった」よりも，ニの「分けることに
意味がないと考えていた」が適切。

問3．次の段落の第1文の「この批判に対しては，運の平等主義者が再反
論し，Bの責任は問えないと主張する」に着目。空所は，Aの立場を基準
にしてBによる「選択」の責任を問うものであると推定され，最初にニを
置くのが適切。これを「いいかえれば」で受けて「選択」の内容を具体的
に述べたイを続ける。次にイの「町を去らないという…選択の結果」を受
けて，ロの「この意味での『選択』の責任」を続けるのが適切。さらにロ
の「責任の一端が帰せられる」を受けて，ハの「補償に対しても，減額措
置がなされなければならない」という結論を置けば次段落と論理的につな
がる。

また，文頭の接続語・指示語に注意するというアプローチもある。イの
「いいかえれば」は直前に同様の内容があるはず。直前段落の表現の言い
換えではないから最初には置けない。ロの「この意味」は直前にその内容
があるはず。ハの「とすると」は直前にそれが成り立つ条件があるはず。
ニは接続語・指示語で始まっておらず，Aの立場を基準にしたこの段落の
はじめとして適切。

問4．イ・ロ・ハ・ニは「『状況 vs. 選択』の二分法」を妥当とする記述
で，ホだけが妥当でないとする記述。この段落の冒頭に「過去における
『選択』を現在という『状況』の構成要素に置き換える作業を…正当化す
るのはむずかしい」とあるように，「状況」か「選択」かという二分法の
有効性が疑問視されている。したがって"考えや状況，基盤などが不安定
な状態になる"という意味の「揺らいでいる」を含むホが適切。

問5．「Dと対比」という設定を守ること。直前の「Dは，原発事故が起

こったがゆえに，その事故の責任の一端を負うべきであるのにもかかわらず，補償を得てこの町から移住することが可能となるのである」のうち，「事故の責任」という箇所から裏返す。まず「事故の責任を負う必要はないにもかかわらず」とし，次に「補償を得ることなく」とする。さらに，次の段落の第１文に「Aのように原発事故が起こる以前に自ら決断して町を去っていった」とあるから「事前にこの町から移住した」とする。そして文末は対比文と同じく「のである」で結ぶ。

問６．イ．「政治の世界における敗者は，『退出』という選択をする」は，下線部の第３文「政治的敗者となったときに，『退出』という選択をする」によるものだろう。しかし，「敗者」のうち，Aは町を去るという形で「退出」を選択したが，Bは第９段落（空所②③の２つ後の段落）最終文に「この町にとどまることにした」とあるように，「退出」を選択していない。つまり「敗者」は「退出」するという「前提にたっている」とは言えないので不適切。

ロ．下線部の第２文「この町で原発建設の是非が争われたとき，A（とB）は政治闘争に負けたのであり」，第３文「上記の思考実験が明らかにしているのは，政治的敗者となったときに…」とあるように，「原発の是非をめぐる人々の対立」は「政治の世界を表すという前提」に立っている。文末の「わけではない」が不適切。

ハ．下線部の第１文に「政治とは，ある意味で『勝ち負け』を決める世界である」とあるにはあるが，第３文に「上記の思考実験が明らかにしているのは，政治的敗者となったときに，『退出』という選択をすることの重みであろう」とあり，「この思考実験がよく示している」もののとらえ方が異なっているので不適切。

ニ．下線部の最終文の「われわれは政治的敗者が支払った選択の代償に，常に目を開き続けていなければならない」に着目。「目を開き続け」はその前文にあるように「無視したり，軽々しく処遇したり」しないことである。そのことは「支援や心配りが必要である」ということと同一ではない。前の段落の第１文に「町を去っていった人たちすべてに対し，…不利益をさかのぼって補償するということは，およそ不可能である」とあり，「すべてに支援や心配りが必要であると主張しているわけではない」は適切である。

ホ．空所⑤の段落の第 3 文「もし，時間の流れの中で…責任を問うことが不可能となってしまう」に照らして不適切。

Ⅱ 解答

1 ．(1)下図。(2)—(b)

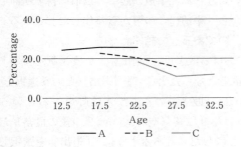

—A　---B　—C

2 ．(e)

3 ．(c)

4 ．③—(b)　④—(a)　⑤—(c)

5 ．(c)

6 ．〈解答例 1 〉私は今後の日本では，英語を話す能力がますます重要になると考える。理由は 2 つある。 1 つは，国の枠を超えた活動が活発になってきているからである。現代は国際的な議論や協力なしには解決できない問題が山積みの時代であり，日本にも多くの外国人が押し寄せてきている。そのため，国際共通語として英語を話せることがより重要になるはずである。 2 つ目に，英語が様々な分野でますます重要な役割を果たすようになってきているからである。例えば，インターネットで使われる言語は英語が圧倒的に多く，ビジネスに限らず，科学の世界でも論文の多くが英語で書かれている。英語は，多岐にわたる分野において未来への戸口と言えるのである。(300 字以内)

〈解答例 2 〉私は将来の日本では，英語の重要さは現在と同じぐらいだと考える。ボーダーレス化する社会においては，英語と同様に日本語も重要になると予想されるからだ。例えば，海外から来日する留学生やビジネスマンには，必要最低限の日本語運用能力が求められる。そのため，国内外で日本語教育をもっと充実させていく必要がある。また，日本語は単なる意思伝達手段ではなく，芸術やポップカルチャーを含めた日本文化と密接

な関係があることを忘れてはならない。英語や英語圏の文化のみが重視されるのであれば，文化的多様性が損なわれる危険がある。したがって，将来も英語が重要であることに変わりないが，日本語の重要性も一層高まると考えられる。(300字以内)

――――――◆全　訳◆――――――

≪日本における英語学習者の傾向≫

　日本人は，今までにないほど英語学習に熱心になってきている。語学としての英語は，今や小学校で必修である。大学入試の英語は，読む・書く・聞く・話すという中心となる言語4技能の全てについて試験を行うことに，さらに重きを置いている。日本の企業の中には，英語を自社内の公用語にすることに決めたところもあるくらいだ。疑いなく，このリンガフランカ（国際共通語）は，今後，日本でますます際立って重要となることだろう。

　しかし，実際，何人の日本人が英語を学ぶことを選択しているのだろうか。総務省が5年ごとに実施している「社会生活基本調査」では，英語の学習・独学・訓練に取り組んでいる学習者の，特定の年齢グループごとの推定数や割合を報告している（表1）。ここでいう英語の学習・独学・訓

表1：英語学習をしている日本人の推定数と割合

年齢グループ	2006		2011		2016	
	数（千人）	割合（%）	数（千人）	割合（%）	数（千人）	割合（%）
10-14	1,456	24.3	1,793	30.4	1,858	33.8
15-19	1,447	22.7	1,554	25.7	2,011	33.5
20-24	1,328	18.3	1,284	20.3	1,559	25.6
25-29	1,003	12.6	778	10.9	993	15.7
30-34	887	9.3	753	9.4	857	11.9
35-39	837	9.1	818	8.5	881	10.9
40-44	785	9.9	812	8.8	1,046	10.9
45-49	661	8.7	658	8.3	869	9.4
50-54	563	6.8	591	7.8	763	9.8
55-59	572	5.4	527	6.4	702	9.4
60-64	295	3.7	565	5.4	556	6.9
65-69	224	3.0	294	3.8	653	6.5
70-74	163	2.5	225	3.2	312	4.4
75-	142	1.3	245	1.9	410	2.8
合計	10,363	9.1	10,899	9.6	13,472	11.9

出典：総務省「社会生活基本調査」

練に取り組んでいる学習者とは，調査年の 10 月 20 日までの 365 日または 366 日間に少なくとも 1 日は自発的に英語を学習した人たちと定義されている。それぞれの年齢グループに表示されているパーセンテージは，その年齢グループ全体の人口に占める学習者数の比率を表している。この調査は，個人の自由な時間において実施される活動のみを対象としているため，学校や職場での英語学習は統計から除外されている。

　表 1 では，概して，全ての調査年において，年齢が上がるにつれて割合は下がっていることがわかる。しかし，2006 年の 10-14 歳と 15-19 歳の割合の差は，2006 年の 10-14 歳と，5 年後の同じ人たちと思われるグループの割合の差とは同じではない。このことを踏まえると，図 1 （ここでは示さない）を描くことができる。図 1 は，A 群（2006 年の 10-14 歳，2011 年の 15-19 歳，2016 年の 20-24 歳の年齢グループ），B 群（2006 年の 15-19 歳の年齢グループから始まる群），C 群（2006 年の 20-24 歳の年齢グループから始まる群）という 3 つの異なる群それぞれの英語学習者の割合について，年齢が上がるにつれての経年変化を示している。図 1 では，ある 1 つの年齢グループで見ると，年下の群の方が年上の群よりも英語学習者の割合が高いことがわかる。

　次に，1 年のうち英語の学習・独学・訓練に費やした日数分布の変化を見てみよう。表 2 は，「社会生活基本調査」から得られた結果をまとめたものである。表 2 から明らかなのは，英語学習に 1 年間で 10 日未満を費やした人の数は，2011 年から 2016 年の間で大幅に増えているということである。総務省によると，結果として，この 2 つの調査に至るまでの年に英語の学習をした人たちは，英語の学習・独学・訓練に費やした平均日数が，2011 年の 89.1 日から 2016 年の 77.3 日へと減少しているのだった。

表 2 ：英語学習者が英語の学習・独学・訓練に費やした日数（単位：千人）

年	1 年で費やした日数							合計
	1-4	5-9	10-19	20-39	40-99	100-199	200-	
2006	775	761	1,655	1,634	2,285	1,541	1,397	10,363
2011	933	621	1,355	1,634	2,649	1,918	1,376	10,899
2016	2,129	1,049	1,648	1,633	2,447	1,873	1,453	13,472

　注：合計には，日数を具体的に挙げなかった回答者も含んでいる。
　出典：総務省「社会生活基本調査」

表2から，英語の勉強量が最も少ない人たちの数が著しく増えた一方で，英語の勉強を最もする人たちの数はあまり変わっていないと結論付けられる。

「社会生活基本調査」では，都道府県によって，英語学習者の割合が6.0％から18.4％まで幅があることも観察できる。図2（ここでは示さない）は，2016年の調査結果から得られた都道府県別の割合の度数分布図（柱状グラフ）を表している。この度数分布図によると，半分以上の都道府県が，その年の全国平均である11.9％よりも低い割合を記録している。実際のところ，都道府県別割合の中央値は，全国平均よりも2.7ポイント低い。これは，図2に示されるように，グラフの右側の先端が長く伸びている分布のせいである。

図3：英語学習者の割合　対　各都道府県の人口規模の散布図
（省略：横軸は10歳以上の人口，縦軸は英語学習者の割合）
出典：総務省「社会生活基本調査」2016年

なぜ，都道府県によって，英語学習者の割合が異なるのだろうか。都道府県は，人口統計上の数値の点で様々であることはよく知られている。例えば，人口規模は都道府県によって異なる。各都道府県の英語学習者の割合と人口規模について，この2つの変数の関係を見るために散布図を描いてみよう。図3では，この2つの要素の間に正の相関関係があるとわかる。つまり，都道府県の人口規模が大きければ，英語学習者の割合も高くなる傾向があり，人口規模が小さければ，英語学習者の割合も低くなりがちなのである。

なぜ，ある都道府県において英語を学習している人の割合と人口が正の相関関係にあるのだろうか。一般的に言って，人口規模は，他の人口学的統計や社会的統計と関係がある。ということは，都道府県のある特徴的側面が，図3に表されている関係を説明できる可能性がある。可能性のある説明の1つは次の通りである。(b)の表から，都道府県を越えて転出する人の多くは，若者，特に20代であることがわかる。このことは，もしある都道府県で転出者よりも転入者の方が多ければ，若い居住者の比率が増えるであろうことを意味している。逆に，転入者よりも転出者の方が多ければ，相対的に人口が高齢化する可能性が高くなる。当然のことだが，実質的な移住率——他の都道府県からの転入者から他の都道府県への転出者を

引いた実質的な移住者数を，その都道府県の人口規模で割ったもの——が正の数字であれば，その都道府県は人口が増えつつあるということである。転入者は年配者よりも若者の可能性が高く，一般的に英語学習に関心をもつのは，年配者よりも若者なのである。

　事実，(a)の図は，都道府県の人口規模と実質的な移住率の間には正の相関関係があることを立証する。(b)の表と(a)の図から，それほど人口が多くない地域よりも人口の多い地域の方が，若者の比率が高い傾向にあると推測できる。この推論の筋道は，10歳から39歳の人口比率と各都道府県の人口規模の間に正の相関関係があることを示す(c)の図によって裏付けられる。結論として，(c)の図と表1から，人口規模が大きくなるにつれて，英語学習者の割合は高くなる傾向にあると言うことができるのである。

━━━━━━━━━◀解　説▶━━━━━━━━━

1．「A群，B群，C群を示す図1に関して，次の(1)，(2)に答えなさい。図1の群とは，与えられた5歳間隔の中に属する人のグループである」

(1)「図1を記述解答用紙に描きなさい。横軸に年齢グループの中間点を取りなさい。例えば，10-14歳の年齢グループは10歳以上15歳未満の人たちを含むグループなので，その中間点は12.5となる。それぞれの群を他の群と区別するために，A，B，Cの各群のデータのポイントを線でつなぐこと」　cohort「群，統計上の同種の性格をもつ集団」　mid-point「中間点」　horizontal axis「横軸」　distinguish *A* from *B*「*A*を*B*から区別する」

図1の内容については，第3段第3文（Keeping this in mind, we can …）にA群，B群，C群の定義が書かれており，具体的な数字については，表1から該当するものを拾っていけばよい（例：A群は，24.3%→25.7%→25.6%）。グラフを描く際の条件としては，①横軸に年齢グループの中間点（具体的には，12.5，17.5，22.5，27.5，32.5）を取ること，②各群のデータを線でつなぐことの2点が問題文に書かれているので，それを見逃さないように気をつけよう。

(2)「空所　　①　　に入る最も適切なものを，下にあるものから選びなさい」

(a)「どの群においても，英語学習者の割合は年齢が上がるとともに減っている」

(b)「ある１つの年齢グループで見ると，年下の群の方が年上の群よりも英語学習者の割合が高い」　given「～を考慮すれば」

(c)「年齢が上がるにつれての英語学習者の割合の減少は，年上の群よりも年下の群の方が急である」　decline「減少，低下」　steep「(勾配などが)急な」

(d)「A群，B群，C群に対応する３つの曲線は，どこかの点で交わっている」　intersect「交差する」

(e)「各群の間に差は存在しない」

描いた図１から読み取れることを選べばよい。(a)については，年齢が上がるにつれて割合が減っていると言えるのはB群だけであるため，不適である。(c)については，まず，younger cohort や older cohort というのは，例えば，同じ2006年で考えると，A群は10-14歳で，B群は15-19歳，C群は20-24歳であるので，A群の方が younger cohort と言えるということである。年齢が上がるにつれて英語学習者の割合が減少していく傾向は，B群では継続的に見られ，C群では20-24歳から25-29歳の間で見られる。しかし，その減少幅は年上のC群の方が大きく，さらに，もっと年下のA群は減少傾向にない（15-19歳から20-24歳の間でもほんの0.1%の減少である）ため，(c)も不適。(d)については，このグラフ上ではどの線も交差していないので不適。(e)も，A群，B群，C群の間に差があるため不適である。正解は(b)。同じ年齢，例えば，17.5歳で見ると，年下のA群の方がB群より高く，22.5歳では，年下のA群が一番高く，次いでB群，C群の順になっている。また，27.5歳でも同じ傾向であり，グラフ上で見ると年下の群が年上の群に覆いかぶさっているような形になっている。よって，(b)が図１の内容を適切に表していると判断できる。

2．「空所　②　に入る最も適切なものを，下にあるものから選びなさい。ここで言う英語の勉強量が少ない人たちというのは，年間100日以下の学習者のことで，英語の勉強をよくする人たちというのは，年間100日を超える学習者のことである」

(a)「英語の勉強量が少ない人たちの数はあまり増えなかったが，よく勉強する人たちの数はかなり増えた」　considerably「かなり」

(b)「英語の勉強量が少ない人の数が増えるとともに，よく勉強する人の数もほとんど同じ程度増えた」　on the rise「増加して」　to ～ degree「～

の程度」

(c)「英語の勉強量が少ない人の数の増加とともに，よく勉強する人の数は大きく減少した」

(d)「英語の勉強量が少ない人の数はあまり変わらなかった一方，よく勉強する人の数は著しく減少した」　diminish「減少する」　significantly「著しく，はっきりと」

(e)「英語の勉強量が最も少ない人たちの数が著しく増えた一方で，英語の勉強を最もよくする人たちの数はあまり変わっていない」

表2から読み取れることを選べばよい。(a)については，「英語の勉強量が少ない人たちの数はあまり増えなかった」の部分，および「よく勉強する人たちの数はかなり増えた」の部分が表とは合致せず，不適。(b)については，「よく勉強する人の数もほとんど同じ程度増えた」の部分が表とは合致しないので不適。(c)については，「よく勉強する人の数は大きく減少した」の部分が表とは合わないので不適。(d)については，「英語の勉強量が少ない人の数はあまり変わらなかった」の部分も，「よく勉強する人の数は著しく減少した」の部分も表と合わず，不適。正解は(e)。表の一番左の，年間1-4日だけ勉強する人の数，つまり「英語の勉強量が最も少ない人たちの数」は，2006年から2016年にかけて775，933，2,129（千人）と著しく増えており，表の一番右の，年間200日以上の「英語の勉強を最もよくする人たち」は1,397，1,376，1,453（千人）とあまり変わっていないので，(e)が表から読み取れることを最も適切に言い表している。

3．「図2として最も適切なものを下にあるものから選びなさい」

第5段に図2に関する記述が述べられているので，その中でどの情報が正しい選択肢を選ぶのに役立つのかを考えるとよい。まず，同段第1文（In the Survey …）の「英語学習者の割合は都道府県によって様々であり，6.0%から18.4%まで幅がある」の部分に注目する。そうすると，横軸の5％以上から20%以下にかけて値が散らばっている(a)と(c)の2つに絞り込める。次に，同段第3文（According to this histogram, …）の「半分以上の都道府県が，その年の全国平均である11.9%よりも低い割合を示している」の部分に合致するのがどちらかを考える。すると，10%以下に偏っている(c)が正解だと導き出せる。それ以外にも，同段最後の2つの文（In fact, … a long right-hand-side tail.）には，中央値が全国平均よりも

2.7 ポイント低いことや，グラフの先端が右側に長く伸びていることが述べられているが，それらは正しい解答を導き出すための根拠としては決定力に欠ける。いずれにしても，(c)はそれらも満たしている。median「中央値（資料を大きさの順に並べたとき，全体の真ん中にくる値のこと）」

4．「空所　③　，　④　，　⑤　に入る最も適切な図または表を下にあるものから選びなさい」

それぞれの図と表については，(a)の図の横軸は人口（単位：千人），縦軸は千人当たりの実質的な転入者数。(b)の表は，年齢ごとの都道府県を越えた転出者数（2016 年）を示す。(c)の図の横軸は人口（単位：千人），縦軸は 10-39 歳の割合。まず，③については，第 7 段の空所③の文（We know from …）に，「都道府県から出ていく人の多くは若者，特に 20 代であることが③からわかる」と書かれているので，③には年齢ごとの都道府県を越えた転出者数を示している(b)が当てはまる。

次に，④については，最終段第 1 文（In fact, ④ verifies …）に，「④は，都道府県の人口規模と実質的な移住率の間には正の相関関係があることを立証する」と書かれている。よって，④は人口と転入率のおおよその比例関係を示した(a)が相当すると判断できる。

最後に，⑤については，最終段第 3 文（This line of …）のコンマ以下（which shows a positive correlation …）に，「⑤は 10 歳から 39 歳の人口比率と各都道府県の人口規模の間に正の相関関係があることを示している」と書かれているので，⑤は(c)だということがわかる。

5．「空所　⑥　に入る最も適切な図または表を下にあるものから選びなさい」

figure「図」と table「表」を取り違えないように注意しよう。まず，最終段最終文（In consequence, we can claim …）の「⑤と⑥から，人口規模が大きくなるにつれて，英語学習者の割合は高くなる傾向にあると言える」という部分に注目。それが言えるためには，「10 歳から 39 歳の人口比率と各都道府県の人口規模の間に正の相関関係があること」を示している⑤に加えて，「10 歳から 39 歳の人たちは英語学習者の割合が高い」という情報が必要であり，それを表しているものが⑥として適切だと考えられる。(a)は都道府県別の英語学習者の割合の度数分布図，(b)は 10 歳以上の人口における英語学習者の割合の分布図，(c)は英語学習をしている日

本人の年齢グループ別の推定数と割合，⑷は英語学習者が英語の学習・独学・訓練に費やした日数別人数の変化を，それぞれ表している。この中で，⑥に必要な「10歳から39歳の人たちは英語学習者の割合が高い」という情報を含んでいるのは，⒞「表1」だけである。

6．「あなたは，将来の日本では，英語を話す能力はもっと重要になると予想するか，それともそれほど重要にならない，あるいは現在と同じ程度の重要さであると予想するか？　あなたの予想を，その根拠とともに300字以内（漢字とかな）の日本語で記述解答用紙に書きなさい。希望するなら，この論説文に示されているもの以外の事実，情報，考え方を使用してもよい」

日本語で解答することが求められているが，英語のライティングまたはスピーキングの授業でよく行われる文章構成の方法が役に立つ。つまり，①I think ….→②I have two (or three) reasons for it.→③First, …. Second, …. (Third, ….)→④That is why I think ….という形を活用すると書きやすいだろう。内容としては，どの立場に立ったとしても，理由の後には，それを支持する文や具体例などを含めると説得力が増す。

〈解答例1〉は，英語はもっと重要になると考える立場から，理由を2点挙げて論じている。自らの立場を明らかにし，それが妥当だと考えられるような理由を述べるには300字という字数はあまり多くないので，考えをまとめて要点だけを簡潔に述べるように心がけよう。

〈解答例2〉は，英語の重要さは変わらないという立場からの解答である。日本国内では，ボーダーレス化に伴うインバウンドの外国人とのコミュニケーション手段としての日本語と，日本語文化の重要性を理由として挙げた。英語に関しては，重要であることを否定せず，現在と変わらず重要であろうと主張するものである。

III　解答例

〈解答例1〉I disagree with the idea that artificial intelligence will eventually surpass human intelligence. I have two reasons for it. First, artificial intelligence needs to be programmed by humans. We sometimes observe it coping with a huge amount of data instantaneously to find the most suitable answer or solution, which indicates that artificial intelligence indeed extends far beyond human abilities, but it can never work without the programs that humans have created. That is why it can hardly be regarded as greater than human intelligence. Second, artificial intelligence has difficulty dealing with particular kinds of problems such as unprecedented or emotional issues. Although artificial intelligence can develop itself through deep learning, the learning system is based on existing data, which means that artificial intelligence is not good at handling unprecedented matters. Nor is it good at emotional issues. Personal feelings differ from person to person and rarely follow precedents. It means that artificial intelligence cannot take into account individual emotions. For these two reasons above, I don't think artificial intelligence will surpass human intelligence.

〈解答例2〉I agree with the statement for two reasons. First, technology continues to develop. In some intellectual fields like calculation and memory, artificial intelligence already surpasses human intelligence. In addition, by deep learning it can now communicate with people considering the situation around. Thus, technology related to artificial intelligence will keep evolving, and it might be possible that artificial intelligence may go far more beyond human intelligence. Second, artificial intelligence can be equipped with creativity. It used to be said that creativity is a unique ability of human beings, but, in fact, recent experiments have revealed that artificial intelligence shows brilliant performances in creative realms, for example, painting, musical composition, and writing novels. If art works are the product of the most unique aspect of human intelligence, these examples indicate that artificial intelligence can take over the exclusive features of humans. So, it will be no surprise if artificial intelligence becomes superior to humans even in the respect of creativity in future. Although I don't know whether it is good or not to have such artificial intelligence, I agree with the idea due to the two above reasons.

━━━━━━━━━━◀解　説▶━━━━━━━━━━

　「下の意見を読み，それに賛成または反対する理由を少なくとも２つ挙げながら，１パラグラフ分の文章を書きなさい。解答は記述解答用紙に与えられた欄の中に英語で書くこと。

　　『AI はいずれ人間の知能を超えるだろう』」

2020 年度までの V の英作文と同じような出題で，提示された意見に対して，賛成か反対か，理由を２つ以上添えて自分の立場を示すというもの。これも，II の 6 と同様，①I think …. →②I have two （or three） reasons for it. →③First, …. Second, …. (Third, ….) →④That is why I think ….) という文章の組み立て方を活用できる。それぞれの理由の後に，その具体例や説明文を入れるのがよい。

〈解答例１〉は，反対の立場からの意見で，その理由として①人工知能は人間が作るプログラムが必要であること，②人工知能は前例のない事柄や人間の感情に対処するのが困難であることの２点を挙げている。the most suitable solution「最適解」 beyond human abilities「人の能力を超えて」 unprecedented「前例のない」

〈解答例２〉は，賛成の立場からの意見で，理由としては①科学技術は発展を続けていること，②人工知能は人間に固有の能力とされてきた創造性をもつことができるという２点を述べた。develop, evolve「発展する」 superior to ～「～より優れた」

❖講　評

　Ⅰの出典は，自然災害や社会的事故からの復旧・復興を支援することの規範的根拠をどこに求めるかを論じたもので，取り上げられているのは「ロールズの『正義論』とそれに対する批判」「福島原発事故を素材にした思考実験」「政治的敗者が支払った選択の代償への注目」についてである。問題文だけで，Ａ４判の冊子の４ページ以上にわたっているが，設問は空所補充や文整序が目立つ。本文の流れを論理的に読み取る力が求められていると考えられる。

　問１は，選択肢のうち，「選択」によって発生した「本人の責任」で一貫しているのはハだけ。

　問２は，ロールズが「選択か状況か」を区別していないのに対して，ドォーキンは区別を前提にしていることを踏まえて考えるべきである。②「同じ土俵で論争する」ためには前提が共通でなくてはならない。③は，直前の「他方」に着目して②とは逆の前提を記したものを選ぶ。

　問３は，まず，直前・直後の段落とのつながりに着目することが大切である。直後の「Ｂの責任は問えない」の逆の論理である「Ｂにも責任がある」という内容が空所に入り，その結果として「Ｂの補償自体を減額」という道筋がでてくることを見抜きたい。

　問４は，空所のある段落の内容を読み取る。「運の平等主義」は「『状況vs.選択』の二分法」という区別を確実な前提としていた。しかし筆者らの「考察」によれば，「正当化するのはむずかしい」「根拠はない」「不可能となってしまう」ことが想定される。

　問５は，本問題で唯一の記述式問題。設問文に「Ａの境遇をＤと対比して」とあるのに沿って，Ａを主語にしたものに書き直す。「事故の責任はない」「補償を得ない」が必要。次に「この町から移住することが可能となる」の逆であるが，「移住が不可能」ではなく，すでに「移住した」ということを記す。

　問６は最終問題であり，最終段落の内容が問われている。ここは用語に注意。「前提」は〝あることが成り立つためのもとになる条件〟であり，イに用いるのは不適。ロに用いるのはよいが，結論が不適。ハは前提と結果が逆転している。ホは空所⑤の段落からしても前の段落からしてもあり得ない。

Ⅱの英語長文問題は，日本の英語学習者の年代別の傾向と都道府県による差を話題にした970語程度の文章と図表から構成されている。英文のレベルは標準的で，読み進めるのにあまり困難はないだろう。ただし，グラフや図を読み取る力や統計学の用語などの知識が不足していると，解答に困る可能性が大きい。また，2020年度までの英語の問題と違い，必要な情報を論理的に見極める力や，筋道を立てて自分の意見を日本語で表現する力も必要とされていることから，英語運用能力だけでなく，思考力や表現力を測定する問題だと言える。

Ⅲの意見論述の英作文は，AIが人間の知能を超えるか否かというテーマで，2020年度までの英語の大問Ⅴと同じ出題方法である。ただし，単なる意見を書くというよりは，自分のもっている知識を筋道立てて整理しながら書く必要がある。昨今大きな話題となっているAIに関する知識をある程度もち合わせていないと，解答作成に手間取る可能性があるだろう。また，解答時間については，これまで問題文に書かれていた「15分以内が望ましい」という記述がなくなった。ただ，各種の英語検定試験での英作文のレベルや解答時間と比べてみると，15〜20分程度が望ましいところだろう。

全体としては，以前の問題と比較して，日本語および英語の運用能力や論理的思考力，さらにはさまざまな分野の知識を駆使する力がより必要とされる問題となっている。

◀サンプル問題②▶

I 解答

問1．(ハ)　問2．(ロ)　問3．2—(ロ)　3—(ヘ)
問4．(ハ)

問5．(ニ)

問6．〔解答例〕一票の格差が各地域の補助金の配分に影響を与えるとの分析から，都市圏と地方圏の人口格差が広がっている現状で一票の格差を無くしていけば，地方圏への補助金の配分は減らされることが予想される。そうなると人口減少の著しい地方圏における社会資本や行政サービスは低下せざるを得ず，都市圏と地方圏の経済格差や社会生活環境の格差を一層深刻にしかねない。以上の理由から，一票の格差の行き過ぎた是正にも問題がある。

━━━━━━━ ◀解　説▶ ━━━━━━━

≪一票の格差とその科学的検証≫

問1．図5のグラフの始点である1958年における地方圏と都市圏の一票の格差は，図3の数値から計算すれば明らかに1を超えている。したがって，正解は(ハ)か(ホ)に絞られる。さらに，本文に，図5で明らかなのは「選挙制度改革直後の改定においては，それ以前の改定に比して，地方圏と都市圏の一票の格差が大幅に縮まった」こととあるから，1993〜94年の直後に数値が上がる(ホ)が排除され，数値が下がる(ハ)が正しいとわかる。

問2．図1と図2に共通する1958年から1993年の間の推移を見ると，1966年頃を境に都市圏の人口は地方圏の人口を上回っているのに対し，議員定数では，地方圏と都市圏との差は縮まってはいるものの一貫して地方圏が都市圏を上回っている。これは都市圏においては人口の伸びに比べて議員定数の増加が小幅にとどまったことを意味するので，(ロ)が最も適切である。

問3．2．(a)と(b)では明らかに選挙区の分布が異なるので，(ハ)は適切でない。一票の価値が中央値1より低い選挙区の割合は，(a)は5％であり，(b)は48％である。したがって，(ロ)が正しい。

3．最大格差は(a)・(b)とも1.5÷0.5＝3で同じだから，(ヘ)が正しい。最大格差という指標の短所を指摘する文脈からも判断できる。

問4．LH指標は常に全選挙区の一票の格差を反映するので，㈡と㈭は明らかに不適である。また，【　4　】の前の段落にあるLH指標の説明で，一票の格差が大きくなるほどLH指標も大きくなることがわかる。したがって，最大格差は縮まってもLH指標が上昇した事象の原因は，一票の価値の最大選挙区と最小選挙区以外の選挙区に関しては，格差が増大したことだと考えられる。したがって，㈎が最も適切である。

問5．本文の最後から2つ目の段落で指摘されているように，補助金額の違いという結果をもたらす原因は，一票の格差以外にも税収の多寡などさまざまな要因が考えられる。したがって，一票の格差という原因が単独で補助金額の違いという結果に与える影響の大きさを正確に測るには，一票の格差以外で補助金額を左右しうる要因の影響を排除せねばならない。本文ではそれらを，税収という要因に触れたくだりで，「社会・経済的背景の違い」と表現している。この範疇に属するのは，㈭の文化，㈎の産業構造，㈭の経済成長，㈬の税収である。㈠の人口も社会・経済的背景のひとつだが，その変動は一票の格差をもたらす要因ともなるので，この段階では排除できない。㈠の人口と㈡の議員数のどちらを排除すべきかは，この検証が着目する一票の重み（格差）は選挙制度改革の結果変化したものである点に注目すれば判断できる。選挙制度改革は㈡を変えるが㈠を変えるものではない。よって，取り除くべきではない要因は㈡である。

問6．「一票の格差の行き過ぎた是正にも問題がある」という結論を導く理由を述べる。講師が「以上の理由から一票の格差を無くすことが大切です」と述べるその「理由」は，一票の格差が，法の下の平等に反し違憲の可能性があるという問題と，経済政策を歪めるという問題があるためだが，いずれも一票の格差の是正によって解消することに正当性が認められる。したがって反論を述べるには相応の理由に基づく必要があるが，投票価値の平等は憲法が保障する権利なので，それ自体を否定することは難しい。しかし求められているのは一票の格差の是正全般ではなく「行き過ぎた是正」への反論である。よって是正の副作用，つまり別の問題を惹起するという欠点を指摘すればよい。そこで〔解答例〕では，一票の格差が経済政策（具体的には補助金配分）に与える影響という視点から，一票の格差を無くすことが補助金配分にどのように影響を与え，どのような問題を生じさせるかという方向で考えた。あるいは，一票の格差の存在しない区割り

や定数配分は果たして実現可能か，可能であるとしても人口変動を前提とする限り，その維持には不断の修正が不可欠であり，そのコストは膨大なものになるのではないか，といった問題点を反論の理由とすることなども考えられる。ただし，これらは経済的・実際的な理由であり，投票権の平等という憲法が保障する価値とは次元が異なる。余力がある場合は，例えば社会・経済的な格差を幸福追求権や社会権と結び付けるなど，問題点と憲法的価値・理念との連関を指摘すれば，より有効な反論となるだろう。

II **解答** 1．(d)―(c)―(a)―(b)　2―(b)　3．B―(c)　C―(f)
4―(a)　5―(a)　6―(d)

7．各文化は社会によって異なるため優劣はなく，全て平等で相対的な価値を持つ。よって，ある価値観に従って外部から評価することはできず，それぞれ独自に尊重されるべきだ。(80字以内)

◆全　訳◆

≪潜在能力アプローチと人権擁護≫

　多くの国際機関が途上国に対し人道的支援を提供しているが，最も顕著なのが，国連開発計画（UNDP）である。支援政策の決定には，哲学的にも実際的にも，多くの問題が伴う。途上国に支援を提供する目的は何なのか？　支援を提供する機関は，その政策がうまくいったのか失敗だったのかをどのように評価したらよいのか？　資源が限られていることを考えると，多大な支援を受ける国がある一方で，そうではない国もあるということを決める優先権を正当化するものは何なのか？　ある特定の途上国に支援が提供されるべきではないとするだけの根拠はあるのだろうか？

　過去には，国同士でのさまざまな開発レベルを測定する基準は，国民総生産（GNP）や国民総所得（GNI）といった，経済的な統計であった。これらの指標は，それぞれの国の裕福さや貧しさの度合いを反映しており，国同士の開発の程度を，オブザーバーが単純な形で比較することができた。GNPやGNIによるアプローチにより，支援を提供する機関が自分たちの支援政策の実績を容易に評価できるようにもなった。例えば，提供された支援により，ある被援助国のGNPやGNIが増加したとすれば，当然その政策はその国の開発にうまく貢献した，と見なされた。一方，GNPやGNIが増加しなければ，その政策は計画または実施の段階で，何かが間

違っていたに違いないとオブザーバーが結論付けるといったことがしばしばなされた。

　しかし，近年，こうした一般的な経済的指標は，国際機関が人道的支援に関する決定を下す際に考慮すべき，人命に関する重要な側面の多くを捉えられない，といったことが広く認められてきた。ある別な見方が焦点を置いているのは，純粋に経済的な産出といったことよりも，例えば平均寿命，幼児の死亡率，教育の機会，政治的自由，性別間の平等といったことである。この見方は，当初は厚生経済学において，近年は政治理論において支持を得てきた「潜在能力アプローチ」と呼ばれる理論的枠組みと密接にかかわっている。この潜在能力アプローチの提起と発展に貢献した重要な人物として知られているのが，アマルティア＝センとマーサ＝ヌスバウムの2人である。

　潜在能力アプローチの中核にあるのが，相互に関連する2つの規範的主張である。第一の主張は道徳的なものであり，個人の幸福を獲得する自由が最も重要であるとするものである。第二の主張は，その自由は「潜在能力」という観点から理解されるべきであり，「潜在能力」とは一般に個々人が価値を認める何かをしたり，そうなったりする機会と考えられる，というものである。それらには，例えば，養ってもらったり，教育を受けたり，旅行をしたり，協力的な社会関係を享受したりするといった機会が含まれる。センやヌスバウムのような潜在能力アプローチの擁護者によれば，GNP や GNI の数値が高いからといって，その国に住んでいる人が自由であるとか，潜在能力に恵まれているということには必ずしもならない。南アフリカがその良い例である。この国はかつて，多くの経済指標において途上国の中でトップであったのだが，アパルトヘイト政策の下，そこに住む人々の大半が長きにわたって最も基本的な権利さえ奪われ，きちんとした医療や高等教育を受ける機会，そして QOL（生活の質）を追求する機会も奪われてきた。

　従来の経済指標に代わるものとして，潜在能力アプローチは多次元的な測定法，いわゆる人間開発指数（HDI）の構築に寄与してきた。UNDP は現在，支援政策を実施する上でこの HDI を利用している。HDI がとりわけ重視しているのは，人間福祉における3つの要素，つまり，長く健康的な人生を楽しむこと，知識を得ることができること，きちんとした生活

水準を手にすることである。そしてこれら3要素は，それぞれ出生時の平均寿命，教育期間，1人当たりの GNI によって測定される。ある計算方法でこれらの測定値を組み合わせ，集計することにより，オブザーバーは HDI を用いてその国の開発レベルを0（最低値）から1（最高値）の間で評価することができる。例えば2019年の HDI の報告では，ノルウェーが0.954ポイントを得て，世界で一番の「先進」国とされ，次いでスイスの0.946ポイントとなっている。記録された数値で最も低かったものは0.380前後であった。

　開発に対する我々の考え方に，この潜在能力アプローチが大きな変化をもたらしたことは間違いない。それが今度は，国際機関が人道的支援に関する政策を計画・実施する上で，その優先順位の設定の仕方に影響を与えている。開発を構成する要素に関していえば，物質的な観点だけでは援助による利益を議論するのが難しくなった。例えば，幹線道路や橋を建設すれば，工業生産や国内消費がすぐに拡大するかもしれない。しかし，援助を提供する諸機関は，こうした計画を支持しない可能性がある。というのも，こうした計画というのは，新たな学校の開校や病院の開院ほどは，潜在能力の改善につながると考えられるような開発には寄与しないからである。

　それに加え，純粋に物質的な利益を伴う支援プロジェクトがよく物議をかもすのは，こうした利益はごく少数の人の手にしか集まらず，大半の人には全く利益にならないという点である。こうした懸念はさらに，政治的に非常に重要な問いへとつながっていく。国連のような援助提供機関は，その援助による利益の配分が効果的で平等なものとなるよう，介入するべきなのだろうか？　援助を受けるある国の支配的なエリート階級が，集団的な利益ではなく私利私欲のために援助資源を利用していると，国連が信じる理由があるとする。こうした状況において，潜在能力アプローチの擁護者は，［　D　］ように要求するかもしれない。

　開発や国際的援助といった問題を超え，潜在能力アプローチは，我々の平等に対する考え方にも影響を与えている。潜在能力アプローチによれば，人生を楽しむための財の量は人によって異なる。例えば，足が不自由な人が動き回るのに必要な財は，障がいのない人よりも多くなるだろう。そういった人たちは，例えば日常的に車いすを利用し，オフィスビルや公園や，

交通機関などにアクセスするにあたってスロープやエレベーターが難なく利用できる環境を必要とするかもしれない。障がいを持つ人と障がいのない人との間で均等に財を共有することは，人生を楽しむという機会においての平等を保証することには必ずしもならない，ということがすぐに明らかになる。潜在能力アプローチ擁護者が要求するのは，政府が真の平等を促進する上で積極的な役割を果たしていくということである。

　人生の質を評価するためのいかなる基準にも，人々自身がどう感じているのかが反映されるべきだと思うかもしれない。この場合，人々が幸福だと感じているか，どれくらい満足しているか，ということである。しかし，潜在能力アプローチは，幸福に感じているとか，満足しているといった心理的側面が人の幸福を評価する上で極めて重要である，とする主張とは食い違っている。ライフスタイルは常に選択によって構築されているわけではない。たいていの場合，ライフスタイルは他者の期待から強い影響を受けている。例えば，子どもは親からの期待に合わせて自らの希望を形作ることが知られている。ある文化では，女性は一生懸命勉強することを奨励されることはなく，家庭の外で働くことを期待されることもない。また，これもよく記録に見られることだが，過去には，単に奴隷として扱われることに慣れているという理由で，奴隷たちは自分たちの生活状況に満足していたそうである。これらは，しばしば「適応的選好」と呼ばれるものの例である。もし個人が，ある与えられた環境で自分にかけられた期待に従って自らの欲求を満たそうとするならば，「幸福ですか？」「どの程度満足していますか？」といったことを尋ねるような調査をしても，彼らのQOLに関する有益な情報は得られないだろう。潜在能力アプローチがなぜ，平均寿命や教育期間を含む，人生の非精神的な側面に焦点を当てているのか，これで説明がつくだろう。

　国際機関が人道的支援政策に関する決定を下そうとする際に，適応的選好について議論することは言い争いのもととなるかもしれない。いわゆる「文化相対主義者」が強調しているのは，各社会におけるライフスタイルや価値観は歴史や伝統を反映したものであり，文化は社会によって異なるはずだということである。文化相対主義者にとって，こうした多様性を是認することは，絶対に譲れない原理の問題なのである。各文化は社会によって異なるため優劣はなく，全て平等で相対的な価値を持つ。よって，あ

る価値観に従って外部から評価することはできず，それぞれ独自に尊重されるべきだ。つまり，文化相対主義者たちは，現在国際機関の援助政策に重大な影響を及ぼしている潜在能力アプローチに対して批判的である，ということになる。文化相対主義者たちは，このアプローチが非西欧途上国に対し，教育の重要性や政治的自由，性別間の平等を含む，ある一連の西欧的価値観を押し付けているのではないかと考えているのである。

　潜在能力アプローチの擁護者は，各社会に独自の文化があることを否定してはいない。しかし，文化的多様性を支持することが最も道徳的に重要であるという主張は受け入れていない。アマルティア゠センが論説 "Elements of a Theory of Human Rights" の中で述べているように，潜在能力アプローチによれば，世界中のあらゆる人は，市民であるかないかによらず，そしてその地で定められた規則によらず，人権を有する。こうした見方により，潜在能力アプローチの擁護者は，文化相対主義に反対する形で，長年にわたって続いてきた価値観でさえも，それらが人権を侵害するのなら，変えようと試みることはできるし，そうした試みはなされるべきだと主張するのである。さらに，潜在能力アプローチの擁護者は，「権利」というものは社会，あるいはその他の形態の集団に属するという上述の主張をきっぱりと否定している。潜在能力アプローチの擁護者は個人を権利の保有者として見ており，あらゆる個人は潜在能力を発展させるために，十分な情報を得た上で真に自由な選択権を行使すべきであると強く信じているのである。

　それでは，国際機関の役割を正当化するものは何であろうか？　特に，なぜこうした機関は，世界の人権改善に向けた援助政策を利用することが正当化されているのだろうか？　センは，人権という考え方には他者の権利を保証するために我々ができる道理にかなったことは何かを考えていく必要性が含まれていなければならないと示唆することによって，この点を明らかにしている。国際機関は，もし人権を促進したいと思うのならば，こうした権利を守ることのできる効果的な手段を確立しなければならない。なぜ潜在能力アプローチの擁護者が，国連のような国際機関に対し，途上国のライフスタイルや価値観に関する問題を真剣に受け止めるよう促しているのか，このことからわかるであろう。

━━━━━━━━━━━◀解　説▶━━━━━━━━━━━

１．空所 A に(a)～(d)の文を適切な順序に並べ替えて挿入する問題。

(a)「例えば，提供された支援により，ある被援助国の GNP や GNI が増加したとすれば，当然その政策はその国の開発にうまく貢献した，と見なされた」

(b)「一方，GNP や GNI が増加しなければ，その政策は計画または実施の段階で，何かが間違っていたに違いないとオブザーバーが結論付けるといったことがしばしばなされた」

(c)「GNP や GNI によるアプローチにより，支援を提供する機関が自分たちの支援政策の実績を容易に評価できるようにもなった」

(d)「これらの指標は，それぞれの国の裕福さや貧しさの度合いを反映しており，国同士の開発の程度を，オブザーバーが単純な形で比較することができた」

選択肢を並べ替えるポイントは，それぞれ，(a)For example「例えば」，(b)on the other hand「一方」，(c)also「また」，(d)These indices「こうした指標」という記述である。第2段第1文（In the past, …）では，開発の程度を測定する基準として GNP や GNI が用いられていたとあり，この GNP や GNI に関する説明がこの後に来るはずである。選択肢を踏まえると，まず(d)These indices が，この GNP や GNI を指すと考えられる。そして，(c)で支援を提供する側が政策を評価する場合に話が転換され，その具体例が(a)と(b)となる。(a)では GNP / GNI が増加した場合を述べ，それを受けて(b)で増加しなかった場合を述べている。(a)と(b)はどちらも(c)の具体例だが，(b)に on the other hand とあるので，(a)→(b)の順になることがわかる。よって正解は(d)―(c)―(a)―(b)である。

２．与えられた英文に続けるのに最もふさわしくない文を選ぶ問題。

与えられた英文の訳：「筆者の主張から考えると，…と我々が結論付けるのは理にかなっているように思われる」

(a)「南アフリカは，HDI と経済指標からのランク付けが一致しない最も明確な例として挙げられているが，その他多くの国々も同様である可能性は高い」

(b)「潜在能力アプローチは，開発という概念には人生の多様な側面が含まれるべきであるということを強調しているので，潜在能力アプローチの擁

護者は，国同士での開発の程度を比較することを認めない傾向がある」

(c)「もともとの規範的なメッセージが抽象的な性質であるとはいえ，UNDP による人道支援政策の立案・実施に，具体的に影響を与えられなかったとして，潜在能力アプローチを非難するのは間違っているだろう」

(d)「センやヌスバウムは，標準的な経済指標よりも HDI を好む一方で，この新しい指標が政治的自由や性別間の平等など，人間開発の重要な側面を全て測定しているわけではないということを，おそらく認めているだろう」

第 10 段第 2 文（So-called "cultural relativists" …）より，社会や文化を比較せず，その多様性を強調しているのは文化相対主義者の特徴である。また，第 5 段第 1 文（As an alternative to …）より，潜在能力アプローチによって作られた HDI によって各国の開発の程度が数値として表れることから，潜在能力アプローチの擁護者が国同士の比較を認めていないとは考えにくい。よって正解は(b)である。

3．空所 B，C に補充する語句として最も適切なものを選ぶ問題。

(a)「概念やビジョン」

(b)「門や境界」

(c)「幹線道路や橋」

(d)「文字や本」

(e)「刑務所や牢獄」

(f)「学校や病院」

空所 B の前文（As for what …）にある「物質的な観点だけでは，援助による利益を議論するのが難しくなった」という記述に注目する。空所 B の直後に immediate expansion of industrial production and domestic consumption「工業生産や国内消費がすぐに拡大する」とあり，生産や消費の拡大につながるような物質的観点から見た援助は，(c)の「幹線道路や橋」の建設だと考えられる。また，「潜在能力」という観点からすると，第 3 段第 2 文（Rather than focusing on …）にあるように，平均寿命や幼児の死亡率，教育の機会などが重要であるから，潜在能力の向上には(f)の「学校や病院」の建設が必要であると考えられる。よって空所 B には(c)が，空所 C には(f)が入る。

4．空所 D に入れるのに最もふさわしくない文を選ぶ問題。

(a)「その国への支援提供のため，他の国が国際機関に取って代わる」

(b)「その国の政府が，利益の割り当て方を変えるよう約束するまで，援助を一時中断する」

(c)「その国のエリート層が，人々のニーズに関する説明責任を改善する」

(d)「国連はその国からの援助撤退という選択肢を考える」

空所は，潜在能力アプローチの擁護者が，空所Dの前文（Suppose the United Nations …）で述べられている「一部のエリート層が私利私欲のために援助資源を利用している」状況において求めるであろうことを表している。潜在能力アプローチの擁護者は，平等な配分で援助がなされることを主張していると考えられるので，(b)の「利益の割り当て方を変える」や(c)の「人々のニーズに関する説明責任を改善する」といった記述は空所の内容としてふさわしい。また，(d)のように援助を撤退すれば，(b)や(c)のような積極的な変化ではなくとも「一部のエリート層が私利私欲のために援助資源を利用している」状況になんらかの変化を起こすことになるので，問題に対処していると言えるだろう。一方で，(a)の方策は援助を行う機関が交代するというものだが，ここでは援助を受ける側のエリート層が援助を占有していることが問題なので，援助する側の機関がいくら交代しても状況には変化がない。想定された状況に全く変化をもたらさない(a)が潜在能力アプローチの擁護者の求めている内容である，とするのは文脈に合わず，不自然である。よって(a)が正解。

5．空所Eに入れるのに最もふさわしいものを選ぶ問題。

(a)「～を保証するわけではない」

(b)「～に近づく」

(c)「～に基づいている」

(d)「大抵は～を保証する」

(e)「～を阻害する必要はない」

空所は that 節内の主部 having resources … nondisabled「障がいを持つ人と障がいのない人との間で均等に財を共有すること」と目的語 equality「平等」の間に位置する述部である。同段第2文（According to the …）において，「人生を楽しむための財の量は人によって異なる」と述べられ，その具体例が同段第3文（For example, …）以降で述べられている。足が悪ければその分車いすや，スロープやエレベーターがある環境など，障

がいのない人より多くの財が必要不可欠となる。したがって，障がいを持つ人と障がいのない人に機械的に均等に財が分割されるなら，それは真の平等ではなく，ただ均等なだけである。よって，空所前後の主部と目的語の関係に合うものは(a)である。

6．空所 F に入れるのに最もふさわしいものを選ぶ問題。

(a)「非経済的な」

(b)「非環境的な」

(c)「非物質的な」

(d)「非精神的な」

(e)「非理論的な」

空所 F の段第2文（The capability approach, …）に「潜在能力アプローチは，幸福に感じているとか，満足しているといった psychological aspects（精神的側面）が人の幸福を評価する上で極めて重要である，とする主張とは食い違っている」とある。これ以降の，空所を含む文までの記述は，この第2文の内容に関する説明と具体的な例である。潜在能力アプローチは psychological aspects を重視する主張と食い違っているのだから，空所には(d)の nonpsychological が入って，潜在能力アプローチは「人生の非精神的な側面に焦点を当てている」とするのが正解。

7．空所 G にあてはまる2文を80字以内の日本語で書く問題。

設問には「空所 G には文化相対主義者の主張をまとめる2文が入り，80字以内の日本語でそれを書く」という指示がある。空所 G の2つ前の第10段第2文（So-called "cultural relativists" …）には「それぞれの社会におけるライフスタイルや価値観は歴史や伝統を反映しており，文化は社会によって異なる」とあり，その次の文（For cultural relativists, …）では，こうした多様性を支持することは文化相対主義者として譲れない部分なのだとも述べられている。一方，空所 G 直後では，文化相対主義と潜在能力アプローチは相容れるものではなく，同段最終文（They see this …）では，潜在能力アプローチが西洋の価値観を途上国に押し付けているのではないかという，文化相対主義者たちの見方が述べられている。これら空所前後を論理的に結びつけるような内容を考えていく。

文化相対主義者は，第10段第2・3文にあるように，社会や文化の違いを認め，その多様性を支持する立場にある。言い換えれば，どんな社会や

文化でも良いのではないか，それぞれが相対的な価値を持ち，尊重される
べきなので，単純な比較は不可能である，ということになる。ところが，
潜在能力アプローチは，第11段第3・4文（According to the … violate
human rights.）などからわかるように，人権は普遍的かつ絶対的な尺度
であるということを前提としている。よって，この「人権が尊重されてい
るか」という尺度に従って，それぞれの国や文化は比較できる，というこ
とになる。こうした内容を，文化相対主義者の観点から80字以内の2文
でまとめればよい。

Ⅲ　解答例

〈解答例1〉I agree with the statement that print
media will disappear from the world. First, these
days, people receive most of their news online either on websites or
social media sites. Hardly anyone reads the newspaper anymore,
much less buys them. For instance, commuters are more likely to
use their phones than read newspapers on the train because phones
are easier to carry. Second, newspapers take too long to publish the
news. Thanks to the Internet, people can be updated at a moment's
notice. For example, they prefer to use Twitter for gathering
information because it can provide real-time updates, unlike
newspapers. Therefore, I doubt that print media will exist in the
future.

〈解答例2〉I disagree with the statement that print media will
disappear from the world. First, newspapers are usually more
accurate than online articles. Since newspapers often take longer to
print a story, journalists have time to look at more available
information, and can provide the most accurate story possible. In
general, online articles often have to be edited, updated, and
corrected several times after publication because publishers are so
focused on how quickly they can publish the articles that they are
written even before the facts are fully presented. Newspaper articles,
on the other hand, don't need as many corrections. Second,
magazines and newspapers can provide information and entertainment

in places with little or no Internet access. For instance, hospitals are often too large to have good Wi-Fi, so waiting rooms have newspapers and magazines for guests to read. For these reasons, I believe that print media will continue to exist for years to come.

■■■■■■■■ ◀解　説▶ ■■■■■■■■

　「印刷媒体は世界から消えてしまうだろう」という文に対し，賛成か反対の立場で英文を書く問題。1つのパラグラフで，賛成か反対かを示し，少なくとも2つの理由を添える，という指示は必ず守る。構成としては，まず初めに，与えられた文に対して賛成か反対かを述べてから，その理由を2つ以上挙げることになるが，その際，できるだけ具体的な理由や根拠を添えると説得力が増し，読み手も納得するような文章になるだろう。以下に賛成か反対か，各々の立場で理由として考えられる表現を挙げる。

〈賛成の立場〉〈解答例1〉では，今日では多くの人が電子媒体でニュースを見ており，持ち運びしやすいこと，電子媒体の方が早く最新の情報を得られることを挙げている。

「〜はなおさらである」much less 〜　「通勤者」commuter　「〜を最新のものにする」update　「すぐに，素早く」at a moment's notice　「リアルタイムの」real-time

〈反対の立場〉〈解答例2〉では，印刷媒体の方がより正確な情報を掲載していること，印刷媒体も情報や娯楽を提供しており，電子媒体のようにアクセス制限に左右されないことを挙げている。

「正確な」accurate　「〜を修正する」edit　「娯楽」entertainment　「所々」in places　「待合室」waiting room

❖講　評

　Ⅰの本文は大学における講義という体裁になっている。参考文献とし
て挙げられているのは，海外の研究誌に発表された日本の選挙制度改革
の結果に関する論文である。「一票の格差」がテーマになっているが，
選挙制度改革や議員定数不均衡問題についての知識が問われているわけ
ではなく，統計資料を含む論理的文章の読解力やその活用力，思考力を
問う問題となっている。

問１．図５は「地方圏と都市圏の一票の格差の時間的な推移」を提示し
ているので，グラフの始点の縦軸の指標がどうなるかを図３と結び付け
て考察できるかどうかがポイントであった。また，選挙制度改革による
一票の格差の変化とグラフのトレンドを対照できたかも重要であった。

問２．図１と図２からどういう傾向が読み取れるかを問う問題であった
が，単純な読み取り問題で容易。

問３．最大格差の短所を指摘する文脈の中で，(a)・(b)とも最大格差は同
じだが一票の価値の分布の異なるモデルが提示されている。最大格差は
同じだが一票の格差の深刻度はその分布によって大きく異なるという違
いを読み取れるかがポイントだが，本文の論旨を丁寧に追えば，これも
判別は容易である。

問４．LH指標の定義とその意義を，表１と対照させて正しく理解でき
ているかが問われた。本文を正しく読解できていれば問題ない。

問５．相関関係と因果関係の相違を踏まえた上で，因果関係に関する仮
説を科学的に検証する手法が理解できているかを試す問題。この手法は，
広義の理論的研究における方法論的基礎に属する事柄であり，易しい事
項ではない。しかし，本文は一票の格差についての分析を深めるかたわ
ら，その分析を具体例として，専門用語を交えずに同手法をわかりやす
く解説しているので，特に本文最後の６段落を丹念に読めば，正解にた
どり着ける。

問６．多数意見であろう講師の見解に対する反論を書かせるところに思
考力を問おうとする意図が見える。指定の結論を踏まえて理由を１つ述
べることが求められているが，講師のいう「理由」を読み取れていれば，
それらを手掛かりにできるので，一通りの論述であればさほど難しくは
ないだろう。大学で学ぶ際に不可欠な弁論やディベートの基礎的技法が

どの程度習得できているかを試す早稲田大学らしい良問である。

Ⅱの読解問題は，人々の権利と自由をめぐる英文である。本文の語数は1,500語程度で，これまで政治経済学部で出題されてきた英語の大問1題よりは分量が多いが，難易度は高いわけではない。設問は，並べ替えや空所補充など，従来と同様のものもある一方で，空所に当てはまらないものを答えさせるなど，新傾向の問題もみられる。本文を的確に理解し，論理の流れを把握する力が求められる。また，空所補充の形式で記述問題も出題されており，文化相対主義者の主張を80字以内で要約するというものとなっている。こちらも該当箇所をきちんと理解し，空所の前後に論理的につながる形で日本語をまとめる必要がある。

Ⅲの意見論述の英作文のテーマは，印刷媒体は世界から消えてしまうだろう，というものである。スマートフォンやタブレットなどの電子媒体との比較を考えれば，書く内容は思いつきやすいトピックだと思われる。しかし，限られた時間の中で，賛成，反対のどちらが自分は書きやすいか，理由や根拠を挙げられるか，といったことを瞬時に判断するのはやはり難しいだろう。普段からさまざまなトピックに関して英作文を書き，添削してもらうなど，かなりの訓練が必要である。

試験時間が全体で120分，大問が全部で3題なので一見余裕があるように思われるが，英文や設問の難易度は決して低いものではない。英文を速く正確に読み，論旨を論理的に読み取る力と，それを支える語彙・文法・語法の豊富な知識とが求められる。

///////////////// · **memo** · /////////////////

//////////////// · memo · ////////////////

早稲田大学

政治経済学部

別冊問題編

2025

矢印の方向に引くと
本体から取り外せます

教学社

目　次

問題編

※2021 年度より実施の「学部独自試験（総合問題）」について，大学から公表されたサンプル問題 2 種類を掲載しています。

2024 年度

問題編

一 般 選 抜

問 題 編

▶試験科目・配点

試験区分	教　科	科　　　目	配　点
大学入学共通テスト	外　国　語	英語，ドイツ語，フランス語から1科目選択	25点
	数　　　学	数学Ⅰ・数学A	25点
	国　　　語	国語	25点
	地歴・公民または数学または理科	以下から1科目選択 　日本史B，世界史B，地理B，現代社会，倫理，政治・経済，「倫理，政治・経済」，「数学Ⅱ・数学B」，物理，化学，生物，地学 または，以下から2科目選択 　物理基礎，化学基礎，生物基礎，地学基礎	25点
個別試験	総 合 問 題	日英両言語による長文を読み解いたうえで解答する形式とし，記述式解答を含む。英語4技能のうち，「書く」能力を問う問題も設ける。	100点

▶備　考

- 共通テストの外国語（英語はリーディング100点，リスニング100点の合計200点）と国語（古典〈古文，漢文〉を含む200点）は，それぞれ配点200点を25点に，地歴・公民，数学，理科は，それぞれ配点100点を25点に換算する。
- 共通テストの選択科目において，上記指定科目の範囲内で2科目以上受験している場合は，最高得点の科目の成績を大学側で自動的に抽出し，合否判定に利用する。
- 共通テストの「地歴・公民」「理科（物理，化学，生物，地学）」において，2科目受験の場合は，第1解答科目の成績を合否判定に利用する。上記以外の科目を第1解答科目として選択した場合は，合否判定の対象

外となる。

- 共通テストの「理科」において，基礎を付した科目（2科目）は1科目として数える。基礎を付した科目（2科目）と基礎を付していない科目（1科目）の両方を受験した場合は，得点の高い方の成績を大学側で自動的に抽出し，合否判定に利用する。

総合問題

（120 分）

 次の文章を読んで，下記の問い 1 〜 7 に答えよ。（45 点）

　人々に届けられるべき情報が，必ずしも人々の見たい情報ではない場合に，「人々が見たい情報を選別して届ける」というインターネットの特徴が社会に不利益をもたらしうる。これは，看過できない問題である。

　2004 年に公開された，10 年後の未来をあつかった『EPIC2014』という動画がある。このフィクションでは，アマゾンとグーグルが合併した Googlezon という企業が，人々のネットワーク，属性，購買行動，関心を元にパーソナライズされたニュースを，自動生成で作成・提供する EPIC というシステムを開発し，マスメディアを駆逐する未来を描いていた。もちろんアマゾンとグーグルは合併しておらず，2020 年代に至ってもニュース記事は自動生成ではなく人間の記者によって書かれているなど，いくつかの点で予測は当たっていない。しかし，この動画が提示する未来が「最良」であり「最悪」であるという指摘，「われわれ自身が望んだもの」であるというメッセージは示唆的である。EPIC では，「見識を持つ」一部の読者に対しては，これまでよりも詳細で深く幅広い世界の要約が提供されることになる一方で，多くの人には，事実ではなく，浅く狭く，煽情的な情報の寄せ集めが提供される。それでも，EPIC は「自らが関心を持つ情報を提供してほしい」というわれわれの希望に沿ったシステムだというのである。

　政治学者のプライアーが 2007 年に発表した *Post-broadcast democracy* （ポスト・ブロードキャストの民主主義）" という著作は，人々の選好に沿った情報が提供されることによる影響を，社会調査データを用いて検証したものである。この書籍では，民主主義の隆盛が，実は地上波テレビが中心となる特定のメディア環境に依存したものであったという主張が行われ

ている。チャンネル数が限定されており，朝や夕方など特定の時間帯にはどの局もニュース番組を流していたからこそ，少なからぬ人々が，政治ニュースに偶然接触していた。ニュース視聴の目的が天気予報やスポーツの試合結果にある場合や，「時計代わり」「沈黙を避けるため」という理由でテレビをつけているだけの場合であっても，自然と人々の目や耳に政治ニュースが飛び込んできた。この視聴行動は，政治ニュースの視聴を目的としない行動が政治についての知識の獲得につながるという意味で，「 ① 的政治学習」と呼ばれている。1950年代から1970年代にかけての地上波テレビが中心となった時代においては， ① 的政治学習が最低限の政治知識や関心を下支えすることで，多くの人々が投票に足を運んでいたという。

しかし，アメリカでは1980年代からケーブルテレビ，1990年代からはインターネットが普及し始め，様相が徐々に変化し始める。これらのメディアは選択肢が無数にあり，どんな時間帯であっても，ドラマ，音楽，スポーツ，アニメなど，好きな内容に触れることができる。このような状況において，もともと政治に関心を持たない人々は，政治ニュースに一切触れずに生活することが可能になる。一方で，政治ニュースに関心を持つ人々は，ケーブルテレビのニュースチャンネルやインターネットを駆使することで，より多くの情報を得ることが可能になる。つまり，メディアの選択肢が増えることで，人々の選好が直接的に視聴行動に反映されるようになり，政治との関わりが二極化されていったということである。

プライアーはこのことを無作為に抽出された対象者への2回のパネル調査データ[注1]にもとづいて検証している。分析の大枠は，回答者の娯楽志向（ニュースよりも娯楽番組を好む志向）を測定し，娯楽志向と政治知識の関連の強さが，どのようなメディアを利用しているかによって異なるかを検証するというものである。回答者の娯楽志向が政治ニュースの回避と直接的に関連してしまうならば，娯楽志向が高いほど政治知識は少なくなる。娯楽志向が高くとも ① 的政治学習を行っているならば，娯楽志向と政治知識の関連は緩やかになる。

娯楽志向については，SF，コメディ，ドラマ，ソープオペラ（メロドラマ），リアリティ番組，スポーツ，ゲームショー，ドキュメンタリー，ニュース，ミュージックビデオといった番組ジャンルを例とともに提示し，

好きなジャンルと嫌いなジャンルを選択してもらう手法，および「音楽チャンネル」「ニュースチャンネル」「映画と娯楽チャンネル」「スポーツチャンネル」のいずれかを1か月無料で利用できる場合に，それぞれのチャンネルを契約する確率を回答してもらう手法を組み合わせて測定している。政治知識の測定においては，直近の政治的出来事や人物および政治システムについてのクイズ形式の質問を，1回目では12問，2回目では15問出題し，その正解数が分析に用いられた。

　この分析では，1回目の時点での娯楽志向，メディア利用，政治知識を含む複数の変数を用いて，2回目の時点の政治知識が予測されている。これにより，メディアに接触することで政治知識を獲得するのではなく，もともと政治知識が高い人がメディアに接触するという逆方向の影響を取り除く。図1は，「ケーブルテレビとインターネットの両方を利用している回答者」「いずれかのみを利用している回答者」「いずれも利用していない回答者」の，娯楽志向と政治知識の関連についての予測値を図示したものである。また図2は，同様の分析を政治知識ではなく選挙での投票確率で行った結果である。

図1　娯楽志向と政治知識の関連

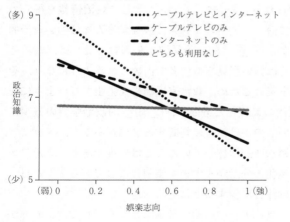

図2　娯楽志向と投票の関連

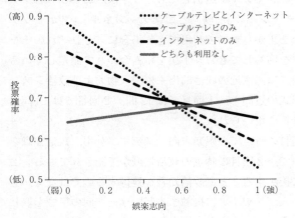

プライアーは，メディアに関する選択肢の増加により，人々の選好が政治ニュースへの接触と直接的に結びつくことで起こる人々の政治との関わりの二極化が，アメリカにおける政治的分断の一因であると考えた。人々は　①　的政治学習によって最低限の政治知識を獲得することで，投票に足を運んでいた。このような投票者は多くの場合，中間的な意見を持つ浮動票であったと考えられる。一方で，　①　として政治情報を得るのではなく，自らの選好に沿って政治ニュースに接触する人々は強い政治的意見を持つ可能性が高い。　①　的政治学習が失われるならば，政治と関わり続ける人々の多くは強い意見を持つ者で占められるようになり，そのような有権者の支持を集めるため，政治家は極端な主張を行うようになるというのである。政治の二極化と分断が，　①　的政治学習の減少によってどこまで生じているのかは慎重に判断する必要があるが，メディア環境における有権者の選択肢が増加していることは事実であり，またアメリカにおける政治の二極化と分断がますます深刻になっていることから，プライアーの問題提起は注目に値すると言える。

　著者と小林哲郎は，プライアーの議論が日本にどこまで当てはまるのかを考えるうえで，ヤフー・ジャパンという圧倒的シェアを誇るポータルサイト注2が日本に存在することに注目した。

　ヤフー・ジャパンのトップページには8本のニュース（ヤフー・トピックス）が掲載されるが，この記事の選択はデータ分析によって自動的に行

われるものではなく，人の手を介して行われる。そこでは，パーソナライゼーションは行わず，すべてのユーザーに同じ記事が表示される。そして，「上半分には政治・経済・国際ニュースといったハードニュースを表示する」というルールが存在する。たとえ記事をクリックしなかったとしても，ヤフー・ジャパンにアクセスすれば，8本のニュースの見出しが目に入るであろう。したがって，人々の選好とは無関係に政治ニュースを表示するヤフーへのアクセスは，マスメディアと同様に　①　的政治学習を生じさせると考えられるのである。

　この仮説を検証するために2009年と2010年に2つの調査が行われた。これらの調査においては，娯楽志向は「ワイドショーの視聴頻度＋娯楽番組の視聴頻度」を「新聞購読頻度＋NHKニュース視聴頻度＋ワイドショーの視聴頻度＋娯楽番組の視聴頻度」で除するという形で測定された。つまり，メディア接触全体のうち娯楽番組への接触が占める割合が高ければ，その回答者は娯楽志向が強いと判断される。政治知識については，プライアーが用いたようなクイズ形式の質問を用いた。2つの調査で測定法が異なるのは，ポータルサイトへの接触である。2009年の調査では，ポータルサイトへの接触の有無を回答者に直接尋ねたが，2010年の調査においては，ネットレイティングス株式会社が取得した実際のアクセス記録データを用いて，回答者がヤフー・ジャパンにアクセスしているかどうかを測定した。

　その結果，2009年の調査では，ポータルサイトを利用していない回答者は，娯楽志向が強いほど政治知識が少ないという明確な関連が見られるものの，利用している回答者においては，娯楽志向と政治知識のトレードオフが緩やかであった。図3は2009年の調査における分析結果を図示したものである。実線はポータルサイトを利用している回答者，破線はポータルサイトを利用していない回答者における娯楽志向と政治知識の関連の予測を表している。2010年の調査でも，ヤフー・ジャパンを利用していない回答者においては，娯楽志向が強いほど政治知識が少ないという明確な関連が見られるものの，ヤフー・ジャパンを利用している回答者においては，そのようなトレードオフは見られなかった。

図3　娯楽志向と政治知識の関連

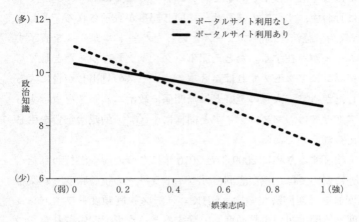

　ただし，この研究には問題点もある。1つは，娯楽志向の測定方法がプ
ライアーの研究とはまったく異なる点であり，もう1つは，ポータルサイ
トに接触している場合に娯楽志向と政治知識の関連が緩やかになるという
結果は示しているものの，　②　を直接的に検証できているわけではな
いということである。

　前者については，著者と社会心理学者の三浦麻子が2014年と2015年に
行った調査において，番組のジャンルを列挙して見たい番組を選択する方
法による娯楽志向の測定を行った。その結果，ポータルサイトに接触して
いる場合に娯楽志向と政治知識のトレードオフが緩やかになるという知見
は再現されており，ポータルサイト利用の有無による娯楽志向と政治知識
の関連度の差は，娯楽志向の測定方法に左右されず頑健に見られることが
確認された。

　後者については，小林哲郎と経済学者の星野崇宏，社会心理学者の鈴木
貴久がフィールド実験による検証を行っている。この実験では，普段から
ヤフー・ジャパンを利用している回答者にヤフー・ジャパンのトップペー
ジに表示されるニュースを変更するプログラムをインストールしてもらっ
た。そのうえで，回答者をランダムに4群に分け，それぞれに政治・国際
ニュースといったハードニュースを0本，2本，4本，6本表示させるよ
うに設定した。回答者には，2012年12月から2013年3月まで，このプ
ログラムをインストールした状態で通常通りインターネットを利用しても

らい，実験期間終了後に政治知識を問うクイズへの回答を求めた。

　図4（問い4参照）に示したのは，各群の回答者における娯楽志向の者
(2)
とニュース志向の者（娯楽志向が弱い者）の実験期間終了後の政治知識数
である。この結果を見ると，ハードニュースの表示数が多いほど，娯楽志
向であっても政治知識クイズの正解数が多くなっており，ニュース志向と
娯楽志向の回答者のあいだで政治知識の差が小さくなっている。また，こ
の研究ではハードニュースの表示数を変えるプログラムをアンインストー
ルし，実験を終了した2か月後の2013年5月にもフォローアップ調査を
行っているが，その際にもハードニュースの表示によって娯楽志向とニュ
ース志向の回答者の政治知識の差を縮小する効果は残存していた。このこ
とから，ポータルサイトに本人の選好とは関係なくハードニュースを表示
させることによって，娯楽志向の人々も政治知識を獲得できることが示唆
されている。

　さまざまな事業者によるニュースをまとめて提示するポータルサイトは，
ニュースアグリゲーター注3の一種であるが，計算社会科学の研究におい
ても，ニュースアグリゲーター経由の接触は，イデオロギー的分断が少な
く，イデオロギーが異なるサイトへの接触が多かった。したがって，ニュ
ースアグリゲーターは，政治的立場であれ，娯楽志向・ニュース志向とい
ったものであれ，人々の選好にもとづく強化がもたらすインターネットの
副作用を軽減する働きを持つと言えるであろう。

　これは，ポータルサイトなどのニュースアグリゲーターが，インターネ
ット上のサービスでありながら，以下に述べるようなマスメディアとして
の特徴を持つがゆえである。1つ目は，日本におけるヤフー・ジャパンに
代表されるように，利用者の規模が大きい（マス）という点である。2つ
目は，これらのサイトに掲載されている記事の多くは，テレビ・新聞とい
った既存のマスメディア事業者によって作成されたものであるという点で
ある。そして3つ目は，個人の選好のみにもとづくパーソナライゼーショ
ンによって表示する記事を決定するのではなく，多くの人が知るべきだと
考えられる重要なニュースをすべてのユーザーに等しく表示しているとい
う点である。

　先述した『EPIC2014』の筋書きでは，Googlezon が開発したニュース
アグリゲーターである EPIC は，ウェブ上に存在する無数のニュースを元

に自動生成によって記事を作成するため，マスメディア事業者に掲載料を頑なに支払わない。これに抗議して，ニューヨーク・タイムズ社は著作権法違反として Googlezon を訴えるが，裁判に敗れたニューヨーク・タイムズ社がウェブ上から撤退する，そんな未来が描かれた。この動画が公開された 2004 年は，マスメディアとインターネットの対立関係が強調されていた時期であり，巨大な力を持つマスメディアに対してすさまじい勢いで切り込む新興勢力のインターネットという構図は，人々の関心を惹くものであったのであろう。しかし，現代においてその対立構造を過度に強調することは，現実を見誤ることにつながる。

　『EPIC2014』は「他の道があったであろう」という言葉で締めくくられるが，現実の 2014 年もとうに過ぎた今となって振り返れば，現実の中で「他の道」が示されていることに気づく。2000 年代の中ごろまでは，ブログや市民メディアがニュース発信者としてマスメディアの地位を脅かすかのような言説も存在したが，継続的にジャーナリストを育成し，ニュースを発信し続ける既存のマスメディア事業者の役割を代替する存在とはなりえなかった。結局，人々のボトムアップによる情報発信のみではメディアは成立せず，ジャーナリストなどによる取材・執筆と専門家によるトップダウンの編集が必要となることは，新しい技術が社会にもたらす変化（もっといえば，新しい技術が作る未来）について楽観的に描く雑誌『ワイアード（Wired)』を創刊したケヴィン・ケリーですら，認めざるをえなかった。なお，政治家などのニュース当事者による SNS を通じた情報発信は盛んに行われているが，これは自らが伝えたい情報のみを発信する広報であり，たとえば汚職や不祥事などの本人が伝えたくない情報も伝える報道とは異なる。また，記事の自動生成を行う自然言語処理の技術がいかに進歩したとしても，日々変化し続けるニュースについて，人間の手によって書かれた良質なデータが供給され続けない限り，記事を生成し続けることは難しい。

　むしろ，　③　は，世論を特定の方向に誘導することを目的とするフェイクニュースを大量に作り出しうるとして警戒されている。記事の質が問われず，人々の注意を惹くことを最大の目的とするフェイクニュースは，　③　と相性がいいのである。　③　は，　④　に対する脅威になるというより，フェイクニュースという，　④　，　⑤　を問わずニュー

ス発信に関わる媒体が共通して取り組むべき脅威を生み出しうる存在となっている。結果的に，ニュースアグリゲーターにとって，　④　が発信する記事は依然として重要なコンテンツであり続けている。

　ここで問題となるのは，『EPIC2014』でも焦点があてられたように，マスメディア事業者にしかるべき対価が支払われるかどうかである。もし，ヤフーなどのニュースアグリゲーターが記事を買い叩くならば，彼らはジャーナリストの育成と記事の作成について，マスメディアにフリーライドしていることになる。それにより，マスメディア事業者が利益を上げることができなくなれば，ポータルサイトなどに掲載される記事の質は低下し，ニュースアグリゲーターも共倒れすることになる。一方で，しかるべき対価が払われるならば，マスメディアとインターネットの共存共栄は可能だ。われわれの利益にかなうのは，後者の道であろう。
(3)

　　（出典：稲増一憲『マスメディアとは何か』中公新書，2022年。問題作成の都合で，一部省略し，また一部表現を変えたところがある。）

　注1：パネル調査とは，同一の調査対象群に対して繰り返し行われる調査を指す。
　注2：ポータルサイトとは，インターネットのユーザーが最初にアクセスする「玄関」のようなサイトのこと。検索やニュース，天気予報など様々なコンテンツが集められている。
　注3：ニュースアグリゲーターとは，オンライン上のニュース記事，ブログ記事などを集約してユーザー向けに表示するウェブサービスやアプリのこと。

1　問題文中の空欄①に当てはまる最も適切な語を以下から1つ選び，マーク解答用紙にマークせよ。
　イ．ゲートキーピング　　ロ．副産物　　　　ハ．ステレオタイプ
　ニ．選択接触　　　　　　ホ．偏　向　　　　ヘ．非接触

2　問題文中の下線部(1)にある図1と図2の説明として適切なものを2つ選び，マーク解答用紙にマークせよ。
　イ．娯楽志向が高いほど政治知識が少ないという関連が強いのは，ケーブルテレビとインターネットの両方を利用している回答者，インターネットのみ利用の回答者，ケーブルテレビのみ利用の回答者，の順である。
　ロ．どのようなメディアを利用しているかによっての娯楽志向と投票確率の関連の強さの違いは，娯楽志向が0.6のあたりではほとんどなく

なる。

ハ．ケーブルテレビとインターネットのどちらも利用しない回答者において，娯楽志向が高いほど政治知識が少ないという関連はほとんど見られない。

ニ．インターネットを利用する回答者においては，娯楽志向が強いほど投票確率が低いという関連が強くなっている。

ホ．ケーブルテレビとインターネットのどちらも利用しない回答者においては，政治知識が多ければ投票確率が高いという関連がある。

3　問題文中の空欄②に当てはまる最も適切なものを以下から1つ選び，**マーク解答用紙**にマークせよ。

イ．娯楽志向の測定方法をプライアーの研究方法に近づけた場合における結果の頑健性

ロ．ポータルサイトを全く利用していない回答者における娯楽志向と政治知識の相関関係

ハ．ポータルサイトにニュースを提供するマスメディア事業者が適切なニュース掲載料を受け取っているのか

ニ．ポータルサイトに接触することで，娯楽志向の強い人々であっても政治知識を獲得することができるという因果関係

ホ．ポータルサイトに表示されるフェイクニュースが娯楽志向の強い人々の政治意識に与える影響

4　問題文中の下線部(2)の図4として最も適切なものを以下から1つ選び，**マーク解答用紙**にマークせよ。ただし図4では，4つの群の回答者における「娯楽志向の者」と「ニュース志向の者」の，実験後の政治知識数が棒グラフで示されている。

イ．

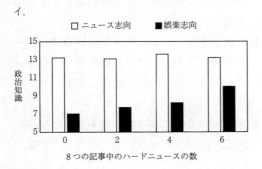

ロ.

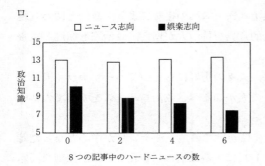

ハ.

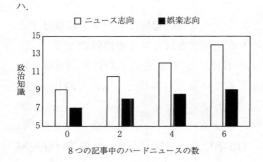

ニ.

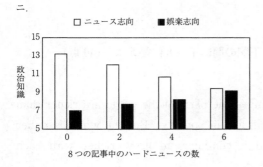

5　問題文中の空欄③，④，⑤に当てはまる**最も適切な**語をそれぞれ以下
　から1つずつ選び，**マーク解答用紙**にマークせよ。

　　イ．マスメディア　　　　　　　ロ．記事の自動生成技術

　　ハ．ジャーナリスト　　　　　　ニ．インターネット

　　ホ．SNS を通じた情報発信

6　政治とメディアに関する本文中の記述として**不適切なもの**はどれか。
　以下から**2つ**選び，**マーク解答用紙**にマークせよ。

イ．自らの選好に沿った政治ニュースへの接触により，政治と関わり続ける人々の中に強い政治的意見を持つ人が増え，政治家も極端な主張をするようになる。

ロ．ヤフー・トピックスは，人々の選好にもとづくパーソナライゼーションをしておらず，多くの人が知るべき政治ニュースをすべてのユーザーに等しく表示している。

ハ．1950年代から1970年代にかけての地上波テレビが中心となった時代においても，地上波テレビによる政治の二極化と分断が深刻な問題となっていた。

ニ．メディアの数が増えると，人々は自分の選好でメディアに接触するようになり，政治との関わりが二極化されていく可能性がある。

ホ．政治家などのニュース当事者によるSNSを通じた情報発信は，汚職や不祥事など本人が伝えたくない情報も客観的に伝えており，SNS時代の報道と言える。

7　下線部(3)の「マスメディアとインターネットの共存共栄」による「われわれの利益」とはなにか。**110字以内**で記述しなさい。解答は**記述解答用紙①**に記入しなさい。

Ⅱ　次の文章を読んで，下記の問い1〜8に答えよ。（40点）

The world is rich. Certainly, some parts of the world are richer than others, and many millions still live in poverty. But the world is richer than it has ever been, and it continues to grow richer with each passing day.

Don't believe us? Let's compare income around the world today to some of the wealthiest countries in the past. Figure 1 maps all of the countries with greater per capita[i] income in 2018 than the *wealthiest country in the world* in 1900: the United States. The average income in much of the world is now greater than the average income in the world's richest country just over a century ago. The startling level of modern wealth comes into even clearer focus when compared to the wealthiest country in 1800: Great Britain. Almost every nation in the world, with some exceptions, mostly in sub-Saharan Africa, has a greater average income than the world's leading economy just two centuries ago.

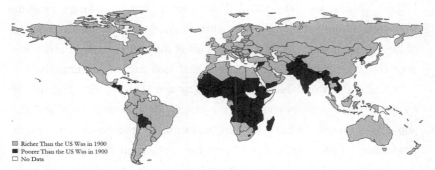

Figure 1 Countries that were richer in 2018 (annual per capita income) than the US in 1900

Modern wealth of course extends well beyond average incomes. Even in many of the poorest parts of the world, we have luxuries that our ancestors could have only dreamed of. Forget about smartphones and flat-screen TVs — even our richest ancestors would have been jealous of our indoor plumbing, electricity, vaccinations, low child mortality, and long life expectancy.

(　A　)

We are not heartless. There is still a tremendous amount of extreme poverty in the world. We appreciate that the entire world is not actually "rich" by current or historical standards. But the fact of the matter is that extreme poverty is in rapid decline. This decline began two centuries ago and it has accelerated in recent decades. The trends are striking. Just two centuries ago, 94% of the world lived on less than $2 a day (in 2016 prices), and 84% lived on less than $1 a day. By 2015, less than 10% of the world lived on less than $1.90 a day, and that number continues to decline. To be clear, 10% of the world is still a lot of people. But as the world continues to become richer, that number will decrease even more.

It's not just that there has been a reduction in absolute poverty as the world has grown wealthier. More and more of the world has moved further from the edge of subsistence in the last century. Take, for instance, the relatively arbitrary milestone of $10 per day in 2018 USD[ii]. This is not much, $3,650 per year is hardly a king's ransom. However, in most economies it is more than enough to afford the basics of life (food, shelter, clothing, etc.). This is even more true in relatively poor countries, where modest housing and food can be had cheaply.

How did the world become rich? Why are some so rich and others so poor? The answers are by no means obvious, and they are the subject of much debate among economists, historians, and other academics. This is reflective of just how important the questions are. To alleviate poverty, we must understand wealth. We still do not have all the answers, but strides have been made toward answering the question: "What do we know about how the world became rich?"

Throughout most of world history, a vast majority of the world's population — well above 90% — was poor. Whether your ancestors are from China, India, Africa, Europe, the Middle East, or elsewhere, the odds are very high that most of them lived on little more than a few dollars a day. That is clearly no longer the case. As stated earlier, the proportion of the world's population living in extreme poverty has dropped precipitously in the last two centuries. Most of us likely live in some level of comfort, and even the poorest of us would be the envy of their ancestors. After all, they can read! How did the world get to this point?

On the surface, the answer to this question is simple: the last two centuries have seen more *economic growth* than the rest of human history combined. Economic growth refers to a sustained increase in economic prosperity as measured by the total goods and services produced in the economy (commonly referred to as gross domestic product, or GDP). We care about economic growth not because it is an end in itself, but because it is the key to alleviating the type of poverty experienced by almost everyone who lived prior to 1800, and that still plagues way too large of a share of the world's population today.

Our focus on economic growth does not mean that we don't value other aspects of human development. Leisure time, long life, good health, literacy, education, female empowerment, and rights and protections for the vulnerable are all central to having a happy and fair society. That said, we believe that all of these features are made possible by economic growth. It is no coincidence that the last 200 years have seen dramatic strides in those very aspects of human development. Even though there is clearly a long way to go to achieve the type of society that most of us want, economic growth will be a key part of the solution.

Economic growth on its own is not necessarily a panacea. It can be accompanied by environmental degradation, increased inequality, or worsening health outcomes. For instance, air quality declined and life expectancy fell during the British Industrial Revolution. Today, issues such as climate change and social polarization are among the most important challenges that policy-makers face. The point that deserves emphasis here is that economic growth makes available the resources and the new technologies needed to tackle these important challenges. Of course, humanity actually needs to employ these resources to address these challenges. But in the absence of economic growth, we may not have such an opportunity.

It is a mistake to think that we *necessarily* have to choose between economic growth and other values (such as preserving the environment). For example, a more unstable climate poses potentially catastrophic risks to our society. Yet, we've seen in recent years that measures to reduce carbon emissions can be accompanied by economic growth. The UK, for example, saw carbon emissions fall by 38% between 1990 and 2017, from 600 million tonnes to 367 million tonnes. Meanwhile, total GDP (adjusted for inflation) increased by over 60% in the same period.

Nor do we necessarily have to choose between economic growth and a fairer society. In fact, a *lack* of economic growth has serious moral downsides. Historically, it is in stagnant or declining economies that one observes the worst episodes of violence, intolerance, and political polarization. On the other hand, social mobility and greater equality of opportunity are much more likely in an economy that is growing. As Benjamin Friedman puts it, stagnant economies "do not breed support for economic mobility, or for openness of opportunity more generally."

So, how has the world economy grown over time? Figure 2 gives some rough estimates of per capita GDP in the world's most populous regions since the birth of Christ. While these numbers are admittedly speculative — and likely more volatile prior to the 18th century than the figure suggests — the pattern is clear and uncontroversial. Prior to the 19th century, the *wealthiest* region in the world never reached more than $4 a day average (in 2011 USD). Throughout most of world history, $2-3 a day was the norm. Yes, there were fabulously wealthy people, and these societies produced some of the greatest art, architecture, and literature the world has known (pursuits not generally associated with people on the brink of starvation). These artists and authors are the people from the past you may be the most familiar with, since they are the ones who generally fill our history books. But this was not the lot of almost the entirety of humanity prior to the 19th century. The fact is that most people who ever lived — at least, prior to the 20th century — lived in conditions very similar to those of the very poorest in the world today. The economic growth of the last two centuries has alleviated a vast majority of this poverty, although the job is clearly not finished.

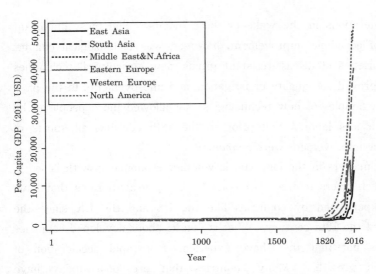

Figure 2 Yearly per capita income for selected regions, 1 CE - present

To be clear, there were spurts of economic improvement here and there in the past. Jack Goldstone calls these "growth efflorescences." One such period of economic improvement occurred in classical Greece, where there was both population growth and an increase in living standards as measured by the size and quality of homes. Other episodes were due to political pacification, such as the "Pax Islamica" over large parts of the Middle East, North Africa, and the Iberian Peninsula in the centuries following the spread of Islam. The "Islamic Peace" permitted higher levels of trade and the spread of agricultural techniques and crops. The "Pax Mongolica," which allowed parts of Asia to thrive in the wake of the Mongol devastations, had similar effects.

Another cause of temporary economic improvement was widespread death through disease. While plagues were undoubtedly awful for the people who lived through them — in the 14th century, the Black Death killed between a third and a half of Europe's population and probably a similar amount in the Middle East — they did mean that there were fewer mouths to feed. Per capita income tended to rise for at least a few generations in the wake of these events. The most important cause of economic improvement, however, was technological change. New varieties of disease-resistant grains, new agricultural techniques that improved soil quality or irrigation, and improvements to the plow are all examples of new technologies that allowed more people to be fed with less labor. Yet, prior to the 18th century, all spurts of economic improvement were *temporary*.

What matters in the long run is whether economic growth is （　B　）, which refers to the continuous （　C　） growth rates that have been experienced by countries like the US and the UK since the middle of the 19th century. What is unique about developed countries today is not that they have experienced a rapid acceleration of economic growth. Many countries that are poor today have experienced （　D　） growth accelerations in the past as well. What distinguishes rich countries is that they have not experienced （　E　） growth. For instance, US GDP has grown fairly constantly since 1870. Even the Great Depression only had a temporary impact on economic growth. The point is that prior to the first few decades of the 19th century, the continuous economic growth experienced by the UK, the US, and other developed economies in the past two centuries was all but unheard of. What was more common was periods of growth offset by periods of contraction, like that experienced by Venezuela between 2011 and 2021. Stephen Broadberry and John Wallis call this "shrinkage." From this perspective, the main difference between rich and poor countries is not that rich countries grow fast during their periods of growth. Rich countries are those that have experienced fewer periods in which the economy has gotten smaller.

Sustained economic growth has been accompanied by a dramatic reorganization of society and production. This is what we refer to as *economic development*. By this we mean a fundamental and transformative restructuring of the economy associated with urbanization and the growth of non-agricultural sectors of the economy such as manufacturing and the service sector. This process of development was also associated with the emergence of new ways of organizing economic activity: factories, corporations, and stock markets. In contrast, before 1800, the majority of the population lived in the countryside and worked on the land. Sure, there was some variation in urbanization and the prominence of manufacturing or service sectors. In Italy between 0 and 200 CE, urbanization may have been as high as 30%. Iron production soared in Song China. Commerce and long-distance trade were important parts of the economy of late medieval Venice, Bruges, and Antwerp. Nonetheless, the structure of all of these societies was vastly simpler than that of almost any modern economy.

In the developed world, the *structure* of the economy is different. Importantly, agriculture has shrunk both as a proportion of the total economy and, even more dramatically, as a source of employment. Today, only 1.3% of the labor force works on the farm in the US. In the UK, the number is smaller still (just 1%). Alongside this structural shift, there has been a transformation in organizational complexity. This is most notably seen in the rise of long-lived organizations independent of the state such as corporations. These are all hallmarks of a developed economy.

You might wonder: how do we know how poor people were in the past? No country had an office of national statistics collecting information and compiling GDP estimates until the mid-20th century. Instead, social scientists and historians have had to reconstruct the past. The first exercise of this kind was the pioneering work of Angus Maddison. He spent decades creating high-quality estimates of per capita GDP back to 1820. Maddison also produced a set of highly influential estimates for earlier periods, including estimates of per capita income at the regional level for the Roman Empire. But these estimates were of much more questionable veracity. More recent work, including the Maddison project and the work of numerous scholars has produced updated estimates of per capita GDP that are on a much firmer footing.

But GDP estimates are far from the only source of information we have on past economies. Since the 19th century, economic historians have been collecting information on wages and prices in order to produce estimates of how much an unskilled worker would have been able to purchase in the past. Owing to the work of Robert Allen and others, there now exist comprehensive estimates of the purchasing power of workers for a host of European and Asian cities. Allen's method is based on the construction of a *consumption basket* for a representative worker. These baskets are constructed by consulting numerous diaries and the budgets of poor houses and orphanages. A benefit of constructing consumption baskets is that it allows us to compare living standards across time and space, while remaining cognizant that people's preferences were different in different regions at different times. Living standards can be calculated as the ratio of yearly wages to the cost of a consumption basket (total cost of food). Whereas rice would have made up a large portion of the East Asian diet, grains or bread would take its place in Western Europe.

There are other measures we can use to assess living standards in the past. One common measure is height. Economic historians have put together estimates of heights for many countries across many centuries. Height is determined by several factors, including genetic endowments. Height is also influenced by in vitro conditions and the nutrition available to the mother during pregnancy and as a child. We observe a strong positive relationship between gains in height and per capita GDP in the past 200 years. People in the past were short. The mean height of an 18 year old in the English army between 1763 and 1767 was 160.76 cm. The increase in average height partly reflects the improvements in nutritional standards achieved since the onset of modern economic growth.

A final measure of the standard of living is (F). Modern economic growth is associated with large increases in (F). This matters for two reasons. First, increased (F) represents a significant component of the additional welfare brought about by economic growth. Second, increased (F) is a possible cause of economic development itself. An increase in (F) increases the value of investment in human capital, the term economists use to encompass education and other investments in an individual's productive capacity.

The answer to the question "How did the world become rich?" must explain where, when, and how human societies were able to achieve sustained economic growth. The where and the when we know the answer to: (G). All of the metrics we discussed above agree on this point. It is the third question — *how* did the escape from stagnation happen — that is so vexing.

（出典：Koyama, Mark, and Jared Rubin. 2022. *How the World Became Rich: The Historical Origins of Economic Growth* (Cambridge: Polity Press). 問題作成の都合で，一部省略し，また一部表現を変えたところがある。)

i per capita：人口一人当たりの
ii USD：アメリカドル

1　本文中の (A) の箇所に入る以下の5つの文について，入る順番として最も適切なものに並べ替え，3番目と5番目となる文を，それぞれ選択肢(a)～(e)の中から1つずつ選び，**マーク解答用紙**にマークせよ。

(a) But you would also live in a drafty, uncomfortable castle, and you would likely have multiple children die in infancy.

(b) If you didn't die young on the battlefield, odds are you would die of some now-curable disease such as dysentery (which killed English kings John and Henry V), smallpox (which killed French king Louis XV and English queen Mary II), or plague.

(c) Of course, you would have servants, and you'd have the social and political benefits that come with being a member of the upper crust.

(d) Some of us might trade our current lot for that of the baron, but with these risks, many of us would not.

(e)　Think about it: would you trade your current life for the life of a
wealthy English baron in, say, 1200?

2　本文に照らし合わせて，世界の人口のうち極度の貧困の状態にある人
々の割合の変化（1820 年から 2015 年頃まで）を示すグラフとして最も
適切なものを(a)〜(f)の中から 1 つ選び，**マーク解答用紙**にマークせよ。
なおグラフの縦軸は極度の貧困者の割合，横軸は年代を示している。

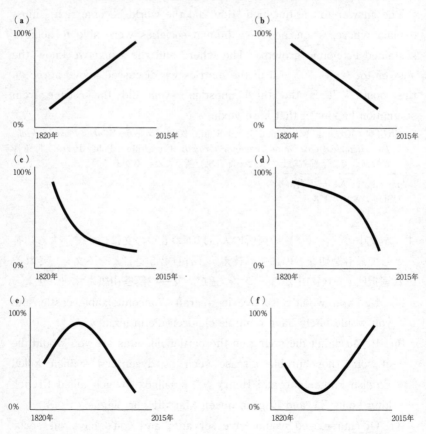

3　本文中の（　B　）（　C　）（　D　）（　E　）に入るものとして
最も適切な組み合わせを選択肢(a)〜(f)の中から 1 つ選び，**マーク解答用
紙**にマークせよ。

(a)　（　B　）sustained -（　C　）negative -（　D　）temporary -

(E) positive

(b) (B) sustained - (C) positive - (D) temporary - (E) negative

(c) (B) sustained - (C) positive - (D) temporary - (E) positive

(d) (B) temporary - (C) negative - (D) sustained - (E) negative

(e) (B) temporary - (C) negative - (D) sustained - (E) positive

(f) (B) temporary - (C) positive - (D) sustained - (E) negative

4 本文の内容を示すものとして，最も適切なものを選択肢(a)～(e)の中から１つ選び，**マーク解答用紙**にマークせよ。

(a) By most measurements, the wealth of the world grew slowly in the past, but it has expanded dramatically in the last few decades, with sharp differences between countries resulting from periods of growth or stagnation.

(b) Despite improvements in the overall world economy, many people still live in poverty. Nutrition and overall health have improved, but a lack of sustained positive growth has created sharp differences in consumption.

(c) If you lived long ago, you would probably die young, but health conditions are much better now because of a reduction in poverty. In the last few years alone, resources made available by economic growth have increased wealth all over the world.

(d) Improvements in the structure of the world economy have brought positive changes to people around the world, especially mobility and openness of opportunity, resulting in a general increase in wealth.

(e) Most of the world is rich now, and economic growth is the key to improving everyone's lives. People live longer, there is less chance of getting sick and fewer people have to engage in manufacturing to survive.

5　以下の表は，ある３か国（A国，B国，C国）における食料品消費バ
　　スケットの栄養源（カロリー・ベース）の内訳と各国におけるそれぞれ
　　の食糧品価格（単位：ドル）を示したものである。一人当たりの年間推
　　定所得が，A国が 7500 ドル，B国が 8000 ドル，C国が 6000 ドルであ
　　るとしたとき，各国の生活水準を高いほうから順番に示したものとして
　　最も適切なものを選択肢(a)～(f)の中から１つ選び，**マーク解答用紙**にマ
　　ークせよ。

Calories and Prices for Food Consumption Baskets (per capita per year)

	Calories			Price (dollar per calorie)		
	Country A	Country B	Country C	Country A	Country B	Country C
Bread		1,400			1.5	
Beans (excluding soybeans)	15	160	160	0.3	0.5	1.1
Meat		175	180		3.2	2.5
Butter		205			6.5	
Soybeans	550			10		
Rice	1,100		1,350	2		1.5
Barley and wheat	90	5		0.2		0.1
Fish	10	5		0.5		0.1
Buckwheat and others	150	5		0.5		0.1
Edible oil	25		235	0.1		0.5

　(a)　A国，B国，C国　　　　　　(b)　A国，C国，B国
　(c)　B国，A国，C国　　　　　　(d)　B国，C国，A国
　(e)　C国，A国，B国　　　　　　(f)　C国，B国，A国

6　以下は，ある４か国（W国，X国，Y国，Z国）の工業化時代におけ
　　る都市化の進展と平均身長の推移を示したグラフである。なお，グラフ
　　の横軸はそれぞれの国の工業化中期にあたる 20 年間の都市化率の変化
　　量，縦軸はその間の平均身長の変化量を示している。本文の主張と関連
　　して，このグラフの解釈として最も適切なものを選択肢(a)～(f)の中から
　　１つ選び，**マーク解答用紙**にマークせよ。

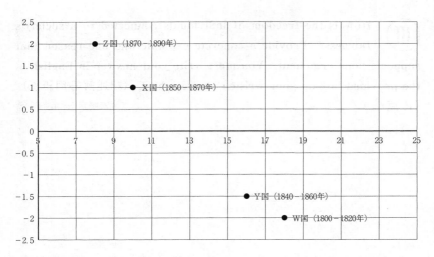

(a) 工業化は急速な都市化と平均身長の上昇をもたらした。

(b) 1860年以前に工業化が始まった国では，平均身長が低下した。

(c) 都市化が急速に進んだ国では，平均身長に負の影響がみられた。

(d) 都市化に伴う移民流入により，平均身長が上昇した。

(e) 都市化による平均身長の低下は人口増加によるものだ。

(f) 都市化率の変化量が10ポイントを下回った国では，平均身長が低下した。

7　本文中の（　F　）に入るものとして最も適切なものを選択肢(a)〜(f)の中から1つ選び，**マーク解答用紙**にマークせよ。

(a) crime rate

(b) inequality

(c) leisure time

(d) life expectancy

(e) political polarization

(f) social mobility

8　本文中の（　G　）に入るものとして最も適切な文章を，**記述解答用紙**①の解答欄に30字以内の日本語で答えよ。

III How is the freedom of individuals connected to a society's fairness? Provide a concrete example and one reason that supports your argument. You must write your answer in English in the provided box on your written answer sheet. （記述解答用紙②）（15点）

〔解答欄〕15cm×20行

2023
年度

問
題
編

■ 一般選抜

問題編

▶試験科目・配点

試験区分	教 科	科　　　　　目	配　点
大学入学共通テスト	外 国 語	英語，ドイツ語，フランス語から 1 科目選択	25 点
	数　　学	数学 I・数学 A	25 点
	国　　語	国語	25 点
	地歴・公民または数学または理科	以下から 1 科目選択 　日本史 B，世界史 B，地理 B，現代社会，倫理，政治・経済，「倫理，政治・経済」，「数学 II・数学 B」，物理，化学，生物，地学 または，以下から 2 科目選択 　物理基礎，化学基礎，生物基礎，地学基礎	25 点
個別試験	総 合 問 題	日英両言語による長文を読み解いたうえで解答する形式とし，記述式解答を含む。英語 4 技能のうち，「書く」能力を問う問題も設ける。	100 点

▶備　考

- 共通テストの外国語（英語はリーディング 100 点，リスニング 100 点の合計 200 点）と国語（古典〈古文，漢文〉を含む 200 点）は，それぞれ配点 200 点を 25 点に，数学と地歴・公民，数学，理科は，それぞれ配点 100 点を 25 点に換算する。

- 共通テストの地歴・公民，数学，理科において，上記指定科目の範囲内で 2 科目以上受験している場合は，最高得点の科目の成績を大学側で自動的に抽出し，合否判定に利用する。

- 共通テストの「地歴・公民」「理科（物理，化学，生物，地学）」において，2 科目受験の場合は，第 1 解答科目の成績を合否判定に利用する。上記以外の科目を第 1 解答科目として選択した場合は，合否判定の対象外となる。

- 共通テストの「理科」において，基礎を付した科目（2 科目）は 1 科目として数える。基礎を付した科目（2 科目）と基礎を付していない科目（1 科目）の両方を受験した場合は，得点の高い方の成績を大学側で自動的に抽出し，合否判定に利用する。

■総合問題■

（120 分）

I　問題文 A・B を読んで，下記の問い 1 〜 7 に答えよ。（45 点）

問題文 A

1980 年代以降，日本では貧困率[注1]が上昇し，膨大な貧困層が形成された。1985 年に 12.0％だった貧困率は，上昇を続けて 2012 年には 16.1％に達した。人口に貧困率をかけた貧困層の数は，1400 万人から 2050 万人にまで増えたことになる。2015 年の最新の統計によると，貧困率は 15.6％とわずかに下がったが，高止まりとみていいだろう。ちなみにひとり親世帯（約九割が母子世帯）の貧困率は，50.8％にも達している。

（中略）

それでは，人々の格差に対する意識はどのように変化してきたであろうか。「社会階層と社会移動全国調査」（SSM 調査）[注2]では，調査対象者に対し，世間一般と比べた暮らし向きに関する自己評価を，「上」「中の上」「中の下」「下の上」「下の下」の五段階で尋ねている。このような設問によって測られる人々の意識のことを「階層帰属意識」と呼ぶ。図 1 は，人々の階層帰属意識の変化を，1975 年から 20 年おきにみたものである。「中の上」が少しずつ増加し，「下」の比率も増加した一方，「中の下」が減少する傾向が認められ，「中の下」を真ん中において，徐々に階層帰属意識が両極化するようすがわかる。とはいえ二つの「中」が全体の四分の三ほどを占めるという点は共通している。40 年間を通して，もっとも多いのが「中の下」だという点も変わらない。

図1　階層帰属意識の趨勢

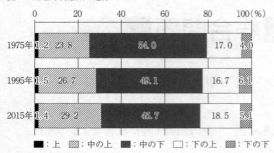

出典）ＳＳＭ調査データより算出。
注）対象は20−69歳男性。四捨五入のため合計は100％にならない場合がある。

図2　所得階層別にみた自分を「人並みより上」と考える人の比率

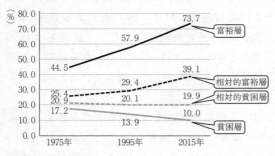

出典）ＳＳＭ調査データより算出。
注）対象は20−69歳男性。

　それでは，これを所得階層別にみるとどうなるか。図2は，自分を「人並みより上」（「上」と「中の上」の合計）と考える人の比率の推移を，所得階層別にみたものである。ただし所得階層は，　①　単純に実額で区分するわけにはいかない。そこで「貧困線」を基準として，所得階層を四つに分けた。

　貧困線とは，文字通り貧困層に入るか否かを分ける基準線のことで，所得中央値（人々を所得の順に並べたとき，ちょうど真ん中に位置する人の所得）の二分の一を基準にするというのが，世界共通に使われているやり方である。図2ではこの貧困線を用いて，所得が貧困線未満の人々を<u>貧困層</u>，貧困線から中央値未満の人々を相対的貧困層，中央値から中央値の二倍未満の人々を相対的富裕層，中央値の二倍以上の人々を富裕層と分類している。

　人々の階層帰属意識のようすが，この 40 年間で大きく変わったことがわかる。1975 年では，所得階層による「人並みより上」の比率の違いが小さい。富裕層は 44.5％と他よりかなり高いが，それでも半数以下である。そして相対的富裕層，相対的貧困層，貧困層では，「人並みより上」と考える人の比率がいずれも二割前後で，あまり変わらない。豊かな人々は自分たちの豊かさを，また貧しい人々は自分たちの貧しさを，よくわかっていなかったということができる。(中略)

　ところがその後，自分を「人並みより上」と考える人の比率は，豊かな人々では急速に上昇し，貧しい人々では低下していく。この変化は 40 年間にわたって続いており，2015 年になると自分を「人並みより上」と考える人の比率は，富裕層で 73.7％に達したのに対し，貧困層ではわずか 10.0％まで低下した。　②

（中略）

図3　格差拡大を肯定・容認する人の比率

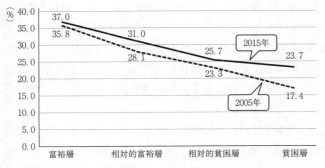

出典）ＳＳＭ調査データより算出。
注）対象は20−69歳男女。

　2015 年の SSM 調査には，調査対象者が現実の格差に対してどのような意識をもっているかを知るための設問が，いくつか含まれている。そのひとつに「今後，日本で格差が広がってもかまわない」という考えについての賛否をきく設問がある。選択肢は「そう思う」「どちらかといえばそう思う」「どちらともいえない」「どちらかといえばそう思わない」「そう思わない」の五つになっている。(中略)「そう思う」「どちらかといえばそう思う」という回答は少ないので，二つを合算して「格差拡大肯定」とみなすことにしよう。残りの回答は，格差拡大への態度を留保する「どちら

ともいえない」という回答と，「どちらかと言えばそう思わない」「そう思わない」と明確に否定する回答にほぼ分かれた。そこで前者を「格差拡大容認」，後者を「格差拡大否定」と呼ぶことにしよう。

　（中略）

　図 3 は，格差拡大を肯定または容認する人の比率の変化を，所得階層別に示したものである。格差拡大を肯定または容認する人の比率は，予想どおり，豊かな階層ほど高く，貧しい階層では低い。しかし，その比率はこの 10 年間で上昇しており，その上昇幅は所得の低い階層ほど大きい。富裕層では 1.2 ポイント上昇したに過ぎないが，貧困層では 6.3 ポイントも上昇している。たしかに格差拡大肯定・容認派の比率は，依然として所得階層によって異なるが，その差はかなり縮まった。格差拡大を肯定・容認する傾向が，低所得階層にまで広がってきているのである。

　<u>格差拡大を肯定・容認するこのような傾向は，「自己責任論」と深い関</u>
<u>係</u>にある。まず「自己責任論」がどの程度まで受け入れられているかをみ
(2)
ておこう。2015 年の SSM 調査には，「チャンスが平等に与えられるなら，競争で貧富の差がついてもしかたがない」という考えに対する賛否を問う設問がある。「チャンスが平等に与えられるなら」という条件を，どの程度まで厳密に考えるかにもよるが，ほぼ自己責任論への賛否を問うものといっていいだろう。この設問への回答を，回答者の属性別にみたのが図 4 である。

　全体の過半数，52.9%までが自己責任論に肯定的である。とくに男性では，60.8%までが肯定的である。否定的なのは，わずか 17.2%で，女性ではやや多いといっても，18.6%に過ぎない。自己責任論が，日本人に広く浸透していることがわかる。グラフの下半分には，所得階層による違いを示した。たしかに自己責任論への賛否と所得階層には関係があり，肯定的な回答の比率は豊かな階層ほど高く，貧困層では低い。しかしむしろ，貧困層でも肯定的な回答が 44.1%と最大多数を占め，明確に否定する回答は 21.6%に過ぎないという点に注目すべきだろう。貧困層のかなりの部分は，自己責任論を受け入れ，したがって自分の貧困状態を，自分の責任によるものとして受け入れているのである。

図4　広く受け入れられる「自己責任論」

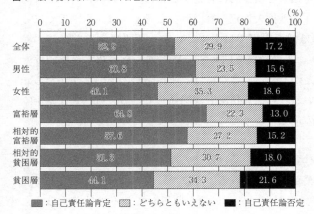

出典）2015年ＳＳＭ調査データから算出。
注）設問は「チャンスが平等に与えられるなら，競争で貧富の差がついても仕方がない」という考えに対する賛否を
問うもの。「自己責任論肯定」は「そう思う」と「どちらかといえばそう思う」，「自己責任論否定」は「どちら
かといえばそう思わない」と「そう思わない」の合計。対象は20−69歳男女。

図5　「自己責任論」と「格差拡大肯定・容認論」

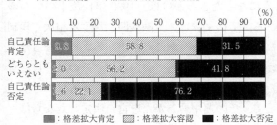

出典）2015年ＳＳＭ調査データから算出。

　そして図5は，「自己責任論」と格差拡大に対する評価の関係をみたも
のである。両者の関係は，きわめてはっきりしている。自己責任論に肯定
的な人では，格差拡大を否定する人がわずか31.5％で，58.8％が格差拡
大を容認し，積極的に肯定する人も9.8％いる。これに対して「どちらと
もいえない」と自己責任論への評価を留保する人々では，格差拡大を否定
する人が41.8％とやや多くなり，格差拡大を積極的に肯定する人はごく
わずかとなる。そして自己責任論を否定する人々では，格差拡大を否定す
る人が76.2％と大多数を占め，格差拡大肯定・容認派は四分の一以下と
なるのである。

　今日の日本では，格差拡大を積極的に肯定する人は少ないものの，これを容認する人を含めて「格差拡大肯定・容認派」と考えれば，六割近くに達している。この比率は低所得層ではやや低いが，所得による差はこの10 年間で縮まっており，所得階層を問わず，格差拡大を容認する傾向は強まっているとみることができる。ここには，所得階層の違いにかかわらず広く受け入れられている「自己責任論」が関係している。自己責任論が，格差拡大肯定・容認論の最強のよりどころとなっているのである。

　（中略）

　自己責任論は，格差社会の克服を妨げる強力なイデオロギーである。しかし自己責任という言葉が広く使われるようになったのは，最近のことである。主だった国語辞典のなかで，この語を収録しているのはおそらく『広辞苑』だけで，収録されたのは 2008 年に改訂された第六版からである。これによると自己責任とは，「自分の判断がもたらした結果に対して自らが負う責任」だという。

　新聞データベースを検索してみるとすぐにわかるが，この言葉がマスコミ等で最初に使われるようになったきっかけは，1990 年代後半のいわゆる「金融ビッグバン」である。その文脈は，金融機関に対する相次ぐ規制緩和によって，リスクの高い多種多様な金融商品が出回るようになったが，損失を出す可能性があるから，これらを買って資産運用するのは「自己責任」で，というものだった。このような自己責任論なら，理解はできる。運用するだけの資産があって，その運用のしかたを自ら決定したならば，その結果を引き受けるのは当然だろう。

　ところが近年では，「自己責任」の範囲が際限もなく拡大される傾向にある。失業するのも，低賃金の非正規労働者になるのも，貧困に陥るのも，すべて自己責任と片付ける論調が少なくない。また先にみたように自己責(3)任論はかなりの浸透力をもっており，貧困に陥った人々自身が自己責任論に縛られ，声を発しにくい状況に陥っていることも少なくない。

　こうした自己責任論には，大きく分けて二つの問題がある。

　第一に，人が自己責任を問われるのは，自分に選択する余地があり，またその選択と結果の間に明確な因果関係がある場合に限られるべきだということである。多額の財産をもつ人が自分の判断で投資を行い，その結果として財産を失ったのであれば，自己責任論は成立する。しかし正規雇用

が縮小している現状では，多くの人々は正規雇用を望みながら果たせず，生活の必要からやむを得ず非正規労働者として働いている。これは自由な選択ではなく，社会的な強制である。非正規雇用となったのが自らの選択でない以上，ここでは自己責任論は成立しない。

　（中略）

　そして第二に，こうした自己責任論は，貧困を生みやすい社会のしくみと，このような社会のしくみを作り出し，また放置してきた人々を免罪しようとするものである。貧困を自己責任に帰すことによって，非正規雇用を拡大させ，低賃金の労働者を増加させてきた企業の責任，低賃金労働者の増大を防ぎ，貧困の増大を食い止めるための対策を怠ってきた政府の責任は不問に付されることになる。自己責任論は，本来は責任をとるべき人々を責任から解放し，これを責任のない人々に押しつけるものである。

　　（出典：橋本健二『新・日本の階級社会』講談社現代新書，2018年。問題作成の都合で，一部省略し，また一部表現を変えたところがある。）

問題文B

　一貫性のある税制を設計するときには，再分配をいくらか強化した結果として購買力や成長力が若干弱まるのはやむを得ない，というふうに必然的に妥協が行われている（そうでない税制は設計が悪く，改善の余地がある）。この妥協をするときに適切な選択をするのはむずかしい。一つには，そもそも再分配賛成論者の選好に依存しているので，個人的な価値観が絡んでくるからだ。それに，妥協に必要な情報が十分に得られないことも多い。そこで，ここではまず不平等の原因と再分配の有用性についておおざっぱに振り返っておくことにしよう。直観的な再分配論は，こうなる。まず，所得が偶然や生まれついての階層や地位の結果なのか，それとも努力や投資の結果なのかを調べる。そして前者の場合には，本人は何の努力もしていないのだから全部を再分配してよろしい，というものだ（所得税率を100%にする）。この見方は世界的に共有されている。骨の髄まで保守的なアメリカの共和党支持者でさえ，労せずして恵まれた環境にいる人は，恵まれない人のために社会的連帯を発揮すべきだと考えている。そして後者の場合，つまり努力の成果として高所得を手にしている人には，意欲を失わせないような税率を維持することが好ましい。

　問題は，経済的成功をもたらした原因について，努力だの，競争環境だの，ごく漠然としたものしか挙げられないことだ。このように情報不足では，各自が勝手に自分の信じたいことを信じてもふしぎではない。この問題に関しては，社会学者や心理学者が驚くべき現象を指摘してきた。アメリカ人の場合，貧困層は貧困の罠から未来永劫抜け出せないと考える人は29%，成功は努力や教育ではなく運次第だと考える人も30%にとどまる。これに対してヨーロッパ人は，前者がじつに60%，後者も54%に達するのである。さらに，アメリカ人の60%（ここには貧困層自身が含まれている）が「貧しい人々は怠け者で意思が弱いから貧しいのだと思うか」という質問にイエスと答えている。ヨーロッパ人の場合，この比率は26%にすぎない。なんという世界観の隔たりだろう。アメリカ人は世界は公正だと信じており，どの人もその人の努力に応じた境遇に生きていると考えている。だが彼らは，自国の社会移動性（個人の社会的地位の変化）を過大評価していると言わざるを得ない。その一方でフランス人は，おそらく過度に悲観的だ。もっともフランス人にしてみれば，悲観論を正当化する理由はいくらでもある。たとえば，抜け道だらけの税制，閉鎖的な職業選択，富裕層やコネのある人々に有利な教育制度，移民問題を前にして分裂する国家，共通善[注3]に顧慮せず利益団体の圧力に左右される政策判断，実習（インターンシップによく似た制度）を受けるにせよ，無期雇用契約を獲得するにせよ，コネがモノを言う実態等々（社会学者マーク・グラノヴェッターの研究によれば，アメリカでも状況は同じだという）。この言い分が正しいのか，私にはわからない。努力と経済的成功との関係は実証的には裏付けられないからだ。そして，これこそが問題の核心にほかならない。情報が欠如しているために，さまざまな見方や考え方が大手を振ってまかり通っている。

　　（出典：ジャン・ティロール，村井章子訳『良き社会のための経済学』日本経済新
　　聞出版，2018 年。問題作成の都合で，一部省略し，また一部表現を変えたところ
　　がある。）

Economie du bien commun ©Presses Universitaires de France/Humensis, 2018

注 1：厚生労働省『国民生活基礎調査』にある「相対的貧困率」。所得の中央値の50
　　　%を下回る所得しか得ていない人の割合を指す。
注 2：階級・階層研究を専門とする社会学者の研究グループにより，1955 年から 10
　　　年ごとに日本で行われているアンケート調査。
注 3：「社会全体にとって良いこと」を意味する。

1　問題文Ａの空欄①に最もよくあてはまるものを以下から１つ選んでマーク解答用紙にマークせよ。

イ．貨幣の価値のとらえ方に個人差があるので

ロ．貨幣価値が時間を通じて変化しているので

ハ．国際的な比較をするので

ニ．貧困の定義が研究者によって異なるので

ホ．業種により給料が異なるので

2　下図(**a**)―(**d**)は，仮想的な所得分布（ヒストグラム）の例である。問題文Ａの下線部(1)の「貧困層」に該当する人数が多い順に並んでいるもの（左から，多→少）として正しいものを，選択肢から１つを選んでマーク解答用紙にマークせよ。ただし，図の横軸は所得，縦軸は各所得水準の人数を表しており，各棒の上にある数字は，それぞれの所得水準の人数である。所得は 100, 300, 500, 700, 900, 1100, 1300 のうちいずれかの値をとるものとし，どの図においても総人数は 100 人である。

イ．(**b**)→(**a**)→(**c**)→(**d**)

ロ．(**d**)→(**a**)→(**b**)→(**c**)

ハ．(**a**)→(**b**)→(**d**)→(**c**)

ニ．(**d**)→(**b**)→(**a**)→(**c**)

ホ．(**b**)→(**c**)→(**a**)→(**d**)

（ a ）

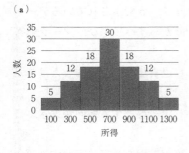

（ b ）

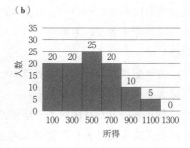

（ c ）

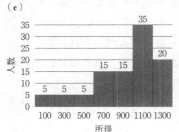

（ d ）

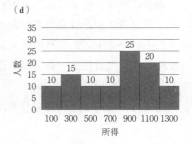

3　問題文Ａの空欄②には，図２の 2015 年における状況を説明した文章
が入る。以下の選択肢より，最も適切なものを１つ選んでマーク解答用
紙にマークせよ。

イ．過去 40 年間に，豊かな人々の所得水準がますます上昇し，貧しい
人々の所得水準はますます低下するという形で，所得格差拡大が進行
したため，人々の階層帰属意識は実際の所得格差に近づいていくこと
になったのである。

ロ．格差拡大が急速に進んだことで，もともと比較的裕福だった人でさ
え相対的貧困層や貧困層の水準にまで所得が下落したものの，彼らの
階級帰属意識の変化はそれに追いつかなかったため，経済的にかなり
裕福な階層の意識だけが大幅に変化したように観察されるのである。

ハ．豊かな人々は自分たちの豊かさを，また貧しい人々は自分たちの貧
しさを，それぞれ明確に意識するようになった。こうして階層帰属意
識は，現実の豊かさの序列に沿ってきれいに分かれるようになった。

ニ．過去 40 年間に，所得の中央値が大幅に上昇した結果，先述の基準
に基づいて判断される富裕層が減少した一方で，貧困層が増加したこ
とがこの意識の変化の背景にある。これは 40 年間の経済成長の副作
用である。

4　問題文Ａの下線部(2)にある，格差拡大を肯定・容認する傾向と自己責
任論との関わりについて，本文中の図３，４，５で示されているデータ
からは判断できないものを，以下の選択肢からすべて選び，マーク解答
用紙にマークせよ。

イ．富裕層においても貧困層においても自己責任論に肯定的な人は格差
拡大を肯定する傾向がある。

ロ．富裕層の方が貧困層より格差拡大を肯定・容認する傾向が大きく自
己責任論を受け入れる割合も大きい。

ハ．過去に比べて近年では，貧困層で，格差拡大を肯定・容認する傾向
と，自己責任論を肯定する傾向がともに広がっている。

ニ．富裕層が貧困層より格差拡大を肯定・容認する傾向が高いことは，
女性より自己責任論を肯定する傾向が高い男性が，富裕層には多いこ
とと関係している。

5　問題文Ａの記述と，問題文Ｂの記述を比較し，後者のみで述べられて

いる事柄として適切なものを以下の選択肢から 2 つ選び，マーク解答用
紙にマークせよ。

イ．所得格差是正を目的とした政策は，高所得者の意欲を減じ，経済の
　　成長力を弱める可能性がある。

ロ．政府や政治家は特定の価値観を社会に流布させることによって，自
　　分たちが実施した政策がもたらした不利益についての責任を免れよう
　　とする。

ハ．誰でも努力すれば必ず経済的に成功するとわかっているなら，経済
　　的弱者を保護するような政策や制度は必要ない。

ニ．日本人とアメリカ人とを比較すると，アメリカ人の方が自己責任論
　　に肯定的な人々の割合が高い。

ホ．本人の努力によらない所得は再分配しても構わないという考えは，
　　世界的に共有されている。

6　問題文A下線部(3)「すべて自己責任と片付ける論調が少なくない」理
　由について，問題文Bの記述に基づいて，記述解答用紙①に 50 字以内
　で説明せよ。

7　問題文A・Bの記述を踏まえて，所得格差における自己責任論の功と
　罪について，記述解答用紙①に 200 字以内で説明せよ。

II　以下はイギリスで EU からの離脱（Brexit）をめぐり行われた国
　　民投票を背景に書かれた文章である。次の文章を読んで，下記の
問い 1 ～ 8 に答えよ。（40 点）

On roundabouts across France, the "gilets jaunes" (yellow vests) [i]
have galvanized French politics. （　A　）

Electoral reform is now a key demand of the *yellow vests*. They
want blank votes to be officially recognized. And they want to
introduce what they are calling "Citizens' Initiative Referendum" (RIC [ii])
or the ability to put any policy proposal that garners 700,000
signatures to a popular vote. The RIC — and the intrinsic tension
between representative democracy and direct democracy — is the
subject of passionate debate across the country. According to the

latest public opinion polls, nearly 80% of French voters support introducing RIC. But many commentators — including President Macron — warn of how easy it is to manipulate public opinion through referenda.

　Their number one case in point is what happened in the UK in 2016 with the Brexit vote. If one thing is clear from the last two and a half years in British political life, it is that the politicians campaigning for "leave" did not agree as to what Brexit would actually mean. This, in turn, made the binary yes / no voting system of the 2016 referendum particularly inappropriate because it counted votes of （　B　） meanings as if they were （　C　）. "Remain" may have had a more or less a clear meaning but different voters understood "leave" in different ways.

　Similarly, in the parliamentary vote of January 15, 2019, the 432 MPs[iii] who voted against Theresa May's deal[iv] meant different things by their "no." Some hoped for a second referendum, others thought the UK could obtain a better deal, and some MPs wanted a "no deal." The first thing to do is to let voters express their opinions about all feasible options, of which there are at least nine:

- Revoke Article 50[v] notice and remain
- 2nd referendum
- Extend Article 50 and call a general election to change the government
- Extend Article 50 for the current government to renegotiate with EU
- May's current deal
- May's deal with a time limited backstop [vi]
- May's deal with a unilateral backstop exit mechanism
- New deal with a permanent customs union with EU
- New deal with a single market membership

　If people have to use traditional plurality voting, they choose only one option among the aforementioned nine (and so implicitly reject all other options). There is, then, no guarantee that the winning option will be the one closest to the general consensus. It may be, for example, that one option wins 20% of the vote, but 80% of the voters are against it and feel strongly about it.

There is another way. We propose a new method: majority judgment (MJ). It makes the establishment of consensus more likely because voters are offered the opportunity to give their opinion on *each* of the options on offer, by evaluating them on a scale of five grades such as *very good, fairly good, acceptable, fairly bad,* and *very bad.* Each voter is free to assign the grades they wish, and the option best evaluated by a majority wins! In the case of Brexit and the nine options, a voter can evaluate one of the options (for example, "New deal with a single market membership") as *very good,* two *fairly good,* two *acceptable,* three *fairly bad,* and one (for example, "no deal") *very bad.* Another voter will have a different opinion and believe that "no deal" is *very good,* but think that all other options are *very bad.*

To understand how majority judgement works and how using it could radically change the outcome of an election, let us see how it would have worked in the 2016 US presidential election where we are lucky to have opinion survey data that correspond to MJ grades. Then, we will use a recent UK survey to illustrate what it teaches us about Brexit. During the 2016 presidential primaries in the US, the respected pollster Pew Research Center asked 1,787 randomly chosen voters to answer the following question:

Regardless of who you currently support, I'd like to know what kind of president you think each of the following would be if elected in November 2016... [D]o you think (he / she) would be a *great, good, average, poor,* or *terrible* president?

	Great	Good	Average	Poor	Terrible	Never heard of
John Kasich	5%	28%	39%	13%	7%	9%
Bernie Sanders	10%	26%	26%	15%	21%	3%
Ted Cruz	7%	22%	31%	17%	19%	4%
Hillary Clinton	11%	22%	20%	16%	30%	1%
Donald Trump	10%	16%	12%	15%	44%	3%

Table 1 (Source: Pew Research Center, Poll of 1,787 voters, March 17-27, 2016)

The results are shown in **Table 1**. When we apply majority judgment, we see a huge difference with plurality voting. The result for a candidate with majority judgement is not the percentage of people who voted for that candidate, but a precise picture of how many voters think he / she is *excellent,* how many think he / she is *good,* etc.

To calculate the MJ rank order from the evaluations in **Table 1**, start from each end of the spectrum and add up the percentages until you have a majority of voters' opinions. Taking John Kasich as an example, 5% believe he is *great,* $5+28=33\%$ that he is *good* or better, and $33+39=72\%$ (a majority) that he is *average* or better. So, Kasich's majority grade is *average.* A similar calculation shows that the Clinton, Sanders, and Cruz majority grades are also *average,* and that the Trump majority grade is *poor.* To determine the MJ ranking among the four who have the same majority grade (in this case *average*), we calculate a number we have called the "gauge." In Kasich's case, $5+28=33\%$ evaluated him higher than the majority grade and $13+7+9=29\%$ rated him below the majority grade. Because the larger share is on the positive side $(33>29)$, Kasich's gauge is $+33\%$. The Sanders gauge is -39%, for Cruz and Clinton the gauge is -40% and -47%, respectively. Thus, the two best candidates according to MJ are Kasich and Sanders. The rules to determine MJ ranking are the logical consequence of some basic democratic principles. Thus, the US voting process failed because it designated the two "worst" candidates for each party — Clinton and Trump — while the two "best" candidates were Kasich and Sanders.

When voters are able to express their evaluations of every candidate — the good and the bad — the results are turned upside-down from those with plurality voting.

On January 30-31, 2019, YouGov and The Times commissioned a poll from another respected pollster, NatCen Social Research. They asked 1,650 UK adult respondents across the UK to evaluate a range of potential Brexit outcomes. Voters were asked: *Do you think it would be a good or bad outcome if:*

- X: Britain accepted the negotiated deal and left the EU on those terms?
- Y: Britain had a new referendum and voted to remain in the EU after all?
- Z: Britain left the EU without any deal?

	Very good outcome	Fairly good outcome	Acceptable compromise	Fairly bad outcome	Very bad outcome	Not sure
X	3%	11%	26%	21%	16%	23%
Y	29%	8%	7%	7%	36%	13%
Z	11%	7%	17%	15%	36%	13%

Table 2 (Source: NatCen Social Research, YouGov and The Times survey, January 30-31, 2019)

We are fortunate that this opinion survey data corresponds to MJ grades. From **Table 2**, we can see that Y ("remain") and Z ("no deal") are judged *very bad* outcomes by 36% of voters. Option X ("government deal"), in contrast, may have only 3% with *very good* grades but overall, it is less negatively evaluated (only 16% with *very bad* evaluations). According to MJ, (D) is the best of the three options.

	Percentage of support
X: Accepting the government's agreement	12%
Y: Remaining in the EU	45%
Z: Leaving the EU without a deal	28%
Don't know	9%
Wouldn't vote	5%

Table 3 (Source: NatCen Social Research, YouGov survey, January 18, 2019)

Interestingly, those results are very different from that of another YouGov survey carried out by NatCen Social Research 13 days earlier, on January 18, 2019, that asked 1,754 UK adult respondents to choose between options with the question: *If there were a referendum, and the choices were "stay in the EU" or "leave on the terms recently negotiated by the Government" or "without a deal," how would you vote?* See **Table 3** for the results. Here, the best option according to plurality voting is "remain in the EU" because leave votes are split between X (deal) and Z (no deal). The fact is that a poll is not a true referendum, and there are more options to consider. Thankfully, the poll in **Table 2** asked voters their opinion about a fourth option:

- W: Britain left the EU with an alternative deal that included remaining in the single market and customs union?

According to MJ, (　E　) is the best. The analysis shows, we hope, that letting voters express more precisely their opinions about all feasible options allows them to reach a better decision.

	Very good outcome	Fairly good outcome	Acceptable compromise	Fairly bad outcome	Very bad outcome	Not sure
W	9%	18%	23%	14%	14%	22%

Table 4 (Source: NatCen Social Research, YouGov and The Times survey, January 30–31, 2019)

Something is going badly wrong in elections and referenda across the world. The root of the problem, as we see it, is an age-old voting system that prevents voters from fully expressing themselves. Majority judgment, the outcome of an elaborate mathematical theory of voting, was designed to satisfy some basic democratic principles. In particular:

• With MJ, voters can better express themselves. They are able to give more precisely their opinion about all options / candidates.

• With MJ, vote splitting is neutralized. All candidates or options with similar profiles can compete without impinging on each other's chances.

- With MJ, there is no need for voters to protest by refraining from voting or voting blank because （　F　）
- Because of its mathematical design, MJ is the most difficult system to manipulate: blocs of voters who exaggerate the grades they give beyond their true opinions have a limited influence on the results.
  (1)
- Most importantly, MJ elects the candidate （or chooses the referendum option） highest in the esteem of the electorate.

MJ was designed only recently in 2011. Nevertheless, it is already in use. For example, the British Academy, which is the UK's academy for humanities and social sciences, uses MJ for electing new fellows. LaPrimaire. org （a French political initiative to organize on an online primary election open to all citizens） used MJ in 2016 to nominate its candidate for the 2017 presidential election with upwards of 32,625 participants. Generation. s, a French political movement, uses MJ in its internal decision making and Yashar, an Israeli party emphasizing participatory direct democracy, is looking into MJ as a way to improve its processes.

Yellow vest protesters, too, are calling for MJ. In the "Grand National Debate" launched by President Macron in January, 2019 to solicit citizens' ideas, 197 proposals ― to date ― recommend that majority judgment be adopted as the country's voting system. As the UK faces the most important decision for its future since the Second World War, is it not time to think about how that decision is going to be made? Voting systems, after all, are （　G　） constructs and can be changed for those that have been shown to work better.

（出典：Iain McLean and Rida Laraki, "What does Brexit mean? 'Majority judgment' can solve the puzzle," in *openDemocracy.net*, February 27, 2019. 問題作成の都合で，一部省略し，また一部表現を変えたところがある。）

i yellow vests:「黄色いベスト運動」。2018 年から複数回行われているフランス政府への抗議活動。

ii RIC: Référendum d'Initiative Citoyenne.

iii MP:（イギリスの）下院議員（Member of Parliament）。

iv Theresa May's deal: イギリスのテリーザ・メイ首相（当時）が EU からの離脱に関して行った交渉結果。

ᵛArticle 50: EU 加盟国の離脱手続きを定めたリスボン条約第 50 条。
ᵛⁱbackstop: EU 離脱の期限までにイギリスと EU の間での通商協定が締結されない
　場合の防衛策。

1　本文中の（　A　）の箇所に入る以下の４つの文について，入る順番
　として最も適切なものに並び替え，１番目と３番目となる文を，それぞ
　れ選択肢(a)～(d)の中から選び，マーク解答用紙にマークせよ。

(a)　But, 4,085,724 of the 31,381,603 votes cast were either blank or
　　invalid.　And overall, 1.5 million fewer people took part in the
　　second round than did in the first.

(b)　Indeed, one of the rallying cries of the protesters has been that
　　Macron should resign from the presidency because he represents
　　only 24.01% of the electorate (his share of the vote in the first
　　round of the 2017 presidential election).

(c)　It's true that he won the second round by a decisive margin
　　with 66.10% of the vote.

(d)　What started as a protest against fuel prices has morphed into a
　　challenge to the presidency of Emmanuel Macron — and the voting
　　method by which he was elected.

2　本文中の（　B　）と（　C　）に入るものとして最も適切な組み合
　わせを選択肢(a)～(e)の中から１つ選び，マーク解答用紙にマークせよ。

(a)　（　B　）affirmative　　　　（　C　）negative
(b)　（　B　）clear　　　　　　　（　C　）unclear
(c)　（　B　）different　　　　　（　C　）the same
(d)　（　B　）less　　　　　　　（　C　）more
(e)　（　B　）rational　　　　　（　C　）emotional

3　本文中の（　D　）と（　E　）に入るものとしてそれぞれ最も適切
　なものを選択肢(a)～(d)の中から１つずつ選び，マーク解答用紙にマーク
　せよ。

(a)　option W　　(b)　option X　　(c)　option Y　　(d)　option Z

4　本文中の（　F　）に入る文として最も適切なものを選択肢(a)～(d)の
　中から１つ選び，マーク解答用紙にマークせよ。

(**a**)　they are not forced to evaluate all candidates or options.

(**b**)　they are not limited to backing just one to the exclusion of all others in the running.

(**c**)　they can give a good evaluation to all options / candidates they like.

(**d**)　they can negatively judge all of the alternatives they dislike.

5　本文中の（　G　）に入る単語として最も適切なものを選択肢(**a**)～(**e**)の中から 1 つ選び，マーク解答用紙にマークせよ。

(**a**)　divine　　　　　　(**b**)　evil　　　　　　(**c**)　human

(**d**)　natural　　　　　(**e**)　universal

6　本文の主張をまとめたものとして最も適切なものを選択肢(**a**)～(**e**)の中から 1 つ選び，マーク解答用紙にマークせよ。

(**a**)　The author asserts that mathematics is a key to prevent electorates from being influenced by misleading electoral campaigns.

(**b**)　The author claims that electoral outcomes can be easily manipulated by political leaders even in democracies.

(**c**)　The author explains that American presidential elections failed as the US voting system made calculation errors.

(**d**)　The author insists that we should adopt the majority judgment system as it allows voters to express their opinions more fully than the plurality voting system.

(**e**)　The author interprets Brexit as an opportunity for British people to learn that direct democracy is superior to representative democracy.

7　以下の表は候補者Hに対する投票者の評価を示したものである。候補者Hは majority grade では他の候補者とトップで並んでおり，あとは gauge で勝敗が決まるとする。このときの候補者Hの gauge として最も近いものを選択肢(**a**)～(**e**)の中から 1 つ選び，マーク解答用紙にマークせよ。

	Great	Good	Average	Poor	Terrible	Never heard of
候補者H	19%	34%	11%	32%	3%	1%

(a) −81%　　　　(b) −47%　　　　(c) −36%

(d) +19%　　　　(e) +53%

8　7人の有権者（市島，大隈，小野，佐藤，塩澤，高田，坪内）からな
　　る社会において，A候補，B候補，C候補，D候補の4人の候補者がお
　　り，その中から1人の候補者を選択するとしよう。有権者それぞれの各
　　候補者への評価は，以下の **Table 5** に示されている。ただし，空欄は
　　有権者が当該評価を与えた候補者がいないことを意味する。この例に基
　　づき，以下の問いに答えよ。

	秀 (Great)	優 (Good)	良 (Average)	可 (Poor)	不可 (Terrible)
市島	A		B	D	C
大隈	A			B	CとD
小野	B	C		D	A
佐藤		C	B	A	D
塩澤	D	C		AとB	
高田		D		AとC	B
坪内		C	B	D	A

Table 5

(1)　Majority judgement を **Table 5** に用いた場合の勝者として最も適切
　　なものを選択肢(a)〜(e)の中から1つ選び，**マーク解答用紙**にマークせよ。

　　(a)　A候補　　　(b)　B候補　　　(c)　C候補　　　(d)　D候補

　　(e)　単一の勝者を決めることができない

(2)　本文中の下線部(1)にある主張が必ずしも成立しない事例を考えてみよ
　　う。有権者は **Table 5** に示した評価を行い，majority judgement を用
　　いて勝者を決めるとする。このとき，有権者7人のうち1人は，候補者
　　1人の評価を別の評価に変えることによって，当該有権者が最も高く評
　　価する候補者を当選させることができる。

　　(i)　その有権者の名前を**記述解答用紙①**に示せ。

　　(ii)　その有権者が，自分が最も高く評価する候補者を当選させるために
　　　　は，表明する評価をどのように変えれば良いか。**記述解答用紙①**の解
　　　　答欄に日本語で20字以内で記せ。

III Read the statement below and write a paragraph giving your opinion with at least two reasons. Write your answer in English in the provided box on your written answer sheet. （記述解答用紙②）（15 点） 〔解答欄〕 約 15 cm × 15 行

"Music and arts are of less importance for a child's education than math and languages."

/////////////////////// · **memo** · ///////////////////////

問題編

■ 一般選抜

問題編

▶試験科目・配点

試験区分	教　科	科　　目	配　点
大学入学共通テスト	外国語	英語，ドイツ語，フランス語から1科目選択	25点
	数　学	数学Ⅰ・数学A	25点
	国　語	国語	25点
	地歴・公民または数学または理科	以下から1科目選択 　日本史B，世界史B，地理B，現代社会，倫理，政治・経済，「倫理，政治・経済」，「数学Ⅱ・数学B」，物理，化学，生物，地学 または，以下から2科目選択 　物理基礎，化学基礎，生物基礎，地学基礎	25点
学部独自試験	総合問題	日英両言語による長文を読み解いたうえで解答する形式とし，記述式解答を含む。英語4技能のうち，「書く」能力を問う問題も設ける。	100点

▶備　考

• 共通テストの外国語と国語は配点200点（英語は，リーディング100点，リスニング100点の合計200点）を25点に，数学と選択科目（地歴・公民，数学，理科）は配点100点を25点に換算する。

• 共通テストの選択科目（地歴・公民，数学，理科）において，上記科目の範囲内で2科目以上受験した場合は，最高得点の科目の成績を大学側で自動的に抽出し，合否判定に利用する。

• 共通テストの「理科」において，基礎を付した科目（2科目）は1科目として数える。基礎を付した科目（2科目）と基礎を付していない科目（1科目）の両方を受験した場合は，得点の高い方の成績を大学側で自動的に抽出し，合否判定に利用する。

• 共通テストの「地歴・公民」「理科（物理，化学，生物，地学）」におい

　て，2科目受験の場合は，第1解答科目の成績を合否判定に利用する。
上記以外の科目を第1解答科目として選択した場合は，合否判定の対象
外となる。

■総合問題■

（120 分）

I　問題文Ａ，Ｂを読んで，下記の問い１〜６に答えよ。（45 点）

問題文Ａ

　偏見はどのように形成されるものであろうか。最もよくそのメカニズムを表しているのが，NHK が放映した「青い目，茶色い目」である。この番組では，1968 年，アメリカアイオワ州ライスビルの小学校でジェーン・エリオット先生が子どもたちの人種差別に対する態度を変容させることを目的に，模擬的な差別体験をさせる実験授業を行っている。クラスを青い目と茶色い目の子どもに分け，「青い目の子はみんな良い子です。だから５分余計に遊んでもよい」，一方，「茶色い目の子は水飲み場を使わないこと。茶色い目の子はダメな子です」というように，青い目の人は優れ，茶色い目の人は劣っていると決めて１日を過ごすというものである。次の日には茶色い目の人は優れ，青い目の人は劣っているとして生活させる。これを見ると，教室の子どもたちが青い目の集団，茶色い目の集団に分けられカテゴリー化された状態から，ステレオタイプ，偏見，差別へと向かうメカニズムがよくわかる。教室内にはあっという間にマジョリティ側とマイノリティ側，いじめる側といじめられる側の二項対立の縮図ができる。休み時間に偏見や差別を受けた子どもたちがひどく傷つき悲しむ様子からは，偏見と差別がいかに当事者を苦悩させるのかが読み取れる。また，優れたと言われた子どもは自尊心が高まり学業成績にも反映されている様子は，他の集団より自分たちが優れた所属集団の一員であるという自己肯定感を獲得した結果生じたものと考えられ，社会的アイデンティティ理論からも説明できる。さらに，偏見をもち差別する側と差別される側の役割を交代することで，互いにマイノリティの立場を経験することができ　①　的理解に向けた体験学習が可能となっている。

　ここでは，カテゴリー化，ステレオタイプ，偏見，差別のメカニズムに

ついて説明する。まず，カテゴリーとはどのようなものだろうか。国家，民族，階級，職業，性，宗教など，ある特徴を持つ分類を指す。カテゴリーは単独で存在せず，対照的カテゴリー（例：学生 VS それ以外の人）との区別がなければ意味をなさない。私たちの生活の中には多くの情報があふれているので，即座に情報を理解し行動を起こしたり，人を認識したりするためには，まとめたり分類したりしてショートカットすることが便利であるため，カテゴリー化という方法を用いて情報を単純化し整理している。そのことによって知覚されやすくなっている。

　ステレオタイプとは，限られた一面的な情報の中で，客観的な事実とは関係なく過度に一般化された，単純化された考えにより形成される認知である。たとえば，「日本人は勤勉だ」というように言われたときには，日本人には勤勉な人も怠け者の人もいるのにかかわらず，十把一絡げに自動的に他者判断をしてしまうのである。これはリップマンが命名したもので，煩雑で情報過多の現実社会の中で，相手がどのような人かを即座に判断したいために，カテゴリー化に伴う固定化されたイメージであるステレオタイプを使用する。

　偏見は，過度のカテゴリー化やステレオタイプに基づいた態度で，実際の経験や根拠に基づかずに，ある人々やある国の人々に対してもつ否定的な感情や態度である。「○○人だからずるい」「○○人だからケチだよね」というと，否定的な感情や評価を伴うため偏見になる。これはある程度継続し差別（行動）に向かう準備段階だと言われている。

　差別とは，正当な根拠がなくある人々や集団に対して不平等あるいは不利益な扱いをする行動で，否定的なステレオタイプや偏見から生まれることが多い。たとえば，当該集団に対し悪口を言ったりすることが相当する。

　　②　，　③　，　④　の関連性については，たとえば「女性は○○だ」という単純で偏ったカテゴリー化から　②　となる。それが無意識のうちに「女性は○○だから信用できない」という評価や感情を伴う態度になる。つまり「　③　」に変わりやすい。　③　はある程度継続していくため，こうした「　③　」をもっている人が雇用する立場になった場合に，「女性は○○だから△△会社に雇用しない」という行動を起こすと，それは「　④　」になってしまう。このように，カテゴリー化，　②　，　③　，　④　は関連しており，カテゴリー化から差別に至る構

図がつくられてしまう恐れがある。

　社会心理学では，偏見が生じる原因を個人差に注目した研究，認知傾向に注目した研究，集団間関係に注目した研究の3つから検討している。ここではそれを簡単に説明する。

　まず，個人差に注目した研究については，ドイツの社会学者アドルノたちによるもので，彼は人種差別などの偏見が個人の「権威主義的パーソナリティ」に起因すると考えている。子どもの本能的欲求は，両親の過度に厳しいしつけなどによって抑圧され攻撃性に置き換えられる。そのため，その標的は自分より弱く劣っていると見られる逸脱集団や少数民族に向けられる。両親を象徴する権威者には過剰な敬意と従順さを持ち，内集団ではない人々（外集団）には極端な敵意を示し，どんな問題の原因も外集団に帰属させ自分たちには悪いところはないとする。このように，偏見は個人の心理的機能の異常とみなされている。1950 年代にはこの理論は支持されていたが，この理論の問題は，偏見を個人のパーソナリティの問題に起因させるため，個人の心理療法をしない限り偏見の低減を望めないことになる点で限界がある。

　認知傾向に注目した研究には，上述したカテゴリー化が挙げられる。私たちの現実社会は情報過多で混沌としているため，カテゴリー化によって主観的に単純化され整理されやすくなっている。人々は，人間をカテゴリー化する際，人種カテゴリー，性別カテゴリー，年齢カテゴリーを基準に用いやすい。また，カテゴリーの中でも内集団，外集団に分けて認知している。内集団とは，自分が所属している集団であり，外集団とは自分が所属していない集団である。内集団に対しては一般的に内集団ひいきが生じ協力，平和，友好関係になりやすいが，外集団に対しては，両者がそれを修正しない限り敵対関係になりがちである。このようにカテゴリー化によって生じる偏見は無意識的また自動的に生じる。

　最後に集団間関係に注目した研究としては，社会的アイデンティティ理論がある。この理論では，自分のアイデンティティがどのような所属集団のメンバーかという点を重視している。（例：私はハーバード大学の学生だ）。その自分のアイデンティティを肯定的に保つために，所属する集団（内集団）を外集団よりも優れていると見なそうとする。そのために内集

団について肯定的なステレオタイプを形成し，外集団に対して否定的なステレオタイプや偏見を促進させ差別的行動をとる。

　以上のように，これらの研究は異なる方向で偏見の形成と原因について論じているが，これらは複合的に関係していると言える。特に，カテゴリー化による偏見は無意識的，また自動的に生じてしまうため，偏見の形成を防ぐことは非常に難しいことがわかる。

　グローバル化の進行とともに日本人と外国人の異文化接触も不可避となる。異文化接触は，人々に時としてコンフリクトをもたらすだけでなく，その結果，偏見と排除，差別をもたらすことも考えられる。オルポートは，相手に対する知識の欠如が偏見形成に関わっているために，異なる集団間のメンバーが接触することで両者の理解や改善が促されるとし接触に注目した。接触については単純に接触頻度が高ければよいというものではなく，また，偶然の接触では肯定的態度は形成されないとし，ホスト社会における人々の偏見などの態度変容を促すために，どのような相互作用が必要かという視点から接触仮説を提唱した。

　（中略）

　接触仮説によれば，ある条件が成立しなければ異文化接触の帰結は必ずしも好意的になるとはいえないというものである。その条件とは，1）対等な地位での接触，2）共通目標を目指す協働，3）制度的支援，4）表面的接触より親密な接触であり，この4条件が満たされなければ，異文化における集団間接触では効果的な作用は果たせないというものである。これは接触仮説の中核であり，現在でも基本的には変化していない。（中略）

　日本における接触仮説を理論的枠組みにした留学生研究では，高井は日本人学生との親密な接触が多いほど日本人からの差別的な態度を感じにくいことを示した。また，加賀美は留学生と日本人学生との交流合宿における教育的介入を行った結果，双方とも協働的活動が積極的傾聴，言語学習の重視の態度，創造性，協働性，　①　性の高揚に効果があった。日本人大学生を対象にした調査では，外国人の接触の度合と外国人への親近感及び潜在的態度との間に相関がみられたが，接触の度合と偏見及び外国人イメージの肯定性との間には関連がみられなかった。このように，接触の研究結果は肯定的な結果と否定的な結果の両方が示されている。

　以上のように，接触仮説は多文化化しつつある日本における外国籍住民
や留学生と日本人との異文化接触を考えるうえで重要な知見を提供してく
れる。しかし，直接接触がなくとも，自分の所属する集団のメンバーが，
他の集団のメンバーと良好な関係を結んでいるという知識があるだけでも，
他の集団メンバーに対する偏見が解消する傾向が指摘されている。こうし
た「拡張的接触仮説」に代表されるように，近年，接触仮説から多様な研
究や教育実践が展開されている。

（中略）

　<u>偏見や差別される人の痛みを「足を踏む人」，「踏まれる人」という例で</u>
表現されることがある。足を踏んでいる人は，踏まれている人の足を踏ん
でいることに気づいていないことがある。また，踏んでいることに気づい
ていても知らんふりしている人もいる。しかし，踏まれている人は痛みを
伴う。こうした足を踏んでいる人，踏まれている人以外の人は，「足を踏
まれている人＝差別されている人」の痛みや不当な扱いを見て同情するか
もしれない。また，「足を踏んでいる人＝差別している人」に対して，こ
うした行動を絶対すべきではないと思うかもしれない。さらに，「自分で
なくてよかった」と思う人もいるかもしれない。このように思う背景には
「差別する人」と「差別される人」以外に「私の存在」は除かれている。

（中略）

　偏見低減にはシャープな人権意識を作ることが重要だと言われているが，
シャープな人権感覚は「私」をその場に入れ込むことである。

　グローバル社会の偏見について考えると，私たちを取り巻く状況や文脈，
社会，文化，時間が変化することが前提となる。そうするとマジョリティ
側にいた自分がマイノリティ側の自分になる可能性をいつも等しくもって
いることがわかる。たとえば，今の自分が差別や偏見にさらされていなく
ても，留学や転勤のため外国生活を送ることになれば，これまでマジョリ
ティ側にいた自分がマイノリティ側に移行する。また，私たちはいずれ誰
でも高齢者となる日が来る。病気になり足腰が弱くなり一人では階段を上
がれなくなるかもしれない。目も見えなくなるかもしれない。ある集団の
中で差別する側にいた人は，別の集団では差別される側にもなる。このよ
うに，文化移行などの空間軸と加齢による変化などの時間軸を考えると，

マイノリティとマジョリティは固定化されていない。私たちはいつでもマイノリティになりうる変化しうる動的な（ダイナミックな）存在である。つまり，グローバル社会における多様性とは，いつでも変化しうる動的な（ダイナミックな）多様性であると定式化できる。このように考えると，偏見や差別を行うことは全く意味を持たないことといえる。マイノリティの立場を想像し共感することができる感性と，偏見や差別を受け入れている人の問題を「私自身」の問題として痛みを共有できる感性こそが重要であろう。

　　（出典：加賀美常美代ほか編著『多文化社会の偏見・差別』明石書店，2012 年所収。問題作成の都合で一部省略し，また一部表現を変えたところがある。）

問題文B

　英国の公立中学校に通っている息子がこんなことを言っていた。

「今日，教室を移動していたら，階段ですれ違いざまに同級生の男子から『学校にコロナを広めるな』って言われた。」

　これはまたストレート過ぎる言葉だなと驚いた。息子もさすがに引いたらしい。

「あまりにひどいから，絶句してしばらくその場に立っていた。なんだか，もはやアジア人そのものがコロナウイルスになったみたいだね。」

　フランスでは，アジア系の人々がネットで「私はコロナウイルスではない」というハッシュタグを広めていた。フランスの地方紙がコロナウイルス感染の拡大を「黄色い警報」「黄禍？」と報じたため，批判の声が上がり，前述の地方紙は謝罪した。が，大手メディアにも疑問を感じさせる報道があった。ドイツのニュース週刊誌，デア・シュピーゲルは，感染防護服にガスマスクを着けた人がiPhoneを手にしている写真を表紙に掲げ，「メイド・イン・チャイナ」の見出しを打った。英国で編集しているエコノミスト誌の表紙にも，地球に中国の国旗の柄のマスクをかぶせたイラストが使われ，「どこまで悪くなるのか？」という見出しだ。いつもはポリティカル・コレクトネス（政治的正しさ）に慎重な媒体が，どうしたことだろう。社会のこうしたムードが子どもに影響を与えないわけがない。

　デア・シュピーゲルの「メイド・イン・チャイナ」にしろ，エコノミスト誌の世界を覆う中国の国旗柄のマスクにしろ，中国が持つグローバルな

影響力の脅威と，コロナウイルスが世界経済にもたらすダメージへの不安が合体したようなイメージだ。差別の構造を語るとき，「無知」を「恐れ」で焚きつければ「ヘイト」が抽出されるという比喩が使われるが，ウイルス感染拡大のニュースが絶え間なく流れている今，まさに「無知」を焚きつける「恐れ」はそこら中にあふれている。

　欧州の右派ポピュリストたちは，この機に乗じて「閉ざされた国境」の重要性を訴える。欧州でコロナウイルス感染者数が最も多く報告されているイタリアでは，「同盟」のマッテオ・サルビーニ書記長が，すでに地中海を渡ってイタリアに到着する移民と新型コロナウイルス感染とを関連づけて語り始めた。そのイタリアと地続きのフランスでは，国民連合のマリーヌ・ルペン党首がイタリアとの国境で出入国検査を行うべきだと呼びかけている。彼らは，感染拡大をまるで多様性が生んだディストピア（暗黒の世界）でもあるかのように語る。

　世界を真の危機に陥れるのは新型ウイルスではなく，それに対する「恐れ」の方だろう。

　（中略）

　人は，未知なものには弱い。新型コロナウイルス感染が収束する時期もわからなければ，感染している人も見分けられない。だから不安になる。「未知」と「無知」がイコールで結ばれるとき，それに「恐れ」の火を焚きつけられたら，抽出されるものは全く同じものだろうか。

　しかし，常にそうである必要はない。「学校にコロナを広めるな」と息子に言った同級生の少年は，その後，息子に謝りに来たそうだ。階段で起きたことを見ていた誰かが彼に注意したそうで，「さっきはひどいことを言ってごめん」と申し訳なさそうに謝ったというのだ。

　「僕は黙って立っていただけだったけど，誰かが彼にきちんと話をしてくれたから，彼は自分で言ったことのひどさがわかったんだよね。謝られた時，あの場で何も言わなかった僕にも偏見があったと気づいた」と息子が言った。

　「偏見？」

　「その子，自閉症なんだ。だから，彼に話してもわかってもらえないだろうと心のどこかで決め付けて，僕は黙っていたんじゃないかと思う。」

　きっとこういう日常の光景が今世界中で展開されている。部数を伸ばし

たいメディアや勢力を拡大したい政治勢力が大文字の「恐れ」を煽る一方で，人々は日常の中でむき出しの差別や偏見にぶつかり，自分の中にもそれがあることに気づき，これまで見えなかったものが見えるようになる。

　知らないことに直面した時，人は間違う。だが，間違いに気づく時には，「無知」が少し減っている。新型コロナウイルスは閉ざされた社会の正当性を証明するものではない。開かれた社会で他者と共存するために我々を成長させる機会なのだ。

（出典：ブレイディみかこ「真の危機はウイルスではなく『無知』と『恐れ』」，朝日新聞社編『コロナ後の世界を語る』朝日新聞出版，2020 年所収。問題作成の都合で一部省略し，また一部表現を変えたところがある。）

1　問題文Aの文中 ① に当てはまる最も適切な語を(イ)～(ヘ)から１つ選び，マーク解答用紙にマークせよ。

(イ)　同情　　　　　　(ロ)　共感　　　　　　(ハ)　客観

(ニ)　相互　　　　　　(ホ)　親和　　　　　　(ヘ)　主観

2　問題文Aの文中 ② , ③ , ④ に当てはまる語の組み合わせとして最も適切なものを(イ)～(ニ)から１つ選び，マーク解答用紙にマークせよ。

(イ)　②ステレオタイプ，③差別，④暴力

(ロ)　②偏見，③差別，④排斥

(ハ)　②ステレオタイプ，③偏見，④差別

(ニ)　②差別，③誤解，④暴力

3　問題文Aの下線部(1)の理由として適切なものを，(イ)～(ホ)から２つ選び，マーク解答用紙にマークせよ。

(イ)　「権威主義的パーソナリティ」を持つ人々が存在する。

(ロ)　私たちの生活の中には多くの情報があふれているため，即座に情報を理解し行動を起こせるように，日常的に情報を単純化し整理している。

(ハ)　自分が所属する集団（内集団）を外集団よりも優れているとみなそうとする傾向が人々には自然に備わっている。

(ニ)　正当な根拠がないにも関わらず，ある人々や集団に対して不平等あるいは不利益な扱いをする傾向が，人々に自然に備わっている。

㊭　グローバル化の進行とともに異文化接触が増えた分，コンフリクト
　　（摩擦）が増えている。

4　問題文Ａの下線部(2)以下文末までの部分にタイトルをつけるとしたら，
　どれが最もふさわしいか，㈠～㊭から１つ選び，マーク解答用紙にマー
　クせよ。

㈠　人のふり見て我がふり直せ

㈡　情けは人の為ならず

㈢　コスモポリタンのすすめ

㈣　マジョリティの固定性

㊭　対岸の火事にしないために

5　問題文Ｂは欧州での新型コロナウイルス感染拡大時の差別に関する論
　考である。文中に挙げられた事象のうち，問題文Ａで説明された「ステ
　レオタイプ」の例として最も**不適切**なものを，㈠～㊭から１つ選び，マー
　ク解答用紙にマークせよ。

㈠　アジア人の学生が，同級生から「学校にコロナを広めるな」と言わ
　　れた。

㈡　地球に中国の国旗の柄のマスクをかぶせたイラストが，雑誌の表紙
　　に使われた。

㈢　新聞がウイルス感染の拡大を「黄色い警報」と報じた。

㈣　政治家が，感染拡大を多様性が生んだディストピアでもあるかのよ
　　うに語った。

㊭　政治家が移民と新型コロナウイルス感染とを関連づけた。

6　問題文Ｂの下線部(3)に関連して，「無知」であることが，なぜ差別に
　つながるのかを，問題文Ａと問題文Ｂの論考を踏まえて，記述解答用紙
　①に 200 字以内で論述しなさい。

II　以下は，2009 年から 2010 年にかけて発覚した，ギリシャにおけ
　　　る経済統計の改ざん問題に関する文章である。文章を読んで，下
記の問い１～５に答えよ。（40 点）

Economist Andreas Georgiou knew his job would not be easy.
Even so, it was only when he discovered his emails were being

hacked and leaked that he realized how challenging it would be to protect professional independence in official statistics.

　Hired in 2010 to reform the disgraced Greek Statistics Authority, ELSTAT, Georgiou discovered the email breach weeks into the job. "The police told me that the hacker had been entering multiple times a day into my account from day one of my work at ELSTAT and had accessed and downloaded thousands of my emails," Georgiou told Reuters News Agency. "All trust was broken."

　Greece's debt crisis overwhelmed the eurozone[1] after the country revealed in 2009 that its deficit had been massively under-reported. Now Georgiou, who has a Ph.D. in economics from the University of Michigan, brought in to stop such practices, is also trapped in the storm. Last November, he was called before parliament to answer accusations by former Statistics Authority board members that he had exaggerated Greece's 2009 budget deficit[2] as part of a German-led conspiracy to plunge the country into deeper austerity.[3]

　Last month, financial-crimes prosecutors charged Georgiou with distorting official data. The reason behind such charges has not yet been released, but he may be convicted of breach of faith — a crime that usually applies to those who misuse public funds. If he is, he could face at least five years in jail.

　Georgiou says he did nothing wrong and merely applied European Union (EU) statistical standards, such as ensuring data collectors are free of political influence. "That this is happening in the middle of the eurozone is a very strange experience," he said. "I am being prosecuted for following the law."

　His supporters, including EU partners who are bankrolling[4] the Greek government with hundreds of billions of euros, say the affair reflects continuing political reluctance in Greece to confront many of the country's structural faults. Eurostat, the official statistics authority for the EU, has rushed to Georgiou's defense, issuing public statements in his support. A spokesman for the German finance ministry said he knew of the investigation, but had heard nothing about Germany's alleged part. "I don't even know the accusations. Nonsense," he said.

The current Greek government has also backed Georgiou, although it is clearly cautious about interfering in the legal process. "The outside world doesn't understand, and, to be honest, we have a huge difficulty explaining to our partners what is happening here," said a senior Greek finance-ministry official on condition that their name would not be revealed. "What we stress is that we stand behind the current numbers in our economic program. They have been confirmed for reliability by Eurostat and we have full confidence in Mr. Georgiou."

Government officials say part of the problem with Greece's statistical service was that, until recently, it was controlled by the finance ministry and at the mercy of ministers. In the past, according to the officials, some in the ministry may have wanted to keep GDP[5] low to collect more EU subsidies, while others wanted to boost GDP to keep the deficit ratio within EU rules.[6] Eurostat regularly used to approve Greece's numbers, but with "reservations," meaning it doubted their reliability. In 2004, then finance minister George Alogoskoufis told the European Commission (the executive branch of the EU) in Brussels that Greece had under-reported its budget deficit for years, including for 2001, the year it joined the eurozone.

Two years later, Greece surprised its European partners again by announcing that it was revising up its GDP by 25 percent after including illegal financial activities and corruption. Eurostat objected and approved only a 9 percent revision, but not before Greece had been laughed at by the international media. "Greece managed to get by somehow with reservations on its statistics for some time," said Andreas Georgiou, who also held senior posts at the International Monetary Fund (IMF)[7] from 1989 to 2010. "It was an approach and a culture. But it led to a wiping out of the credibility of the statistics of the country."

That credibility suffered further with a new finance minister. Socialist George Papaconstantinou announced in late 2009 that the budget deficit would come to 12.7 percent of GDP instead of a previously estimated 6 percent. He blamed Conservative Yannis Papathanasiou, who had held the post before him. Eurogroup[8] head and Luxembourg prime minister Jean-Claude Juncker told reporters in Brussels at the time: "The game is over ─ we need serious statistics." The revision was followed by another new deficit estimate of 13.6 percent in April 2010.

It was at that point, as part of an international bailout[9] that rescued Greece from financial collapse, that Papaconstantinou created a new, independent statistics authority and brought in Georgiou. In October 2010, Georgiou re-examined the 2009 budget deficit figure with Eurostat and revised it again, this time to 15.4 percent.

Papaconstantinou says it was during his time in office that the agency started functioning without political interference. As for the charges against Georgiou, he said, the final judge of the reliability of any EU member's data is Eurostat, whose rules national statistical agencies are required to apply. "I therefore fail to see how and why this is an issue for the Greek courts."

There were challenges at ELSTAT from the start, Georgiou says. One of its board members had been appointed by the finance minister and another by the central bank. Some members regarded Georgiou as a rival. Also on the board a labor union representative. Those people wanted to get involved more directly in producing numbers. Georgiou insisted that should be solely the work of experts in statistics. "I explained that the technical staff had to do their jobs independently," he said. In the past two and a half years, according to Georgiou, Greece has produced sets of figures five times without any Eurostat reservations ─ for the first time in years.

Indeed, Eurostat confirmed the 2009 deficit figure after careful examination.

But clashes continued, including with the ELSTAT trade union, whose president Nikos Klouvatos has asked for Georgiou to step down from his post pending his trial. "Georgiou wanted to change everything, and we told him we agreed — but only if he did it slowly," said Klouvatos. In the words of the above-mentioned finance ministry official, Papaconstantinou had wanted an internationally minded person — someone who could talk convincingly with foreigners — to lead ELSTAT. Papaconstantinou, said the official, also ended up surrounding the person of his choice with members controlled by the government.

In September 2011, then finance minister Evangelos Venizelos dismissed the ELSTAT board, and, in April 2012, a new law created an advisory council instead. Since then, former board members have alleged that Georgiou deliberately exaggerated the 2009 budget deficit, leading Greece's eurozone partners to demand tougher austerity measures in return for bailing out the country. Zoe Georganta, an applied econometrics professor at the University of Thessaloniki, is one of those former members. She insists her concerns are technical. According to Georganta, the drastic austerity measures imposed on Greece are still based on incorrect figures. Her calculations show that Greece's GDP is underestimated by 30 percent. She has estimated that the country's deficit (for 2012) is not over 4 percent of GDP. Georgiou rejects those figures and the allegation that he overstated the deficit. The IMF and the EU put Greece's deficit for 2012 at 6.6 percent of GDP.

Others soon joined the battle. One newspaper called Georgiou the Trojan Horse[10] of the international lenders. But former prime minister George Papandreou strongly criticized the prosecutors, saying the attack on the statistics boss was an assault on his own days in office, and that earlier statistics officials had distorted the figures for years. The union of Greek prosecutors hit back, calling Papandreou's statement an unacceptable intervention in legal proceedings. It could take years for the case to come to court. Given that investigators have not yet finished their work, it remains possible that the charges against Georgiou will be dropped.

Georgiou says the country needs serious statistics. "Serving the national interest is to produce official statistics according to international statistical standards, correct methodology, and EU law. This is how we best serve our country," he said. "I came here because I loved Greece, and I still love it — despite everything."

> （出典：Dina Kyriakidou, "Numbers game turns nasty for Greek stats chief" in *Reuters*, March 14, 2013. 問題作成の都合で一部省略し，また一部表現を変えたところがある。）

[1]eurozone ユーロ圏。EU 参加国のうち通貨としてユーロを採用している国を指す。
[2]budget deficit 財政赤字。
[3]ギリシャへの資金援助と引き換えに，ドイツを中心とする EU 諸国が，ギリシャに対し緊縮財政（austerity）を求めたという背景がある。
[4]bankroll （…に）資金を出す。（…の）スポンサーになる。
[5]GDP （＝Gross Domestic Product）国内総生産。
[6]EU rules ここでは「EU 加盟国は，財政赤字の対 GDP 比率を 3 パーセント以下に抑えること」とするルール。
[7]International Monetary Fund 国際通貨基金。
[8]Eurogroup ユーロ圏参加国の財務相による会合のこと。
[9]bailout 政府や銀行による資金援助。
[10]the Trojan Horse トロイの木馬。

1　本文の内容を示すものとして，最も適切なものはどれか。選択肢(**a**)〜(**e**)の中から 1 つ選び，マーク解答用紙にマークせよ。

(**a**) Andreas Georgiou was hired to work with the police to find out who hacked the email account to access and download its contents.

(**b**) George Alogoskuofis announced in 2009 that the budget deficit would come to 12.7 percent of GDP instead of a previously estimated 6 percent.

(**c**) George Papaconstantinou refused to create a new, independent

statistics authority that would be part of an international bailout
to rescue Greece from bankruptcy.

(d) Some former ELSTAT board members alleged that Andreas
Georgiou had inflated Greece's 2009 budget deficit in order to
justify tougher austerity measures.

(e) The 2009 budget deficit figure reported to Eurostat was re-
examined and revised upward to 15.4 percent by Yannis
Papathanasiou.

2　ギリシャの統計改ざん問題について近い意見を有する人物のグループ
の分け方として，最も適切なものを選択肢(a)〜(d)の中から1つ選び，マ
ーク解答用紙にマークせよ。

(a)　グループ1：Zoe Georganta, Andreas Georgiou,
　　　　　　　　　George Papaconstantinou
　　　グループ2：Nikos Klouvatos, George Papandreou,
　　　　　　　　　Yannis Papathanasiou

(b)　グループ1：Andreas Georgiou
　　　グループ2：Zoe Georganta, Nikos Klouvatos,
　　　　　　　　　George Papaconstantinou, George Papandreou,
　　　　　　　　　Yannis Papathanasiou

(c)　グループ1：Andreas Georgiou, Nikos Klouvatos,
　　　　　　　　　George Papaconstantinou
　　　グループ2：Zoe Georganta, George Papandreou,
　　　　　　　　　Yannis Papathanasiou

(d)　グループ1：Andreas Georgiou, George Papaconstantinou,
　　　　　　　　　George Papandreou
　　　グループ2：Zoe Georganta, Nikos Klouvatos,
　　　　　　　　　Yannis Papathanasiou

3　本文をふまえて，修正後の Eurostat の統計に基づく 1995 年から
2012 年までのギリシャの経済状態の推移を表すグラフとして最も適切
なものを選択肢(a)〜(d)の中から1つ選び，マーク解答用紙にマークせよ。

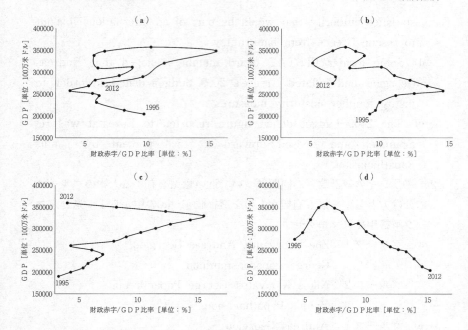

4 以下の空欄 ① ~ ③ に文中から推測される数字として最も適切なものを空欄に続く選択肢(a)~(e)から1つ選び，マーク解答用紙にマークせよ。

議論を簡単にするために Andreas Georgiou は 2012 年のギリシャの GDP を 210 億米ドルと推定しているものと仮定する。このとき Zoe Georganta の計算によれば，2012 年のギリシャの GDP の真の値は ① [(a) 100 (b) 200 (c) 300 (d) 400 (e) 500] 億米ドルである。その値と，彼女の主張する財政赤字の GDP 比に基づけば，ギリシャの財政赤字は最高でも ② [(a) 4 (b) 8 (c) 12 (d) 16 (e) 20] 億米ドルとなる。IMF および EU の見解が Andreas Georgiou のそれと同一であるとするならば，Andreas Georgiou によるギリシャの財政赤字の大きさの推定値は 210 億米ドルの 6.6 パーセントである。よって Zoe Georganta による推定値は，Andreas Georgiou の推定値の約 ③ [(a) 6.6 (b) 13.9 (c) 54.2 (d) 86.6 (e) 115.5] パーセントになる。

5 経済統計などのデータの中から，改ざんなどによる作為的な値を見つけるために，「ベンフォードの法則（Benford's law）」が用いられるこ

とがある。ベンフォードの法則とは，実社会の観察から得られた大規模な統計データについて，そこに含まれている数の最大桁に関する経験則のことである。ここで「ある数の最大桁」とは，例えばその数が「2594563」であれば「2」を，「3.141592」であれば「3」を指す。ベンフォードの法則によれば，実社会で観察される数字の最大桁は1であることが最も多く，9である場合が最も少ない。以下の表1には，ベンフォードの法則による各数の相対度数（全体の中での比）が示されている。

表1：ベンフォードの法則による社会で観察される数の最大桁の相対度数

最大桁	1	2	3	4	5	6	7	8	9
相対度数	0.301	0.176	0.125	0.097	0.079	0.067	0.058	0.051	0.046

(1)　16 個の自然数 2^0, 2^1, 2^2, $\cdots$, 2^{15} についての，最大桁の相対度数を示している表として最も適切なものを選択肢(a)〜(d)の中から1つ選び，マーク解答用紙にマークせよ。ただし以下の表では，最大桁が1から5までの相対度数のみを示しており，かつ四捨五入により小数点以下3桁までを示している。

(a)

最大桁	1	2	3	4	5
相対度数	0.110	0.112	0.125	0.121	0.100

(b)

最大桁	1	2	3	4	5
相対度数	0.227	0.312	0.125	0.187	0.079

(c)

最大桁	1	2	3	4	5
相対度数	0.301	0.176	0.125	0.097	0.079

(d)

最大桁	1	2	3	4	5
相対度数	0.313	0.188	0.125	0.125	0.063

⑵　以下の表 2 には，EU 参加国が提出した統計資料のすべてに基づく，最大桁の相対度数が示されている。また表 3 には，ギリシャが提出した資料のみに基づく，最大桁の相対度数が示されている。ベンフォードの法則をふまえて，これらの表からギリシャにおける統計改ざん問題に関して推測できることを，記述解答用紙①に日本語で 200 字以内で記しなさい。

表 2 ：全 EU 参加国の統計資料における最大桁各数の相対度数

最大桁	1	2	3	4	5	6	7	8	9
相対度数	0.299	0.181	0.1323	0.1014	0.0765	0.0663	0.0543	0.0467	0.0424

表 3 ：2008 年に作成されたギリシャの統計資料における最大桁の相対度数

最大桁	1	2	3	4	5	6	7	8	9
相対度数	0.26	0.34	0.10	0.11	0.05	0.05	0.04	0.04	0.01

III

Read the statement below and write a paragraph giving at least two reasons why you agree or disagree with it. Write your answer in English in the provided box on your written answer sheet（記述解答用紙②）．（15 点）

"Participants in online conversations should use their real names."

〔解答欄〕約 15 cm×15 行

■一般選抜：学部独自試験

問題編

▶試験科目・配点

試験区分	教　科	科　　目	配　点
大学入学共通テスト	外　国　語	英語，ドイツ語，フランス語から 1 科目選択	25 点
	数　　　学	数学 I・数学 A	25 点
	国　　　語	国語	25 点
	地歴・公民または数学または理科	以下から 1 科目選択 　日本史 B，世界史 B，地理 B，現代社会，倫理，政治・経済，「倫理，政治・経済」，「数学 II・数学 B」，物理，化学，生物，地学 または，以下から 2 科目選択 　物理基礎，化学基礎，生物基礎，地学基礎	25 点
学部独自試　　験	総 合 問 題	日英両言語による長文を読み解いたうえで解答する形式とし，記述式解答を含む。	100 点

▶備　考

• 共通テストの外国語と国語は配点 200 点（英語は，リーディング 100 点，リスニング 100 点の合計 200 点）を 25 点に，数学と選択科目（地歴・公民，数学，理科）は配点 100 点を 25 点に換算する。

• 共通テストの選択科目（地歴・公民，数学，理科）において，上記科目の範囲内で複数の科目を受験した場合は，最高得点の科目の成績を大学側で自動的に抽出し，合否判定に利用する。

• 共通テストの「理科」において，基礎を付した科目（2 科目）と基礎を付していない科目（1 科目）の両方を受験した場合は，得点の高い方の成績を大学側で自動的に抽出し，合否判定に利用する。

• 共通テストの「地歴・公民」「理科（物理，化学，生物，地学）」において，1 科目受験の場合は，上記以外の科目を選択すると合否判定の対象外となる。2 科目受験の場合は，第 1 解答科目の成績を合否判定に利用

する。上記以外の科目を第 1 解答科目として選択した場合は，合否判定の対象外となる。

■総合問題■

（120 分）

Ⅰ　つぎの文章を読んで，下記の問い 1 〜 7 に答えよ。（45 点）

　少子高齢化は，現在の日本が直面する喫緊の課題である。それは，国の政策においても重要な問題と位置付けられている。たとえば，少子化については，2003 年に少子化社会対策基本法が公布・施行された。その前文には，少子化が社会における様々なシステムや人々の価値観と深くかかわっており，その解決のために，長期的な展望に立った不断の努力が必要であることが明記されている。高齢化については，1995 年に高齢社会対策基本法が公布・施行された。その前文では，国民一人一人が生涯にわたって真に幸福を享受できるような社会を築き上げていけるように，雇用や年金，医療，福祉，教育，社会参加，生活環境などに関連する社会の仕組みを不断に見直すことが必要であると謳われている。以下では，日本における少子高齢化の現状と課題について概観する。

　日本の出生数は減少し続けている。厚生労働省の人口動態統計（確定数）によると，2019 年における日本の出生数は 865,239 人であった。同統計によってこれまでに公表された年間出生数が初めて 90 万人を下回った。日本の年間出生数は，第 2 次世界大戦終了直後のベビーブームの後いったん減少し，2 度目のベビーブームにあたる 1970 年代前半に 200 万人を超えるまでに回復したものの，1975 年以降はほぼ一貫して減少している（図 1）。特に，2019 年における前年からの出生数の変化率（−5.8%）は，2017 年（−3.2%）と 2018 年（−2.9%）と比べて著しく低く，人口減少に拍車がかかったとも受け止められる。

図1　日本における出生数と死亡数の推移

注：1944－1946年の統計は戦災による資料の喪失等による不備のため省略されている。
資料：厚生労働省「人口動態統計」（1899年から2019年までの調査）

　出生数とは逆に，死亡数は増加している。医学の進歩に伴って平均寿命が延びてはいる。しかし，一般に高齢になるほど死亡率が高くなるので，近年の死亡数の増加は，人口の高齢化の結果でもある。1970 年代中ごろにおける年間死亡数は約 70 万人であった。ところが，年間死亡数は 1980 年代前半から増加し始め，1990 年に 80 万人を超え，1990 年代後半に 90 万人よりも多くなり，2003 年に 100 万人を超え，2005 年には年間の出生数を上回った。年間死亡数はもうすぐ 150 万人に達する趨勢である（図 1）。

　一国の人口は，出生数と死亡数に応じて変化する。出生数や死亡数に比べて国際的な人口の移動数が僅少であると仮定すると，死亡数が出生数を上回れば一国の人口は減少する。実際，日本の人口は減少し始めている。総務省の国勢統計によれば，2015 年調査における日本の人口は，2010 年調査におけるそれに比べて減少した（図 2）。国際的な人口の流出入に大きな変化がなければ，出生数の減少と死亡数の増加が続くかぎり，日本の将来人口は減少していくことになる。

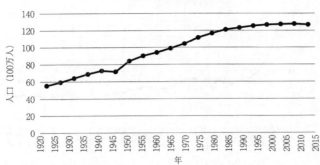

図2　日本の人口の推移

資料：総務省「国勢統計」（1920 年から 2015 年までの調査。
ただし，1945 年のみ「昭和 20 年人口調査」による。）

　人口減少の主因は，出生数の減少，すなわち少子化にある。出生数が減少すれば，相対的に高齢者の割合が高くなるのだから，少子化は高齢化の一因であるともいえる。では，日本の人口減少の到来は，いつごろから予想されていたのであろうか。

　少子化を捉える指標として，合計特殊出生率（TFR）がよく用いられる。TFR は，15 歳から 49 歳までの女性の年齢別平均年間出産数の合計で求められる。それは，しばしば，一人の女性が一生の間に産む平均的な子ども数と解釈される。

　日本における TFR は，1947 年における水準から急減した。具体的には，1947 年の TFR が 4.54 であったのに対して，2019 年のそれは 1.36 であった。現状の死亡の水準のもとで人口が長期的に増減せずに一定となる出生の水準，すなわち人口置換水準は，現在，2.06 であると推定されている。大雑把に言えば，女性が一生のうちに平均的に二人よりも若干多く子どもを出産すれば，長期的に人口が一定に維持される。もし，TFR が人口置換水準を継続的に下回るならば，社会的移動によって人口が補われないかぎり，人口はやがて減少する。少子化が社会的な問題として注目され，実際に人口減少が始まったのは比較的最近になってからである。しかし，1974 年以降，日本の TFR は人口置換水準を下回っていた（図 3）。したがって，日本の人口が減少することは，かなり以前から予測されていたのである。

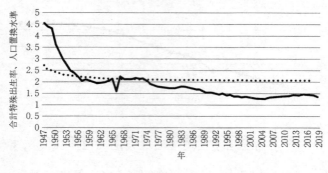

図3　日本における合計特殊出生率の推移

資料：厚生労働省「人口動態統計」（1947 年から 2019 年まで
　　　の調査），国立社会保障・人口問題研究所「人口統計資
　　　料集 2020 年版」

　経済の発展に伴って TFR が減少する傾向は，諸外国にも見られる。そ
のような現象が生じることについての一つの説明は，経済が発展するほど
女性の経済活動への参加機会が増え，就業しながら育児をすることの負担
が大きいために，生涯に産む子どもの数が減るというものである。

　日本についてこの点を検証するために，都道府県別の TFR と女性の労
働力人口比率との関係を調べる。ここで労働力人口比率とは，15 歳以上
人口のうち，収入を伴う職に就業している者と収入を伴う職に就くべく職
を探している者の合計が占める割合である。図 4 は，2005 年，2010 年，
2015 年における都道府県別 TFR を縦軸に，都道府県別の女性の労働力人
口比率を横軸にとった散布図である。都道府県別に 3 年分の観察値が線で
結ばれている。図 4 は，全体的に見ると，女性の労働力人口比率が高くな
るほど，TFR が高くなる傾向があることをあらわしている。　　①

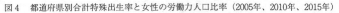

図 4　都道府県別合計特殊出生率と女性の労働力人口比率（2005年、2010年、2015年）

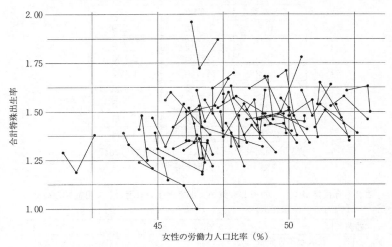

注：同じ都道府県が線で結ばれている。
資料：総務省「国勢統計」（2005 年から 2015 年までの調査），厚生労働省
「人口動態統計」（2005 年，2010 年，2015 年調査）

　では，実際のところ，日本の女性は現状の子ども数に満足しているといえるのだろうか。国立社会保障・人口問題研究所の出生動向基本調査（2015 年）は，調査に選ばれた結婚している 50 歳未満の女性を対象に，理想とする子ども数と予定する子ども数を尋ねている。その結果が表 1 にまとめられている。表 1 によると，理想とする子ども数と予定する子ども数を比べた場合，　②　また，表 2 には，同じ女性を対象とした，今後持つつもりの子どもの数が実現できないとすればその原因として可能性が高そうなものについての回答の状況が示されている。表 2 によれば，　③

表1　理想の子ども数と予定する子ども数

子ども数	理想	予定
0	188	279
1	215	786
2	2,735	2,806
3	1,730	1,087
4	185	126
5 以上	37	15
不詳	244	235
合計	5,334	5,334

資料：国立社会保障・人口問題研究所（2017）
「第 15 回出生動向基本調査」

表2　今後持つつもりの子ども数が実現できない原因として可能性の高そう
　　　なもの（多重選択）

番号	原因	回答数
1	収入が不安定なこと	290
2	自分や夫の仕事の事情	231
3	家事や育児の協力者がいないこと	163
4	保育所など子どもの預け先がないこと	158
5	今いる子どもに手がかかること	150
6	年齢や健康上の理由で子どもができないこと	602
7	その他	41
8	持つつもりの子供数を実現できない可能性は低い	140
	不詳	86
	総数	1,214
	非該当	4,120

注：多重選択とは，回答者が複数の項目を選択できる回答方式を指す。
資料：国立社会保障・人口問題研究所（2017）「第 15 回出生動向基本調査」

　少子化の影響は地域によって異なる。端的に言えば，人口減少は，都市
部よりも地方において急速に進む。日本全体の人口が減少した 2010 年か
ら 2015 年にかけて，8 都県では人口が増加し，その他の道府県では人口
が減少した（表 3）。総じて，首都圏など大都市近郊の地域における人口
が増加し，そうでない地域における人口が減少した。
　都市部よりも地方において人口が急速に減少することの一因は，高校や
大学の卒業を機に，勉学や就業のために都市部に移住し，地元に戻らない
若者が多いことにある。その結果，人口が減少した地域では働き盛りの若

年者が少なくなり，相対的に高齢者が多くなる（表3）。就業する若年者
が少なくなれば，その地域の税収は減少する。他方で，高齢者が広範囲に
居住するので，高齢者に必要な行政サービスを提供するための費用が必要
になる。その結果，人口減少が著しい地域の財政ほど，歳出が歳入を超過
しやすくなり，国庫支出金などの，地域外からの財政補助に頼らざるを得
なくなる。このことは，人口減少が深刻でない地域においても，人口減少
によって経済的な負担が増すことを意味する。

表3　都道府県別人口変化率（2010 年から 2015 年）と 65 歳以上人口比率（2015 年）

都道府県	人口変化率（％）	65 歳以上人口比率（％）	都道府県	人口変化率（％）	65 歳以上人口比率（％）	都道府県	人口変化率（％）	65 歳以上人口比率（％）
北海道	-2.3	29.0	石川県	-1.3	27.5	岡山県	-1.2	28.1
青森県	-4.7	29.9	福井県	-2.4	28.3	広島県	-0.6	27.2
岩手県	-3.8	30.2	山梨県	-3.3	28.1	山口県	-3.2	31.9
宮城県	-0.6	25.2	長野県	-2.5	29.8	徳島県	-3.8	30.6
秋田県	-5.8	33.6	岐阜県	-2.3	27.9	香川県	-2.0	29.3
山形県	-3.9	30.6	静岡県	-1.7	27.6	愛媛県	-3.2	30.1
福島県	-5.7	28.3	愛知県	1.0	23.5	高知県	-4.7	32.5
茨城県	-1.8	26.5	三重県	-2.1	27.6	福岡県	0.6	25.6
栃木県	-1.7	25.8	滋賀県	0.2	23.9	佐賀県	-2.0	27.5
群馬県	-1.7	27.4	京都府	-1.0	26.9	長崎県	-3.5	29.4
埼玉県	1.0	24.6	大阪府	-0.3	25.8	熊本県	-1.7	28.6
千葉県	0.1	25.5	兵庫県	-1.0	26.8	大分県	-2.5	30.2
東京都	2.7	22.2	奈良県	-2.6	28.5	宮崎県	-2.7	29.3
神奈川県	0.9	23.6	和歌山県	-3.9	30.7	鹿児島県	-3.4	29.1
新潟県	-3.0	29.7	鳥取県	-2.6	29.5	沖縄県	2.9	19.4
富山県	-2.5	30.3	島根県	-3.2	32.1			

注：人口変化率は，2015 年の人口 Y と 2010 年の人口 X との差を X で除した値
（Y－X)/X をパーセントで表示したものである。
資料：総務省「国勢統計」（2010 年調査，2015 年調査）

少子化は，人口の構成だけでなく，世帯の構成にも大きな影響を及ぼす。
表4 は，1985 年から 2015 年にかけての世帯人員数別世帯数，すなわち，
世帯人員数の分布をあらわす。表4 から，　④　少子化によって平均的
な世帯人員数が減少するとともに，世帯規模の分布も急激に変化している。

表4　世帯人員数別世帯数

（単位：1万）

年	1人	2人	3人	4人	5人	6人	7人以上	総数
1985	789	699	681	899	420	198	84	3798
1990	939	837	735	879	381	190	81	4067
1995	1124	1008	813	828	351	171	73	4390
2000	1291	1174	881	792	317	145	59	4678
2005	1446	1302	920	771	285	121	47	4906
2010	1678	1413	942	746	257	98	36	5184
2015	1842	1488	936	707	240	81	28	5333

注1：この表における世帯数は，総務省「国勢調査」で定義される一般世帯数を
あらわす。

注2：総数には，世帯人員数不詳の世帯も含む。

資料：総務省「国勢統計」（1985 年から 2015 年までの調査）

　世帯人員 1 人の単独世帯の中身も大きく変化している。1985 年におい
ては，単独世帯の世帯主の 6 割近くが 40 歳未満であった。なかでも，20
代の世帯主の構成比がもっとも高く，全体の約 36％を占めていた。とこ
ろが，2015 年においては，単独世帯の世帯主の 7 割近くが 40 歳以上であ
り，70 歳以上の世帯主の割合が 3 割近くに達している。より正確には，
20 代・30 代の一人暮らしの数は増加したのだけれども，それを凌駕する
勢いで，高齢単独者世帯の数が増加したのである（図 5）。つまり，今か
ら 35 年ほど前は，一人暮らしの多数派は若年者であったけれども，現在
では高齢者の割合が急上昇している。

図5　世帯主の年齢階級別単独世帯数

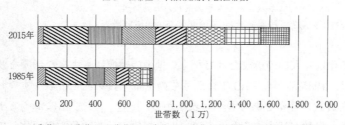

注：世帯主の年齢不詳を除く。

資料：総務省「国勢統計」（1985年調査、2015年調査）

　出生の減少と高齢者の増加が同時に進行した結果，日本の高齢化は急速
に進んでいる。高齢者の増加は，生活の支援を必要とする人々が増加する

ことを意味する。実際，2000年以降の要介護（要支援）認定者数は年々増加している（図6）。ここで，要介護状態とは，寝たきりや認知症などにより常時介護を必要とする状態を指す。また，要支援状態とは，家事や身支度等の日常生活に支援が必要であり，特に介護予防サービスが効果的な状態を指す。要介護（要支援）認定者数は，要介護認定者と要支援認定者の合計である。第1次ベビーブーマーが後期高齢者となる今後は，要介護や要支援の認定者数がさらに多くなると予想される。核家族化と高齢の単独世帯の増加が進む中で，高齢者が必要とする生活の支援をどのように提供していくかは，日本の大きな課題である。

図6　要介護（要支援）認定者数

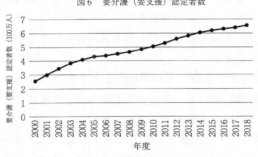

資料：厚生労働省「介護保険事業状況報告」（各年）

1　文中の　①　に入る文章として最も適切なものを1つ選び，マーク解答用紙にマークせよ。

イ）　したがって，少子化を避けるべく合計特殊出生率を上昇させるためには，経済活動への女性の参加を促進することが効果的である。たとえば，女性管理職を積極的に増やすなど，経済活動において女性が責任と権限を持つ機会をこれまでよりも多く設けるようにすべきである。

ロ）　ただし，両者の相関はそれほど強くない。したがって，合計特殊出生率を上昇させるためには，女性の就業を促す方策だけでは不十分であり，他の政策と組み合わせて少子化対策とする必要がある。たとえば，経済的理由のために結婚を躊躇する若者に補助金を支給して有配偶率を高めるなどの施策を，就業機会の促進に追加すべきである。

ハ）　とはいえ，両者の相関が極めて弱いので，女性の就業と関連付け

て合計特殊出生率を上昇させようとする政策は有効でない。むしろ，
両者が独立していることを前提に合計特殊出生率の向上を目指す政策
を施行すべきである。たとえば，出産だけに着目して，不妊治療に伴
う費用の軽減を図るために助成金を支給する。

　ニ）　しかし，都道府県別に見ると，両者がおおよそ負の相関を持つこ
　　とが分かる。すなわち，地域ごとに見れば，経済活動に参加する女性
　　の比率が高いほど，合計特殊出生率が低いという傾向が確認できる。
　　このことは，就業が出生を抑制する効果を持つ証拠とも解せる。した
　　がって，女性の経済活動への参加を促しながら少子化を避けるために
　　は，就業する女性の育児負担が重くならないように対策を講じる必要
　　がある。たとえば，託児施設をより充実すべきである。

2　文中の　②　に入る文として最も適切なものを1つ選び，**マーク解
　答用紙**にマークせよ。

　イ）　予定する子ども数の方が理想の子ども数よりも多い傾向がある。
　　つまり，現状において，希望よりも多くの子供を持てていると回答し
　　た人が，その反対と答えた人よりも多い。

　ロ）　予定する子どもの数と理想とする子どもの数は釣り合っている。
　　つまり，ほとんどすべての回答者について，希望する子どもの数と理
　　想とする子どもの数が一致している。

　ハ）　予定する子ども数の方が理想の子ども数よりも少ない傾向がある。
　　つまり，条件が整えばもっと多くの子どもを欲しいと思っていながら，
　　実際にはそれよりも少ない子どもを持つ予定であると回答した人が，
　　その反対と答えた人よりも多い。

　ニ）　回答の散らばりが大きいため，回答者の理想とする子ども数と持
　　つ予定である子ども数の傾向について判断できない。

3　表2が多重選択（ひとりの回答者が複数の選択肢を回答できる方式）
　であることに注意して，文中の　③　に入る文として最も適切なもの
　を1つ選び，**マーク解答用紙**にマークせよ。

　イ）　保育所など子どもの預け先がないこと，今いる子供に手がかかる
　　ことを理由に，今後希望どおりの子ども数を実現できないとする回答
　　者の人数は308人である。

　ロ）　非該当を除く回答者の約半数が，今後持つつもりの子ども数を実

現できない原因となりそうなものとして，年齢や健康上の理由を挙げ
ている。

ハ）　収入が不安定なことを理由としてあげた回答者のうち，年齢や健
康上の理由で子どもができないことも理由として挙げた回答者数は
145 人程度と推測される。

ニ）　今後持つつもりである子ども数を実現できるだろうとする回答者
が，非該当を除く回答者数の 8 ％程度を占めている。

4　表 3 から，2015 年における都道府県別 65 歳以上人口比率（％）を縦
軸に，2010 年から 2015 年までの都道府県別人口変化率（％）を横軸に
した散布図として最も適切なものを 1 つ選び，**マーク解答用紙**にマーク
せよ。

イ）

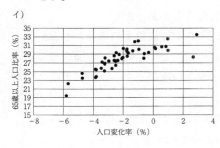

ロ）

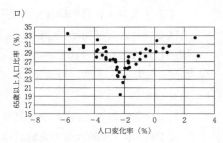

ハ）

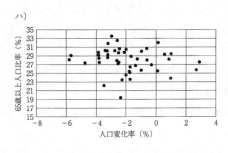

ニ）

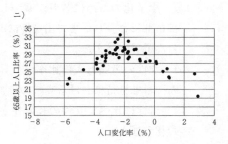

ホ）

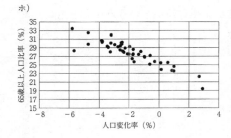

5 文中の ④ に入る文として最も適切なものを 1 つ選び, マーク解
　答用紙にマークせよ。

イ) 2010 年から 2015 年にかけて, 人口が減少したために世帯総数も
　　減少した。

ロ) 1985 年において最も多かった 4 人世帯は, 2000 年まで 3 人世帯よ
　　りも多かった。

ハ) 1990 年以降, 各調査年における世帯人員数の分布の中で単独世帯
　　は最も多くなった。

ニ) 1985 年から 2015 年にかけて, 2 人世帯と 3 人世帯はどちらも増
　　加し続けた。

ホ) 1985 年から 2015 年にかけて 5 年ごとにみた場合, 世帯総数に対
　　する 4 人以上世帯の構成比が上昇したことがあった。

6 図 5 には, 1985 年から 2015 年にかけて, 70 歳以上の単身者が大幅に
　増加したことが示されている。この要因に関して, 問題文の図表から判
　断できる事柄として, 最も適切なものを 1 つ選び, マーク解答用紙にマー
　クせよ。

イ) 1985 年の 40 歳代の単独世帯の世帯主の多くが, 結婚することな
　　く 2015 年に単独世帯の高齢世帯主となった。

ロ) 少子化のために若者が減少した上に, 彼らが就学・就業のために
　　都市部に移動したまま出身地に戻らなくなったため, 独り暮らしをす
　　る高齢者が増えた。

ハ) 女性の労働力人口比率が上昇するにつれて, 晩婚化と少子化が進
　　み, 単独世帯における高齢の世帯主が増加した。

ニ) 男性に比べて女性の長寿化が急速に進んだため, 高齢者の単独世
　　帯化が進んだ。

7 高齢者の生活を支援するのにあなたが有効と考える政策は何か。本文
　の図表を適宜用いながら, その政策がなぜ有効かという理由とともに,
　記述解答用紙①に 200 字以内で記せ。

II **Read this extract from "Ethics Across the Species Boundary" by Peter Singer (Chapter 9 in *Global Ethics and Environment*, edited by Nicholas Low) and answer the questions below.** （40 点）

Here is a very brief summary of a position that I have defended on many occasions, most fully in my book *Animal Liberation*. Our present treatment of animals is based on speciesism; that is, a bias or prejudice towards members of our own species and against members of other species. Speciesism is an ethically indefensible form of discrimination against beings on the basis of their membership of a species other than our own. All sentient beings[1] have interests, and we should give equal consideration to their interests, regardless of whether they are members of our species or of another species.

My aim in this chapter is to defend this position and explain why I hold to it, despite criticisms both from those who seek to defend a speciesist ethic and from those who think that the kind of ethic I hold does not go far enough. It is the latter criticism, in particular, that I address here. While animal liberationists and deep ecologists agree that ethics must be extended beyond the human species, they differ in how far that extension can meaningfully go. If a tree is not sentient, then it makes no difference *to the tree* whether we chop it down or not. It may, of course, make a great difference to human beings, present or future, and to non-human animals who live in the tree or in the forest of which it is a part. Animal liberationists would judge the wrongness of cutting down the tree in terms of the impact of the act on other sentient beings, whereas deep ecologists would see it as a wrong done to the tree, or perhaps to the forest or the larger ecosystem[2]. I have difficulty in seeing how one can base an ethical decision on wrongs done to beings who （　A　） to experience in any way the wrong done to them or any consequences of those wrongs. So hereafter I will be concerned with a position based on consideration of the interests of individual sentient beings.

In any serious exploration of environmental values a central issue will be whether there is anything of intrinsic value beyond human beings. To explore this question we first need to understand the notion of "intrinsic value." Something is of intrinsic value if it is good or desirable *in itself*. The contrast is with "instrumental value," value as a means to some other end or purpose. Our own happiness, for example, is of intrinsic value, at least to most of us, in that we desire it for its own sake. Money, on the other hand, is only of instrumental value to us. We want it because of the things we can buy with it, but if we were abandoned on a desert island we would not want it. (Whereas happiness would be just as important to us on a desert island as anywhere else.)

Now consider any issue in which the interests of human beings clash with the interests of non-human animals. Since we are here concerned especially with environmental issues, I'll take as an example Australia's kangaroo industry, which is based on killing free-living kangaroos in order to profit from the sale of their meat or skins. As a community, Australians must decide whether to allow this industry to exist. Should the decision be made on the basis of human interests alone? For simplicity, I shall assume that none of the species of kangaroos shot is in danger of disappearing from the face of the earth. The issue therefore is one about whether, and to what extent, we （　B　）. So immediately we reach a fundamental moral disagreement — a disagreement about what kinds of beings ought to be considered in our moral discussions. Many people think that once we reach a disagreement of this kind, argument must cease. I am more optimistic about the scope of rational argument in ethics. In ethics, even at a fundamental level, there are arguments that should convince any rational person.

Let us take a parallel example. This is not the first time in human history that members of one group have placed themselves inside a circle of beings who are entitled to moral consideration, while excluding another group of beings, who are like themselves in important respects, from this sacred circle of protection. In ancient Greece, those who the Greeks called "barbarians"[3] were thought of as "living instruments" — that is, human beings who were not of intrinsic value but existed in order to serve some higher end. That end was the welfare of their Greek owners. To overcome this view required a shift in our ethics that has important similarities with the shift that would take us from our present speciesist view of animals to a non-speciesist view. Just as in the debate over equal consideration for non-human animals, so too in the debate over equal consideration for non-Greeks, one can imagine people saying that such fundamental differences of ethical outlook were not open to rational argument. Yet now, looking back, we can see that in the case of the institution of slavery in ancient Greece, that would not have been correct.

Notoriously, one of the greatest of Greek philosophers justified the view that slaves are "living instruments" by arguing that barbarians were less rational than Greeks. In the hierarchy of nature, Aristotle said, the purpose of the less rational is to serve the more rational. Hence it follows that non-Greeks exist in order to serve Greeks. No one now accepts Aristotle's defense of slavery. We reject it for a variety of reasons. We would reject his assumption that non-Greeks are less rational than Greeks, although, given the cultural achievements of the different groups at the time, that was far from being an absurd assumption to make. But more importantly, from the moral point of view we reject the idea that the less rational exist in order to serve the more rational. Instead we hold that all humans are equal. We regard both racism and slavery based on racism as wrong because they fail to give equal consideration to the interests of all human beings. This would be true whatever the level of rationality or civilization of the slave, and therefore Aristotle's appeal to the higher rationality of the Greeks (　C　). Members of the "barbarian" tribes can feel pain, as Greeks can; they can be joyful or miserable, as Greeks can; they can suffer from separation from their families and friends, as Greeks can. To push aside these needs so that Greeks could satisfy much more minor needs of their own was a great wrong and a stain on Greek civilization. This is something that we would expect all reasonable people to accept, as long as they can view the question from a neutral perspective and are not inappropriately influenced by having a personal interest in the continued existence of slavery.

Now let us return to the question of the moral status of non-human animals. In keeping with the dominant Western tradition, many people still hold that all the non-human natural world has value only or mainly insofar as it benefits human beings. A powerful objection to the dominant Western tradition turns against this tradition an extended version of the objection just made against Aristotle's justification of slavery. Non-human animals are also capable of feeling pain, as humans are; they can certainly be miserable, and perhaps in some cases their lives could also be described as joyful; and members of many mammalian species like dogs, horses, and pigs can suffer from separation from （　D　）. Is it not therefore a stain on human civilization that we push aside these needs of non-human animals so as to satisfy minor needs of our own?

It might be said that the morally relevant differences between humans and other species are greater than the differences between different races of human beings. Here, by "morally relevant differences" people will have in mind such things as the ability to reason, to be self-aware, to act independently, to plan for the future, and so on. It is no doubt true that, on average, there is a marked difference between our species and other species in regard to these capacities. But this does not hold in all cases. Dogs, horses, pigs, and other mammals are better able to reason than newborn human infants or humans with profound intellectual disabilities. Yet we grant basic human rights to all human beings and deny them to all non-human animals. In the case of human beings we can see that pain is pain, and the extent to which it is intrinsically bad depends on factors like its duration and intensity, not on the intellectual abilities of the being who experiences it. We should be able to see that the same is true if the being suffering the pain is not of our species. There is no justifiable basis for drawing the boundary of intrinsic value around our own species. (E). How, then, are we to object to those who wish to disregard the interests of members of other races because they are also not members of our own group?

The argument I have just offered shows that while the dominant Western tradition is wrong on the vital issue of how we ought to regard non-human animals, this same tradition has within it the tools — in its recognition of the role of reason and argument — for constructing an extended ethics that reaches beyond the species boundary and addresses the human-animal relationship. There is no objection of principle to this extension. The principle that must apply is that of equal consideration of interests. The remaining difficulties are about exactly how this principle is to be applied to beings with lives — both mental and physical — that are very different from our own.

Whereas I have defended the ethic of animal liberation by placing it within the broad framework of the Western tradition, some people see that tradition as precisely the problem. They argue that it is the Western tradition that is responsible for a civilization that has, for the first time in history, changed the climate of our planet, put a hole into the ozone layer, and caused species to disappear from the face of the earth at an extraordinary rate.

From a historical perspective, there is no denying the truth of these claims, but we need to look forward, not backward. The real issue is what approach offers the best chance of getting us out of the mess we are in. Ironically, the environmental crisis is so grave that there is no problem in using quite a conventional ethic to argue for a radically different attitude to the environment. In many respects, even a traditional ethic limited to human beings would be sufficient. One could, entirely within the limits of the dominant Western tradition, oppose the mining of uranium on the grounds that nuclear fuel, whether in bombs or power stations, is so damaging to human life that the uranium is better left in the ground. Similarly, many arguments against pollution, the use of gases harmful to the ozone layer, the burning of fossil fuels, and the destruction of forests could be formulated in terms of the harm to human health and welfare from the pollutants or the changes to the climate that may occur as a result of the use of fossil fuels and the loss of forest. The fate of peasant farmers on low-lying lands in the delta regions of Bangladesh and Egypt may depend on whether citizens of the wealthy nations put a restraint on their greenhouse gas emissions. Even allowing for some uncertainty about the link between these gases and global warming, (　F　) ─ on the one hand, the survival of 40 million people; on the other, such changes as restrictions on the use of private vehicles or cutting our consumption of animal products produced by modern energy-intensive farming methods ─ is so great that there can be no doubt about the ethical course to take.

[1]"Sentient beings" are beings that are capable of feeling things through physical senses.

[2] An "ecosystem" is a geographic area where plants, animals, and other organisms, as well as weather and landscapes, work together to form a bubble of life.

[3] In former times, "barbarians" were people from other countries who were thought to be uncivilized and violent.

Adapted from "Ethics Across the Species Boundary" by Peter Singer in Global Ethics and Environment, edited by Nicholas Low, Routledge, 1999, pp. 146-157.

1 Choose the most suitable answer from those below to fill in blank space (　A　).

(a)　are going

(b)　are unable

(c)　do not want

(d)　ought not

(e)　would like

2　Choose the most suitable answer from those below to fill in blank space （　B　）.

(a)　consider the interests of individual non-human animals

(b)　find environmental issues a matter of concern in Australia

(c)　put the instrumental value of kangaroos above that of other animals

(d)　understand the difference between animal liberationists and deep ecologists

(e)　value the continued existence of the kangaroo industry

3　Choose the most suitable answer from those below to fill in blank space （　C　）.

(a)　would have justified the enslavement of non-Greeks even if it had been false

(b)　would have justified the enslavement of non-Greeks even if it had been true

(c)　would not have justified the enslavement of non-Greeks even if it had been false

(d)　would not have justified the enslavement of non-Greeks even if it had been true

4　Choose the most suitable answer from those below to fill in blank space （　D　）.

(a)　human civilization

(b)　intrinsic value

(c)　liberationists

(d)　their family groups

(e)　their owners

5　Think of a suitable sentence for blank space （　E　）.　Write

your answer **in Japanese** on your written answer sheet（記述解答
用紙①）, using no more than 25 characters in each of the boxes（1）
and（2）.

〔解答欄〕

仮に

（1）□□□□□□□□□□□□□□□□□□□□□□□□□

という理由で,

（2）□□□□□□□□□□□□□□□□□□□□□□□□□

と想定しよう。

6　Choose the most suitable answer from those below to fill in blank
space（　F　）.
（**a**）　the benefit to peasant farmers
（**b**）　the difference between developing and developed countries
（**c**）　the imbalance in the interests at issue
（**d**）　the impact of the destruction of forests on human life
（**e**）　the likelihood of the wealthy nations seriously damaging the
environment

7　With which of the following statements would the writer most
likely **disagree**?
（**a**）　It is a strategic error for environmentalists to appeal to a
conventional Western ethic.
（**b**）　It is possible to offer rational arguments about the interests of
non-human animals that would persuade both deep ecologists and
speciesists.
（**c**）　The life of a kangaroo in Australia is of intrinsic value, as it is
good or desirable in itself.
（**d**）　The practice of humans eating non-human animals in developed
countries is also a form of speciesism.
（**e**）　The principle of equal consideration of interests may apply to
dogs and horses, even though their lives are different from those

of humans.

III

Read the statement below and write a paragraph giving at least two reasons why you agree or disagree with it. Write your answer in English in the box on your written answer sheet（記述解答用紙②）.（15 点）

"Peaceful protests should not turn violent even if protesters feel that their voices are being ignored."

〔解答欄〕約 15 cm×15 行

/////////////////// · **memo** · ///////////////////

問
題
編

■ 学部独自試験　サンプル問題

問題編

▶ 試験科目・配点（予定）

試験内容		科　　　　　　　目	配　点
1)	大学入学共通テスト（4教科4科目）	①国語	25 点
		②数学：「数学Ⅰ・A」	25 点
		③外国語：英語，ドイツ語，フランス語から1科目選択	25 点
		④選択科目：次のうちから1科目を選択　世界史B，日本史B，地理B，現代社会，倫理，政治・経済，「倫理，政治・経済」，「数学Ⅱ・B」，「物理基礎，化学基礎，生物基礎，地学基礎から2科目または物理，化学，生物，地学から1科目」	25 点
2)	学部独自試験	総合問題（日英両言語による長文を読み解いたうえで解答する形式とし，記述式解答を含む）	100 点

• 理科の基礎を付した科目（2科目）は1科目として数えています。
• 国語と外国語は，それぞれ配点200点（英語は，リーディング100点，リスニング100点の合計200点）を25点に換算します。
• 数学と選択科目は，それぞれ配点100点を25点に換算します。
•「選択科目」において，上記指定科目の範囲内で2科目以上受験している場合は，最高得点の科目の成績を大学側で自動的に抽出し，合否判定に利用します。

※学部独自試験のサンプル問題①は2020年3月公表分，サンプル問題②は2020年7月公表分です。
※上記の情報については，2020年9月現在で大学から公表されている内容に基づいて掲載しています。
※2021年度の政治経済学部における一般入試改革に関しては，大学のウェブサイトなどで，各人で最新情報を確認するようにしてください。

　　大学より，「サンプル問題は，2021 年度以降の一般入学試験をイメージするために作成したサンプルであり，実際に出題される問題とは異なります」と発表されている。

■■総合問題■■

◀サンプル問題①▶

（120 分）

I　次の文を読んで、下記の問いに答えよ。（40 点）

　不遇な人々に対して、どのように向き合うことが道徳的に正しいのか。この問いこそ、3 月 1 1 日の震災および原発事故からの復興を考える上で、われわれにつきつけられている核心の問題である。以下では、この問題を、現代哲学のひとつの集大成といえる J・ロールズの『正義論』と、それに対する批判とを対比することを通じて、考えていきたい。

　ロールズの『正義論』の中では、社会の中で最も不利な状況にある人々の最大の利益になっている場合には社会的・経済的不平等が許容されるという、有名な「格差原理」が論じられている。地震と津波および原発事故により、それまで営んできた平穏な生活が破壊された人々が、一瞬にして不幸な境遇に陥ったことを疑うものはおそらくいない。したがって、ロールズの議論に従えば、このように苦難を受けている人々に対しては、格差原理に基づき、補償がなされるべきだということになろう。

　しかし、ロールズの議論には、人が不遇に陥っている原因が、その人を取り囲む「状況」（circumstance）であるのか、それともその人自身が為した「選択」（choice）であるのか、という区別が反映されていない。むしろ、ロールズは「暮らし向きが悪い」（worst-off）かどうかという一点だけを、不平等が許容されるかどうかの条件として勘案すべきだと訴えているようにみえる。ロールズに対する批判のひとつは、まさにこの論点をめぐって展開されている。その口火を切った R・ドォーキンは、不遇が本人の選択によってもたらされたのか、それとも何らかの先天的な資質に由来するのかが考慮されないことは、われわれの道徳的直観に反する、と主張する。彼は、　　①　　というのである。

　たとえば、ここに二人の、（経済的・社会的に）同程度に不遇な人がいるとする。そのうちの一人は、ギャンブルで資産を使い果たして暮らし向きが悪くなった人であり、もうひとりは先天的な障碍のために毎月高額な治療費を支払わなければならないので暮らし向きが悪くなった人である。さて、この二人に対して、等しく補償がなされるべきであろうか。ドォーキンは、そうではないと主張する。後者は、本人のコントロールの及ばない「状況」が、暮らし向きの悪さの原因となっている典型例であろう。一方、前者の場合は、本人がギャ

ンブルするという「選択」をしたことが、暮らし向きの悪さの原因である。ギャンブルしたことの責任を重視するならば、それによって生まれた不利益は本人が負うものと考えるべきだと、ドォーキンは訴えるのである。一般に、コントロールの及ばない不運によって生じる不利益に対しては補償がなされるべきだが、自分の選択の結果生じた不利益は補償の対象とすべきではないという立場は、「運の平等論」や「運の平等主義」などと呼ばれている。

さて、以上要約したロールズの議論とそれに批判的な立場との対立を、われわれはどう受け止めるべきか。注意しなければならないのは、ここには二つの対立の構図が重なり合うようにしてある、ということである。実は、このことに気づかないと、われわれは両者のあいだの論争の意味を取り違えてしまう。

まず、両者のあいだの第一の対立は、不遇に陥ったことに本人の選択が関与していた場合に、どこまでその責任を本人が負うべきかという点についての見解の違いとして現れる。ドォーキンら「運の平等主義」者たちは、まさにこの構図に乗って、ロールズがその責任を認めようとしないことを批判しているのである。

しかし、この第一の対立の手前には、もうひとつ別の対立の構図が控えている。それは、不遇に陥ったことの原因を特定する上で、そもそも「選択 vs 状況」という二分法が成立すると考えるかどうかについての、見解の違いである。もし　　②　　彼はドォーキンらと同じ土俵で論争することを強いられる。他方、もし　　③　　彼の立場は、あくまで第二の論争の構図の中にとどまり、第一の対立の構図の中に位置づけされることはない。

不遇の原因として、状況と選択とを切り分けることはできるのかという論点は、このたび福島で原発事故の被害にあった人々に対して、われわれがどのように向き合うことが道徳的に正しいのかを考える上で、きわめて重要な問いを提示すると思われる。以下、議論を分かりやすくかつ客観的な文脈において提示するために、単純化した架空の想定として話を進めよう。

いま、ある町で原発を建設するかどうかが政治的に争われているとし、その町に住んでいる A、B、C、D の4人の関わりについて考えることにする。このうち A と B は、大きな事故が起きるかもしれない原発の建設に反対であり、彼らは自分たちの反対の意志をその町の首長選挙や議会選挙などを通して表明している。一方、C と D は、リスクを認識しながらも国から多くの補助金が受けられる原発の建設に賛成で、やはり選挙などの機会を通じて賛成の意志を表明している。そして、この4人はすべて、自分たちの意見が広く共有されるよう、周りの人に対しても働きかけをしていたとしよう。その後、A や B の反対意見は少数派にとどまり、この町に原発が建設されることになったとする。その時点で、A は原発のない土地に移住することを決断した。しかし、B は長年住んだ郷里を離れる決断ができず、この町にとどまることにした。

さて、時がたち、不幸にも、原発事故が起こってしまった。放射能が飛散したことにより、B、C と D は、それぞれ自分の住んでいた家から一時的に避難することを強制された。その後、事故は収束し、B と C は自分の家に戻ることができた。しかし、D が住んでいた家は、原発の事故現場に近く、将来も長期にわたって高濃度の放射能が残ることが予想され、D は引き続き避難生活を続けている。そして、現在、この町では、原発事故によってさまざまな人が被った不利益に対して、どのような救済や支援がなされるべきかが議論されている、とする。

以上のごく単純化された想定に基づいて、この原発事故に対して責任を負うべき者はいるのか、あるいは誰がどれだけの補償を受けるのが正しいことなのかを、考えていこう。はじめに、ロールズの立場に依拠してどのような補償スキームが組み立てられるかを考える。すでに述べたように、ロールズは、個々の人々の暮らし向きの悪さだけに注目しようとする。すると、A、B、C、D の中で、財の分配を受けるべきなのは、最も大きな被害を受けた D ということになろう。B と C には、住むことのできる自宅が残っており、すくなくとも D ほど

暮らし向きが悪いとはいえない。さらに、A については、町を出た後の様子が不明であるので、補償されるべきかどうかは一概に決められない。ただ、すくなくとも事故が起こった時点でこの町に住んでいなかったのであるから、今回の事故により A の暮らし向きに急激な変化が起こったとは考えにくい。

さて、このスキームに、運の平等主義論者たちが同意したり満足したりすることは、おそらくないと思われる。なぜなら、ここでは、各人が原発事故に対してどのような責任を負うのかという検証が、まったくなされていないからである。すでに示唆した通り、運の平等主義の立場では、個人がどのような選択をしたかが、その人の負うべき責任と不可分にかかわっていると考える。では、こちらの立場にもとづいて補償スキームを組み立てていくには、どのような考慮が必要となるであろうか。

まず、原発の建設に反対した A と B を考えよう。運の平等主義にしたがえば、この二人に事故の責任を負わせるのは、むずかしいと考えられる。上記の想定では、この二人は、単に自らの信条として原発に反対だったのではなく、他の人たちにも原発の建設に反対するよう働きかける行動をとっていた。彼らは、いかなる意味においても、「原発の建設」を選択したとはいえず、彼らの行動は、むしろまったく逆の「原発建設の阻止」を選択した上で、その選択に責任を取ろうとする行動であったというべきである。

では、C と D についてはどうか。もし A と B が免責されることが正しいのだとすれば、C と D は、その裏返しとして、原発事故が起こったことについて責任を負うべき選択をしたと解すべきである。上記の想定では、C も D も、原発が事故を起こすリスクを知りつつ、原発建設を単に静かに支持していたのではなく、他の人々へ支持を広げようと積極的に行動していた。彼らの働きかけがなかったならば、原発を建設することへの多数派合意がこの町で成立することはなかったかもしれないのである。その意味では、彼らには原発建設を推進した責任、ひいてはその事故が起こってしまったことの責任がある、ということになろう。

だとすると、運の平等主義論者が導く結論としては、4 人のうち、原発事故によって生じた不利益に対して、完全な補償が支払われるべきなのは、B だけということになる。A はすでに住居を町外へと移していたので、原発事故による不利益がそもそも発生していない。B と C については、事故によって一時的に避難を強いられたという不利益が発生しているが、C は原発事故の責任の一端を負うので、C に対する補償は B と比べて減額した内容にとどめるべきだ、ということになる。また、D は、より長期にわたって避難を強いられ B や C 以上に大きな不利益が発生しているものの、D も原発事故の起こった責任の一端を負うべきである以上、その不利益の全額が補償されることはない。

さて、この結論に対して、われわれの道徳的直観が違和感を抱くとすれば、それはどこに由来するであろうか。たしかに、このスキームは、選択の責任を重視する運の平等主義の観点からすれば、一応整合的であるといえるかもしれない。しかし、その整合性は、それほど安定的ではないようにみえる。その理由は、そもそも何をもって「選択」と考えるか、つまりある人が責任を負うべき「選択」をしたことをどのように見定めるかが、恣意的に決められているように感じられるからである。

具体的にいうと、上の結論を導くためには、原発建設への支持・反対の態度を明確に表明することが「選択」したこととみなされ、C と D に責任が生じることの根拠とされている。しかし、ここにはまったく別の「選択」があったとも考えられる。それは、この町を去るか去らないかという選択である。

自らの意見が多数派意見とならないことが判明したとき、A は長年住み慣れた郷里を離れるという決断をした。それは、文字通り「苦渋の選択」、重い決断であったであろう。ところが、この選択の重みは、上記のスキーム、選択の責任を重視するはずの運の平等主義の結論に、まったく反映されていない。われわれは、そこに違和感を感じるのではないか。

④

　もっとも、この批判に対しては、運の平等主義者が再反論し、Ｂの責任は問えないと主張するのではないかと思われる。その再反論は、以下のようなものとして展開されるであろう。そもそもＣとＤの補償を減額しなければならない理由は、ＣとＤには責任があるがＢには責任がないという非対称性がある中で、Ｃ・ＤとＢとのあいだに「差をつける」必要があったからである。このときＢは、「差をつける」ための基準、すなわちベースラインとして機能する。しかし、Ｂの補償自体を減額しなければならないとすると、ベースラインはどこかほかに求められなければならない。ところが、そのようなベースラインは、存在しない。なぜなら、Ｂと「差をつける」べき相手は実はＡであるが、Ａは事故によって不利益を被っておらず、もともと補償の対象でないからである。ということは、Ｂの「町を去らなかった」という選択の責任は、結局のところ、問いようがない、と。

　さて、このように思考実験と批判・再反論を進めてくると、運の平等主義が抱える一般的問題が明らかになったように思われる。第一に、運の平等主義は、責任を帰すべき「選択」の種類が複数ある場合に、責任の大小関係をうまく決定することができない。上記の架空の想定では、原発建設への支持・反対の態度表明と、町を去る・去らないという、二つの種類の「選択」があった。補償を算出する際、前者の選択はＢとＣ・Ｄとを区別し、後者はＡとＢとを区別する。しかし、この両方の選択にそれぞれ応分の責任を認定し配分しようとすると、不都合が生じる。その理由は、ＢとＣ・Ｄ、そしてＡとＢは、それぞれに比較可能であり、従ってそのそれぞれのあいだに「差をつける」ことはできるが、ＡとＣ・Ｄとのあいだを比較することは不可能だから、である。

　第二に、運の平等主義は、この不都合をある仕掛けによって乗り切ろうとしている、と指摘できる。それは、こともあろうに、過去の「選択」を現在における「状況」を構成する一要素として読み替える、という仕掛けである。

　繰り返すが、ＡではなくＢをベースラインとしてＣとＤの責任を問うスキームは、町を去る・去らないの選択を「責任を問うべき選択」として認めないと（恣意的に）決定することによってしか、成立しない。その決定は、Ａが原発事故の起こった時点でこの町に住んでいなかったという事実を、彼が過去において町を去るという「選択」をしたことの結果ではなく、現在の「状況」の一部として読み換える、という作業を行っていることにほかならないのである。同様に、Ｂが事故の時点でこの町に住んでいたという事実も、彼が過去において町を去らない「選択」をしたことの結果ではなく、単に現在という「状況」として読み替えられている。このような作業を通して、Ｂが満額の補償をえられることの根拠が、過去の「選択」から、現在の「状況」へと移し替えられ、確保されることになるのである。

　しかし、過去における「選択」を現在という「状況」の構成要素に置き換える作業を、選択したことの責任を重視しようとする運の平等主義の基本的な考え方の中で正当化するのはむずかしい。加えて、現在の選択の方が過去の選択よりも、責任を問う上で重大であると考えるべき根拠はない。もし、時間の流れの中で、後に為された選択の方が前に為された選択よりも重要であるというのであれば、論理的には、現在において為される選択ではなく、将来において為される選択をさらに待って責任の配分を決めなければならなくなり、結局永遠に責任を問うことが不可能となってしまう。いずれにせよ、ここまで考察を進めると、運の平等主義が依って立つ前提、すなわち「状況 vs. 選択」の二分法そのものの　　⑤　　、といわなければならない。

　さて、ここまでは、ロールズの考え方と運の平等主義を対比的にとらえて、そのそれぞれについて、不遇な人々に対しての分配や補償の枠組みを組み立てる上で抱える問題を指摘してきた。しかし、ロールズの枠組みも、また運の平等主義に基づくスキームも、ともに見落としている問題が、まだ残っている。それは、先ほどの想定の中に登場するＡに対する処遇の問題である。

　今一度、運の平等主義からの再反論を思い起こそう。その再反論の核心は、Ａがもともと補償の対象ではない、という点にあった。それがゆえに、運の平等主義によれば、ＢとＣ・Ｄとのあいだに差をつける必要性だけが優先され、ＡとＢとに差をつける必要性が無視できる、というわけである。しかし、なぜＡが補償の対象ではないと、言い切れるのであろうか。この判断自体、恣意的ではないのか。

　この恣意性を強調するために、上記の架空の話に、もうひとつの想定を新たに追加して考えてみたい。いまＤに対する補償を検討している中で、Ｄの自宅は高濃度の放射能汚染により、もはや住むことが不可能だと評価されたとする。そして、その家と土地は国が買い取ることになり、Ｄはそこで得た資金を使って、この町を出るという決断をしたとする。

　さて、この新しい想定のもとでは、実に奇妙な事態が生じることになる。すなわち、Ｄは、原発事故が起こったがゆえに、その事故の責任の一端を負うべきであるのにもかかわらず、補償を得てこの町から移住することが可能となるのである。一方、Ａは、　⑥　。このような事態が発生したとするならば、われわれの道徳的直観は、それに対して強い違和感を覚えるのではないだろうか。

　現実問題としては、Ａのように原発事故が起こる以前に自ら決断して町を去っていった人たちすべてに対し、（去っていったことによって生じた）不利益をさかのぼって補償するということは、およそ不可能である。しかし、こうした現実上の制約を強調するあまりに、過去に選択がなされたことを忘れ、現在の選択のみを特権化することは、道徳的に正しいとはいえない。だとすると、われわれに唯一残されている立場は、そもそも「さかのぼって補償」しなければならないような対象者を、最小限に抑えていく努力をするということであろう。Ａに対する補償は、原発事故が起こった今、検討すべき問題ではない。それは、Ａが苦渋の選択として町を出て行った時点で、検討しておくべき問題だったといわなければならない。

　政治とは、ある意味で「勝ち負け」を決める世界である。この町で原発建設の是非が争われたとき、Ａ（とＢ）は政治闘争に負けたのであり、その意味では、Ａは町を去ることになった責任を、自ら負わなければならないとも考えられる。他方、上記の思考実験が明らかにしているのは、政治的敗者となったときに、「退出」という選択をすることの重みであろう。それを無視したり、軽々しく処遇したりすると、われわれはその道徳的負債をあとになって払わなければならなくなるかもしれないのである。政治が勝ち負けを争う世界であるからこそ、われわれは政治的敗者が支払った選択の代償に、常に目を開き続けていなければならないのである。

（出典：河野勝「復興を支援することは、なぜ正しいのか」（金慧氏との共著）
『政治を科学することは可能か』中央公論新社、2018 年所収。
問題作成の都合で一部省略し、また一部表現を変えたところがある。）

問1　文中の　①　に入る文として最も適切なものを１つ選び、**マーク解答用紙**にマークせよ。

　イ　状況を自らがコントロールできない以上、選択したことのリスクやコストは、選択した本人が負うべきではないか、

　ロ　すべてをコントロールできる状況などは存在しないのであるから、選択したことの責任は、そもそも本人が負うべきではない、

　ハ　選択したことによって発生するリスクやコスト、さらに選択したことの責任は、選択した本人が負うべきではないか、

　ニ　どのような選択もなんらかの状況の中でしか起こり得ないのであるから、選択したことの責任は、そもそも本人が負うべきではない、

問2　文中の　②　および　③　に入る文として最も適切なものをそれぞれ1つ選び、**マーク解答用紙**にマークせよ。

イ　ロールズが状況から切り離された選択もありうると考えていたとすれば、

ロ　ロールズが状況でなく選択の方におもに責任を帰すべきであるのは、二分法が成立するからであると考えていたのであれば、

ハ　ロールズが選択と状況とを分けられるかどうかについて考えていなかったとすれば、

ニ　ロールズがそもそも選択と状況とを分けることに意味がないと考えていたとすれば、

ホ　ロールズが二分法を受け入れずに、選択でなく状況の方に、おもに責任を帰すべきだと考えていたのであれば、

ヘ　ロールズが二分法を受け入れた上で、選択でなく状況の方に、おもに責任を帰すべきだと考えていたのであれば、

問3　文中の　④　には、次の4つの文から構成される段落が入る。4つの文を並び替えて最も適切な段落を作り、その順序を**マーク解答用紙**にマークせよ。

イ　いいかえれば、少なくともAの視点に立てば、Bが原発事故の不利益を被ることになったのは、町を去らないという（Aからすれば、誤った）選択の結果だった、という見方も成り立つ。

ロ　この意味での「選択」の責任を重視するならば、避難を強制されたBの不遇は、B自身にその責任の一端が帰せられるべきだ、ということになる。

ハ　とすると、Bの得るべき補償に対しても、減額措置がなされなければならないことになろう。

ニ　Aからすれば、Bにも同じような選択をする余地があったはずだ、ということになる。

問4　文中の　⑤　に入る文として、最も適切なものを1つ選び、**マーク解答用紙**にマークせよ。

イ　確実性が明らかになる

ロ　可能性が現れる

ハ　危険性が失われる

ニ　方向性が見えてくる

ホ　有効性が揺らいでいる

問5　文中の　⑥　には、Aの境遇をDと対比して説明する文が入る。**記述解答用紙**に50字以内で記せ。

問6　文章の最後の下線部に関連して述べられた次の意見のうち、最も適切なものを1つ選び、**マーク解答用紙**にマークせよ。

イ　筆者らは、「勝ち負けを決める」政治の世界における敗者は、「退出」という選択をする、という前提にたっている。

ロ　筆者らは、原発の是非をめぐる人々の対立が政治の世界を表すという前提でこの思考実験を組み立てているわけではない。

ハ　筆者らは、政治が「勝ち負けを決める」世界であることを、この思考実験がよく示していると考えている。

　ニ　筆者らは、政治闘争に負けたものたちすべてに支援や心配りが必要であると主張しているわけではない。

　ホ　筆者らは、政治の世界では時間的経過を経ると、支援や補償をめぐる道徳的判断がよりしやすくなる可能性を示唆している。

Ⅱ　Read this article and answer the questions below.〔45 点〕

　The Japanese are becoming ever keener to study English. The language is now a must at elementary school. Universities' English entrance exams are placing more emphasis on testing all four of the main language skills: reading, writing, listening, and speaking. Some Japanese business firms have even decided to make English their official language. No doubt, this lingua franca will gain greater prominence in Japan in the future.

　How many Japanese people actually choose to study English, though? The Survey of Time Use and Leisure Activities, conducted every five years by the Ministry of Internal Affairs and Communications, reports on the estimated numbers and percentages of learners involved in learning, self-education, and training in the English language for selected age groups (Table 1). Here, those involved in learning, self-education, and training in English are defined as those who voluntarily studied the language on at least one day of the 365 or 366 days before October 20 of the survey year. The percentage given for each age group shows the number of learners as a proportion of that age group in the population as a whole. Learning English at school or in the workplace is excluded from the statistics, as the survey only covers activities undertaken in a person's free time.

Table 1: Estimated numbers and percentages of the Japanese population studying English

Age Group	2006		2011		2016	
	Number (thousand)	Percentage	Number (thousand)	Percentage	Number (thousand)	Percentage
10-14	1,456	24.3	1,793	30.4	1,858	33.8
15-19	1,447	22.7	1,554	25.7	2,011	33.5
20-24	1,328	18.3	1,284	20.3	1,559	25.6
25-29	1,003	12.6	778	10.9	993	15.7
30-34	887	9.3	753	9.4	857	11.9
35-39	837	9.1	818	8.5	881	10.9
40-44	785	9.9	812	8.8	1,046	10.9
45-49	661	8.7	658	8.3	869	9.4
50-54	563	6.8	591	7.8	763	9.8
55-59	572	5.4	527	6.4	702	9.4
60-64	295	3.7	565	5.4	556	6.9
65-69	224	3.0	294	3.8	653	6.5
70-74	163	2.5	225	3.2	312	4.4
75-	142	1.3	245	1.9	410	2.8
Total	10,363	9.1	10,899	9.6	13,472	11.9

Source: Ministry of Internal Affairs and Communications, Survey of Time Use and Leisure Activities

　In Table 1, we observe that, as a general rule, the percentage decreases as age increases in all survey years. However, the difference between the percentages of Age Groups 10-14 and 15-19 in 2006 is not the same as that between the percentages of Age Group 10-14 in 2006 and of those who appear to be the same people five years later. Keeping this in mind, we can draw Figure 1 (not shown), which demonstrates the changes over time in the percentages of English learners in each of three different cohorts as they become older: Cohort A (Age Group 10-14 in 2006, 15-19 in 2011, and 20-24 in 2016), Cohort B (who start as Age Group 15-19 in 2006), and Cohort C (who start as Age Group 20-24 in 2006). Figure 1 shows that ⬚ ① ⬚.

Next, we look at changes in the distribution of days spent in a year on learning, self-education, and training in the English language. Table 2 summarizes the results obtained from the Survey of Time Use and Leisure Activities. It is clear from Table 2 that the number of those who spent less than 10 days annually studying English increased significantly between 2011 and 2016. Consequently, for those who studied English in the year leading up to each of these two surveys, the average number of days spent on learning, self-education, and training in the English language decreased from 89.1 days in 2011 to 77.3 days in 2016, according to the Ministry. From Table 2, we conclude that ⬚ ② ⬚.

Table 2: Number of days spent by English learners in learning, self-education, and training in the English language (thousand people)

Year	Number of days spent in a year							Total
	1-4	5-9	10-19	20-39	40-99	100-199	200-	
2006	775	761	1,655	1,634	2,285	1,541	1,397	10,363
2011	933	621	1,355	1,634	2,649	1,918	1,376	10,899
2016	2,129	1,049	1,648	1,633	2,447	1,873	1,453	13,472

Note: The totals include respondents who failed to specify a number.
Source: Ministry of Internal Affairs and Communications, Survey of Time Use and Leisure Activities

In the Survey of Time Use and Leisure Activities, we can also observe that the percentage of English learners varies across prefectures, ranging from 6.0% to 18.4%. Figure 2 (not shown) presents a histogram of the prefectural percentages obtained in the 2016 survey results. According to this histogram, more than half of the prefectures recorded a lower percentage than the national average, which was 11.9 % in that year. In fact, the median of the prefectural percentages is 2.7 points lower than the national average. This is due to the distribution revealed in Figure 2, which has a long right-hand-side tail.

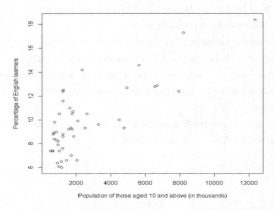

Figure 3 Scatter plot of the percentage of English learners versus the population size for each prefecture
Source: Ministry of Internal Affairs and Communications, Survey of Time Use and Leisure Activities, 2016

Why are the percentages of English learners different from prefecture to prefecture? It is well known that prefectures vary with respect to demographic figures. For example, they differ in terms of population size. Let us draw a scatterplot of the percentage of English learners in each prefecture against the prefectural population size to see the relationship between these two variables. In Figure 3, we observe a positive correlation between the two factors. That is, a prefecture's percentage of English learners tends to be high if its population size is large, while its percentage is likely to be low if its population size is small.

Why are the percentage of those who study English and the number of people in a prefecture positively correlated? In general, population size is associated with other demographic and social statistics. It is likely, then, that some characteristic aspect of a prefecture provides an explanation for the relation presented in Figure 3. One possible explanation is as follows. We know from ③ that the majority of emigrants across prefectures are young people, particularly those in their twenties. This implies that if a prefecture registers more immigrants than emigrants, its proportion of young residents will increase. Conversely, if a prefecture records more emigrants than immigrants, it is more likely to have a relatively aged population. Naturally, if its net migration rate—the net migration, or immigration from other prefectures minus emigration to other prefectures, divided by the prefecture's population size—is positive, a prefecture has a growing population. Immigrants are more likely to be young than old, and it is the young who are generally more interested in studying English than the old.

In fact, ④ verifies that the population size of a prefecture and its net migration rate are positively correlated. We can infer from ③ and ④ that the proportion of younger people in a populated area tends to be higher than that in a less populated one. This line of reasoning is supported by ⑤ , which shows a positive correlation between the proportion of people aged 10 to 39 and the population size for each prefecture. In consequence, we can claim from ⑤ and ⑥ that the percentage of English learners tends to increase as the population size increases.

1   For Figure 1, showing Cohorts A, B, and C, answer items (1) and (2) below. A cohort in Figure 1 is a group of people who share an age within a given 5-year interval.

     (1)   Draw Figure 1 on your written answer sheet. Take the mid-points of the age groups for the horizontal axis. The mid-point of Age Group 10-14, for example, is 12.5, as the group contains people aged no less than 10 but less than 15. The data points for each of Cohorts A, B, and C should be connected by lines to distinguish each cohort from the others.

     (2)   Choose the most suitable answer from those below to fill in blank space ① .

        (a)   for any cohort, the percentage of English learners decreases with aging

        (b)   given an age group, a younger cohort has a higher percentage of English learners than an older one

        (c)   the decline in the percentage of English learners with aging is steeper for a younger cohort than for an older one

        (d)   the three curves corresponding to Cohorts A, B, and C intersect somewhere

        (e)   there exist no differences among the cohorts

2　Choose the most suitable answer from those below to fill in blank space 　②　. Here, light learners of English are those who study the language for 100 days or less annually, while heavy learners of the language are those who do so for more than 100 days a year.

(a) although the number of light English learners did not increase much, the number of heavy English learners expanded considerably

(b) as the number of light English learners increased, the number of heavy learners of the language was on the rise to almost the same degree

(c) together with an increase in the number of light English learners, there was a big decrease in the number of heavy English learners

(d) the number of light English learners has not changed much, while the number of heavy English learners has diminished significantly

(e) while the number of the lightest English learners has increased significantly, the number of the heaviest English learners has not changed much

3　Choose the most suitable answer for Figure 2 from those below.

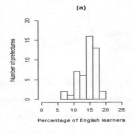
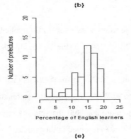
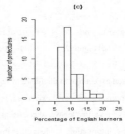
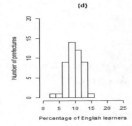
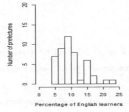
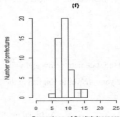

4 Choose the most suitable figure or table from those below to fill in each of blank spaces ③ , ④ , and ⑤ .

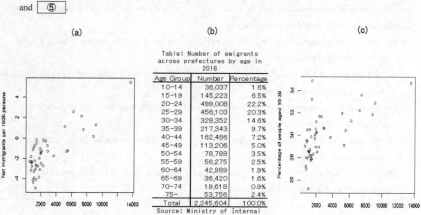

(a)   (b)   (c)

Table: Number of emigrants across prefectures by age in 2016

Age Group	Number	Percentage
10-14	36,037	1.6%
15-19	145,223	6.5%
20-24	499,008	22.2%
25-29	456,103	20.3%
30-34	328,352	14.6%
35-39	217,343	9.7%
40-44	162,486	7.2%
45-49	113,206	5.0%
50-54	78,788	3.5%
55-59	56,275	2.5%
60-64	42,989	1.9%
65-69	36,420	1.6%
70-74	19,618	0.9%
75-	53,756	2.4%
Total	2,245,604	100.0%

Source: Ministry of Internal Affairs and Communications, Report on Internal Migration in Japan

5 Choose the most suitable figure or table from those below to fill in blank space ⑥ .

(a) Figure 2   (b) Figure 3   (c) Table 1   (d) Table 2

6 Do you expect that in the future in Japan the ability to speak English will be more important, less important, or important to the same extent as it is now? Write your expectation, together with your reasoning, in Japanese on your written answer sheet, using no more than 300 characters (kanji and kana). If you wish, you may use facts, information, or ideas other than those presented in this article.

Ⅲ Read the statement below and write a paragraph giving at least two reasons why you agree or disagree with it. Write your answer in English in the space provided on your written answer sheet. (15 点)

"Artificial intelligence will eventually surpass human intelligence."

◀サンプル問題②▶

（120 分）

Ⅰ　次の文章は大学における講義の一部である。それを読んで下記の問いに答えなさい。（45 点）

　今日は「一票の格差」について考えてみましょう。通常、議会の議員を選出する選挙では、選挙区ごとに議員定数が決められています。例えば、現在の衆議院議員総選挙の小選挙区選挙では、1 つの選挙区から 1 人の議員が選出されます。1993 年から 94 年にかけて行われた選挙制度改革前の衆議院選挙では、一つの選挙区からおおむね 3 人から 5 人の議員が選ばれる中選挙区制が長くとられていました。ところで、二つの選挙区の議員定数が同じだとしても、有権者の数は同じではないのが普通です。その場合、これら 2 つの選挙区の間で、一票の価値に差があることになります。このとき、一票の価値に格差が存在する、あるいは単純に「一票の格差」が存在するといいます。そして、これら 2 つの選挙区の間で、有権者が少ない選挙区における一票の方が、それが多い選挙区における一票よりも重い、と表現します。

　例えば、議員定数 1 人の選挙区 A と B において、A に 10,000 人、B に 5,000 人の有権者がいるとしましょう。このとき、B における一票は、A における一票よりも重くなります。なぜなら、B に属する有権者は、有権者数が少ないにもかかわらず、A に属する有権者と同じく 1 人の議員を議会に送り込めるからです。今度は、有権者数が 10,000 人である 2 つの地域 C と D について、C の議員定数が 1 人、D のそれが 2 人である場合を考えましょう。この場合、C における一票は D における一票よりも軽くなります。なぜなら、C に属する有権者は、有権者数が同じであるにもかかわらず、D に属する有権者よりも少ない議員しか議会に送り込めないからです。

　本日の講義では、まず、衆議院議員の選挙に注目し、1993 年から 94 年の間に行われた選挙制度改革（以下では単に選挙制度改革と記す）との前後で一票の格差がどのように変化したかを確認しましょう。

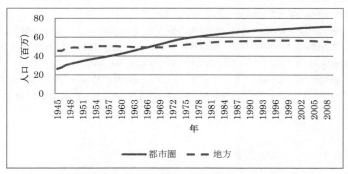

図 1：都市圏と地方の人口の推移（資料：総務省「人口推計」）

日本では、人口調査に基づいて議員定数を定めています。この改革以前の衆議院選挙区定数は、終戦直後に当時の人口分布に基づいて決定された各選挙区の議員定数をもとに微調整されてきました。以下では、便宜上、東京都と埼玉県、千葉県、神奈川県、静岡県、愛知県、京都府、大阪府、兵庫県、広島県、福岡県を都市圏、その他の道県を地方圏と呼ぶことにして、都道府県別データに基づいて分析します。ただし、ここでは、時間的な変化を容易に比較できるように、1972 年に返還された沖縄県を分析に含めないことにします。図 1 は、都市圏と地方圏における人口の時間的な推移を示しています。

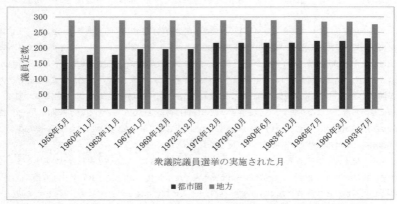

図 2：1993 年以前の都市圏と地方圏の衆議院中選挙区の議員定数の推移

（資料：総務省「衆議院議員総選挙・最高裁判所裁判官国民審査結果調」）

　一方、図 2 は、都市圏と地方圏が、それぞれ有する衆議院中選挙区議員定数の時間的な推移を示しています。終戦直後では、地方圏の人口が都市圏の人口を上回っていました。このため、地方圏により多くの議員定数が配分されていました。その後、1967 年と 1976 年、1986 年、1993 年に議員定数が改定され、主に都市圏における議員定数が増やされました。図 1 と図 2 から、【　1　】がわかります。では、その結果、都市圏と地方圏で一票の価値がどのように変化したのか、見ていきましょう。

　ここでは、ある選挙区における一票の価値を、その選挙区における人口 10 万人当たりの議員定数で測ることにします。この値が大きい選挙区ほど一票が重く、それが小さい選挙区ほど一票が軽いことを意味します。その時間的な推移が図 3 に示されています。図 3 から明らかなように、1994 年まで、一貫して、地方圏における一票は、都市圏における一票よりも重くなっていました。1967 年と 1976 年の議員定数の改定によって、多少は一票の格差が縮小されたものの、1986 年と 1993 年の改定では格差縮小の効果は小さいものに留まりました。

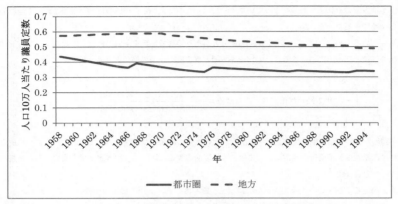

図3：都市圏・地方圏別人口10万人あたりの議員定数

（資料：総務省「人口推計」および「衆議院議員総選挙・最高裁判所裁判官国民審査結果調」）

1993年までの議員定数の改定が小規模なものであったのに対し、1993年から94年に行われた選挙制度改革に伴う衆議院議員総選挙の議員定数の変更は大幅なものでした。この改革においては、種々の制度変更とともに、1990年代前半の人口分布に基づいて議員定数が見直され、1996年の選挙から新しい定数が適用されました。その結果、終戦直後の人口分布に基づいて微調整されるにとどまってきた議員定数の配分は大きく変わりました。

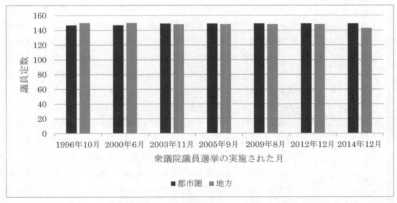

図4：都市圏・地方圏別衆議院小選挙区選出議員の議員定数の推移（1996年以降）

（資料：総務省「衆議院議員総選挙・最高裁判所裁判官国民審査結果調」）

図4は、新たな選挙制度において小選挙区から選出された衆議院議員が有する議員定数の時間的な推移を示しています。都市圏と地方圏の議員定数がほぼ同数になったことがわかります。2003年以降は、都市圏の議

員定数の方が地方圏のそれよりも多くなっています。では、この結果から、一票の格差が解消される方向に進んでいると結論できるでしょうか。

　この点を確かめるために、図3と同様に人口10万人あたりの議員定数を一票の価値とみなして、地方圏における一票の価値と都市圏におけるそれとの比を地方圏と都市圏の一票の格差と定義します。

$$\text{地方圏と都市圏の一票の格差} = \frac{\text{地方圏における一票の価値}}{\text{都市圏における一票の価値}}$$

　図5（出題のため非表示）は、地方圏と都市圏の一票の格差の時間的な推移を示しています。そこから明らかなように、選挙制度改革直後の改定においては、それ以前の改定に比して、地方圏と都市圏の一票の格差が大幅に縮まったと言えます。

　次に、地方圏と都市圏という大雑把な区分ではなく、選挙区ごとに一票の価値を比較しましょう。表1は、おのおのの選挙区における一票の価値に基づいて定義された、全選挙区にわたる一票の格差に関する指標の時間的な推移を示します。表中の下線部は、議員定数が改定された年をあらわします。表1に示された指標の1つである最大格差は、選挙区別にみた一票の価値の最大値と最小値の比で定義されます。

表1：一票の格差		
選挙年	最大格差	LH指標
1947	1.76	0.041
1949	2.09	0.046
1952	2.56	0.069
1953	2.59	0.069
1955	2.68	0.076
1958	2.77	0.087
1960	3.02	0.098
1963	3.55	0.123
1967	3.50	0.125
1969	4.33	0.136
1972	4.99	0.146
1976	3.50	0.128
1979	3.87	0.131
1980	3.95	0.132
1983	4.41	0.138
1986	2.92	0.129
1990	3.18	0.141
1993	2.82	0.131
1996	2.32	0.078
2000	2.47	0.081
出典：Horiuchi and Saito (2003)		

$$\text{最大格差} = \frac{\text{選挙区別一票の価値の最大値}}{\text{選挙区別一票の価値の最小値}}$$

　この比は、ある選挙区選挙において発生した最大の格差をあらわします。例えば、1972年における第33回衆議院議員総選挙の小選挙区選挙では、兵庫県第5区での一票が最も重く、千葉県第1区での一票が最も軽かったため、両者の価値の比4.99が最大格差となります。このことは、当該選挙区選挙において、一票の価値に最大で約5倍の差が生じたことを意味します。最大格差で見る限り、選挙制度改革に伴う一票の格差解消の効果、すなわち、その施行前の1993年選挙から施行後の1996年選挙にかけての最大格差の減少は大きかったとは見えません。他方で、1986年の改定は、最大格差を大きく引き下げました。

　最大格差は、メディアや裁判所などで多用される、一票の格差に関する最も一般的な指標です。しかし、それでは捉えきれない格差があります。図6は、一票の価値に関する選挙区の架空の度数分布を示しています。横軸は、選挙区における一票の価値を、縦軸は、横軸に示された一票の価値を有する選挙区の数が全選挙区数に占める割合（％）を示しています。(a)においては、一票が相対的に重い選挙区と軽い選挙区が、それぞれ5％ずつ存在し、一票の価値が中程度で同じ値となる選挙区が残りの大多数を占めています。一方、(b)においては、一票の価値が中程度の選挙区が少数ある以外は、それが相対的に重い選挙区と軽い選挙区が、残りを二分していま

す。【　2　】。一方で、【　3　】。なぜなら、最大格差が、選挙区別の一票の価値の最大値と最小値のみで定義され、それら以外の一票の価値のあり方を全く反映しないためです。

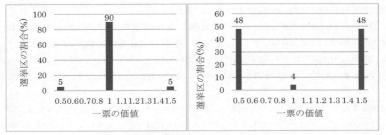

(a)中央にほとんどの選挙区が集まっている場合　　(b)多くの選挙区が両極端に集まっている場合

図6：選挙区別一票の価値に関する2つの分布

このような最大格差の短所を克服するための指標も考案されています。その1つにLoosemore-Hanby（LH）指標があります。この指標では、その選挙の時点で選挙区 i に属する人口が全人口に占める比を p_i、その選挙区の議員定数が全議員定数に占める比率を s_i とし、両者の差の絶対値 $|s_i - p_i|$ を計算します。そして、全選挙区についてそれらの絶対値を合計して、0.5をかけたものがLH指標となります。つまり、n個の選挙区があった場合、以下のように定義されます。

$$\text{LH 指標} = 0.5 \times (|s_1 - p_1| + |s_2 - p_2| + |s_3 - p_3| + \cdots + |s_n - p_n|)$$

この定義式から分かるように、LH指標は、一票の価値が最大ないし最小になる選挙区だけでなく、それら以外の選挙区における一票の価値も反映します。一票の格差が全く存在しない場合、つまり、人口の構成比と議員定数の構成比が等しい場合、LH指標はゼロになります。逆に、一票の格差が大きくなるほど、つまり、人口の構成比と議員定数の構成比の乖離が大きくなるほど、LH指標も大きくなります。

表1には、LH指標も示されています。1976年と1986年、1993年における議員定数の改定ではLH指標の変化がわずかでした。これに対し、1996年における改定では、LH指標が大幅に低下したことがわかります。LH指標は選挙区の数（n）によって値が変わり、nが増えると大きくなる傾向がありますので注意が必要ですが、1993年選挙までは選挙区数は大きくは変化していません。他方1996年と2000年の選挙では小選挙区制の導入に伴い選挙区数は300と激増しました。しかし、それにもかかわらずLH指標は大きく低下しています。さらに、1967年における議員定数の改定では、LH指標が上昇していました。その理由として、1967年における改定においては、選挙区別にみた一票の価値の最大値と最小値の格差は縮まったものの、その他の選挙区における一票の価値に関しては【　4　】ことが考えられます。

それでは、一票の格差はどのような問題を引き起こすのでしょう。その一つが憲法問題です。憲法は法の下の平等を保証しています。そのため、一票の格差が違憲となる可能性が指摘されています。実際、一票の格差の存在が違憲状態に当たるとする判例もあります。そうした法律的な側面に加えて、一票の格差の存在が政府のとる経済政策を歪めることが問題であると主張する論者もいます。

　一票の価値が重い地域からは、それが軽い地域に比べて、人口比よりも多くの議員が議会に送り込まれます。一票の価値の重い地域の議員の数が、一票の格差がない場合に比べて多くなり、彼（女）らが経済政策に与える影響が大きくなり、一票の価値の重い地域へ経済的利益がより多く配分される可能性があります。一票の格差が経済政策に影響を与えることは、本当にあるのでしょうか。

　ここでは、以下のような仮説を検証しましょう。中央政府は、地域の経済活動を支えるために補助金を配分します。その際、相対的に多くの議員定数を有する地域ほど、政権政党に重視される傾向があると予想できます。なぜなら、議会における議席数が多いほど、議決に大きな影響力を持つからです。このため、政権政党は、相対的に議員定数が多い地域からの支持を得るために、そこに多くの補助金を配分しようとするかもしれません。

　この仮説を検証するために、中央政府から各地域への補助金の1つである国庫支出金に注目します。図7は、都道府県別の1990年のデータに基づき、横軸に人口10万人あたりの議員定数、縦軸に人口1人あたりの国庫支出金の額（単位：千円）を取った散布図を示しています。図7から、一票の価値が重い都道府県ほど、人口1人当たり国庫支出金の額も多くなる傾向があることがわかります。つまり、一票の価値が重い地域ほど、多くの補助金を受け取っている、という仮説を支持する証拠が得られたことになります。

　ただし、図7だけから、「一票の格差が、補助金の格差を生み出す」という因果関係を導くのは早計です。そのような因果関係とは別に、次のような説明も成り立つからです。一票の価値が軽い都道府県は、もともと人口が多いので税収も多く、そのおかげで中央政府からの補助金に頼る必要性が高くありません。他方で、一票が重い都道府県は、人口が少なく税収も少ないことから、中央政府からの補助金に頼らざるを得ません。つまり、一票の格差ではなく、社会・経済的背景の違いが1人当たり国庫補助金額の違いに影響を及ぼしており、その結果、図7のような関係が観察できるのかもしれないのです。したがって、一票の格差が国庫支出金に影響を及ぼすという結論を導くためには、単に相関関係の存在を示すだけでなく、相関関係を因果関係と捉えることを正当化する論拠を示さなければならないのです。

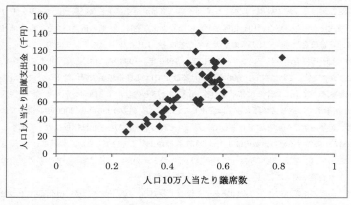

図7：有権者10万人あたりの議員定数と1人あたりの国庫支出金の関係（1990年）
（資料：総務省「人口推計」、総務省「地方財政状況調査」および「衆議院議員総選挙・最高裁判所裁判官国
民審査結果調」）

　一票の格差が補助金額の違いに与える影響をより正確に測ろうとする試みも行われています。わが国の衆議院議員小選挙区選挙では、1996 年の選挙以降、一票の格差が縮まりました。もともと一票が重かった地域ではそれが軽くなるように、一票が軽かった地域ではそれが重くなるように、議員定数が改定されたのです。そこに着目して、地域ごとに生じた一票の価値の変化がそれぞれの地域に配分された補助金額の変化に与えた影響を検証する研究などがそれにあたります。そこでは、同じ地域の中で選挙制度改革前後に補助金額がどう変化しているかを見ているため、(1)選挙制度改革の結果変化した一票の重み以外の要因が補助金額の変化に与えた影響を取り除くことができます。この分析手法を用いた研究でも、一票の価値が軽くなった地域では、そうではない地域よりも、1 人当たり国庫補助金が減少したことが示されています。この結果は、一票の格差が経済政策に影響を与える 1 つの証拠とみなせます。

参考文献：

Yusaku Horiuchi and Jun Saito, "Reapportionment and Redistribution: Consequences of Electoral Reform in Japan," *American Journal of Political Science*, 2003, vol. 47, no. 4, pp. 669-682.

問 1　図 5 として最も適しているものを、以下の（イ）～（ヘ）の中から 1 つ選び、マーク解答用紙にマークせよ。ただし、すべての図において、縦軸は地方圏と都市圏の一票の格差、横軸は年を表す。

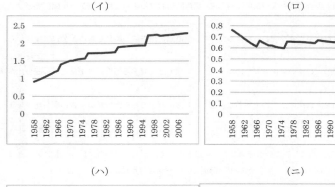

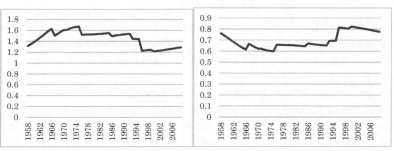

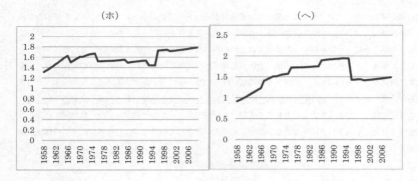

問2　文中の【　1　】に入る文章として最も適切なものを、以下の（イ）～（ホ）から1つ選択し、マーク
解答用紙にマークせよ。

（イ）都市圏に対して地方圏の人口が多くなったのに対して、都市圏と地方圏における議員定数の配分はほぼ変
　　　わらなかったこと
（ロ）地方圏に対して都市圏の人口が多くなったのに対して、都市圏における議員定数の増加が小幅にとどまっ
　　　たこと
（ハ）都市圏と地方圏との人口比が大きく変わらなかったので、都市圏と地方圏の議員定数の配分はほぼ変わら
　　　なかったこと
（ニ）地方圏に対する都市圏の人口比の変化と同じになるように、地方圏に対する都市圏の議員定数の配分比が
　　　修正されてきたこと
（ホ）地方圏に対する都市圏の人口比の変化を上回るように、地方圏に対する都市圏の議員定数の配分比が修正
　　　されてきたこと

問3　文中の【　2　】に入る文章として最も適切なものを以下の（イ）～（ハ）から、【　3　】に入る文章
として最も適切なものを以下の（ニ）～（ヘ）から1つ選択し、マーク解答用紙にマークせよ。

（イ）(a)と(b)では全く状況が異なり、一票の価値が中央値よりも低い選挙区の割合は、明らかに(a)の方が大き
　　　く、一票の格差がより深刻であると言えます
（ロ）(a)と(b)では全く状況が異なり、一票の価値が中央値よりも低い選挙区の割合は、明らかに(b)の方が大き
　　　いと言えます
（ハ）(a)と(b)では一票の価値の分布に差はないため、一票の格差の深刻度は同程度であると判断するべきです
（ニ）一票の格差の指標である最大格差は、(a)の方が一票の格差は大きくなります
（ホ）一票の格差の指標である最大格差は、(b)の方が一票の格差は大きくなります
（ヘ）一票の格差の指標である最大格差は、(a)と(b)では同じ値を示すことになります

問4　文中の【　4　】に入る適切な文章として最も適切なものを以下の（イ）～（ホ）から1つ選択し、マーク解答用紙にマークせよ。

（イ）格差が変化しなかった　　　　　　（ロ）格差が縮小した
（ハ）格差が増大した　　　　　　　　　（ニ）LH 指標の計算に含まれていない
（ホ）LH 指標の計算に新たに含まれた

問5　下線部(1)において取り除くべきではない要因を、以下の（イ）～（ヘ）から1つ選択し、マーク解答用紙にマークせよ。

（イ）その地域の人口　　　　　　　　　（ロ）その地域の文化
（ハ）その地域の産業構造　　　　　　　（ニ）その地域から選出される議員数
（ホ）その地域の経済成長　　　　　　　（ヘ）その地域の税収

問6　この日の講義の最後において、「以上の理由から一票の格差を無くすことが大切です。」と講師が述べたとする。それに対する反論を、理由を1つ述べたうえで、記述解答用紙に書きなさい。ただし、論述の最後は「以上の理由から、一票の格差の行き過ぎた是正にも問題がある。」であるとする。

Ⅱ　Read this article and answer the questions below. (40 点)

　　Many international organizations, most notably the United Nations, through its Development Programme (UNDP), offer humanitarian aid to developing countries. Deciding on a policy for distributing aid involves a number of difficult questions, both philosophical and practical. What is the purpose of providing aid to developing countries? How should any aid-providing organization assess whether the policy has been a success or a failure? Given limited resources, what justifies the priorities by which some countries are to receive a large amount of aid while others are not? Is there any reason to believe that aid should not be provided to certain developing countries?

　　In the past, standards for measuring the varying levels of development across countries were such economic statistics as the Gross National Product (GNP) and the Gross National Income (GNI). [　A　]

　　In recent years, however, it has become widely accepted that those typical economic indicators fail to capture a number of important aspects of human life that international organizations should take into account when making decisions about humanitarian aid. Rather than focusing on purely economic output, an alternative view pays attention to, for example, life expectancy, infant mortality rates, educational opportunity, political liberty, and gender equality. This view is closely associated with a theoretical framework called "the capability approach," which gained ground initially in welfare economics and has done so more recently in political theory. Amartya Sen and Martha Nussbaum are regarded as two key figures who have contributed to its elaboration and sophistication.

　　At the core of the capability approach lie two interrelated normative claims. The first claim is a moral one:

Of utmost importance is individual freedom to achieve well-being. The second claim is that that freedom must be understood in terms of "capabilities," which are generally thought of as opportunities to do and be what each individual has reason to value. They include, for example, opportunities to be nourished, to be educated, to travel, and to enjoy supportive social relationships. According to proponents of the capability approach like Sen and Nussbaum, a high GNP/GNI score does not necessarily mean that people living in the country are free or gifted with capabilities. South Africa is a good example: The country used to rank at the top amongst developing countries in many economic indicators but, under apartheid, the majority of its population was long deprived of even the most fundamental rights and of opportunities to receive decent healthcare or advanced education, and thus generally to pursue a good quality of life.

As an alternative to conventional economic figures, the capability approach has helped to construct a multidimensional measurement, the so-called Human Development Index (HDI), which the UNDP now uses in administering its aid policies. Specifically, the HDI focuses on three elements of human welfare: enjoying a long and healthy life, being able to gain knowledge, and having a decent standard of living. Those three elements are then measured by life expectancy at birth, years of schooling, and GNI per capita, respectively. By combining and aggregating these measurements through a certain calculation procedure, the HDI enables observers to rank the development levels of countries from 0 (the lowest) to 1 (the highest). In the 2019 HDI report, for example, Norway was the most "developed" country in the world, achieving a score of 0.954, followed by Switzerland, with a score of 0.946. Some of the lowest scores recorded were around 0.380.

There is no doubt that the capability approach has brought about a major change in the ways in which we think about development. That, in turn, has influenced the ways in which international organizations set priorities in planning and implementing their policies regarding humanitarian aid. As for what constitutes development, it has become difficult to discuss the benefits of aid in merely material terms. Building [　B　], for example, may result in an immediate expansion of industrial production and domestic consumption. Aid-providing organizations, however, may not favor such projects, because they are not likely to contribute as much to the kind of development thought to lead to improved capabilities as will the opening of new [　C　].

In addition, aid projects that come with purely material gains are often controversial in that those gains tend to be concentrated in the hands of a few, while the majority of the population may not benefit at all. This concern leads further to a question of vast political significance: Should aid-providing organizations such as the United Nations intervene so that the allocation of benefits from aid will be effective and fair? Suppose the United Nations has reason to believe that the governing elite in a particular aid-receiving country is using aid resources not for the collective benefit but for private interests. In such a situation, those sympathetic to the capability approach may demand that [　D　].

Beyond the issues of development and international aid, the capability approach has also influenced the ways in which we think about equality. According to the capability approach, different people need different amounts of resources to enjoy life. For example, those whose legs are disabled require greater resources than the nondisabled to move around—they may, for example, need to use a wheelchair on a daily basis, requiring an environment where slopes and elevators are readily available for accessing office buildings, parks, transportation, and so on. It quickly becomes clear that having resources shared equally between the disabled and nondisabled [　E　] equality between them in opportunities for an enjoyable life. Proponents of the capability approach demand that the government play an active role in fostering genuine equality.

One might suppose that any criteria for evaluating the quality of human life should include the measurement of what people themselves feel—in this case, whether they feel happy and how satisfied they are. The capability approach, however, is at odds with the claim that psychological aspects such as feeling happy and being satisfied are crucial in the evaluation of people's well-being. Lifestyles are not always structured by choice; more often than not, they are determined by the expectations of others. For example, children are known to model their hopes in line with their parents' expectations. In some cultures, women are neither encouraged to study hard nor expected to work outside of their household. It is also well documented that, in the past, slaves expressed satisfaction with their living conditions simply because they were accustomed to being treated as slaves. Those are examples of what are often called "adaptive preferences." If individuals seek to satisfy their desires in accordance with what is expected of them in a given environment, a survey asking questions like "Are you happy?" and "How satisfied are you?" will not generate useful information about their quality of life. This explains why the capability approach focuses on [　F　] features of human life, including life expectancy and years of schooling.

Discussing adaptive preferences may become a source of contention when international organizations try to make decisions on humanitarian aid policies. So-called "cultural relativists" emphasize that lifestyles and values in each society reflect history and traditions and that cultures are bound to vary from society to society. For cultural relativists, to uphold such diversity is a matter of principle. [　G　] Cultural relativists, it follows, are critical of the capability approach that now has a significant influence on the aid policies of international organizations. They see this approach as imposing a particular set of Western values upon non-Western developing countries, including the importance of education, political liberty, and gender equality.

Proponents of the capability approach do not deny that each society has a culture of its own. However, they do not accept the claim that upholding cultural diversity is of the utmost moral importance. According to the capability approach, as Amartya Sen notes in his article "Elements of a Theory of Human Rights,"* every person in the world has human rights, regardless of citizenship or locally legislated rules. Such a view leads proponents of the capability approach to argue, in opposition to cultural relativism, that attempts can and should be made to change even long-standing values, if these violate human rights. Further, proponents of the capability approach flatly reject the assertion above that "rights" belong to a society or any other form of collective entity. They regard individuals as the holders of rights and firmly believe that all individuals should exercise their informed and genuinely free choice to develop their potential.

What, then, justifies the role of international organizations? Why, in particular, are these organizations justified to use their aid policies for the improvement of human rights in the world? Sen clarifies this point when he suggests that the idea of human rights must include the need for us to think about what we can reasonably do to secure the rights of others. International organizations, if they are to promote human rights, must establish effective means by which they can protect those rights. This explains why proponents of the capability approach urge international organizations such as the United Nations to take seriously the question of lifestyles and values in developing countries.

1. Choose the most suitable order of sentences from those below to fill in blank space [　A　].

   (a) For example, if the GNP/GNI of a particular aid-receiving country increased because of the aid provided, it was taken for granted that the policy had contributed successfully to the country's development.

   (b) If, on the other hand, the GNP/GNI did not increase, that fact often led observers to conclude that the policy must have gone wrong at either the planning or implementation stage.

   (c) The GNP/GNI approach also made it easy for aid-providing organizations to judge the performance of their aid policies.

   (d) These indices reflected how wealthy or poor each country was, thus enabling observers to compare the development of one country with that of any other in an uncomplicated manner.

2. Choose the least suitable answer from those below to complete the following sentence.
   In view of the writer's argument, we can reasonably conclude that,

   (a) although South Africa is given as the most clear-cut example of a country whose rankings in terms of HDI and economic indicators do not match, many other countries are likely to be revealed as the same.

   (b) because the capability approach emphasizes that the notion of development should include diverse aspects of human life, its proponents tend to reject comparisons between the development of one country and that of any other.

   (c) despite the abstract nature of its original normative messages, it would be wrong to criticize the capability approach for having failed to influence in concrete ways the making and implementing of the UNDP's humanitarian aid policy.

   (d) while preferring the HDI to the standard economic indicators, Sen and Nussbaum would probably admit that this new index does not measure all the important aspects of human development, such as political liberty and gender equality.

3. Choose the most suitable answer from those below to fill in blank spaces [　B　] and [　C　] respectively.

   (a) concepts and visions

   (b) gates and boundaries

   (c) highways and bridges

(d)　letters and books

(e)　prisons and jails

(f)　schools and hospitals

4.　Choose the least suitable answer from those below to fill in blank space [　D　].

(a)　other countries replace international organizations for the provision of aid to that country

(b)　the aid be suspended until the government in that country promises to change its pattern of allocating benefits

(c)　the governing elite in that country improve accountability for the needs of the population

(d)　the United Nations consider the option of withdrawing aid from that country

5.　Choose the most suitable answer from those below to fill in blank space [　E　].

(a)　does not ensure

(b)　gets closer to

(c)　is based on

(d)　most often secures

(e)　need not prevent

6.　Choose the most suitable answer from those below to fill in blank space [　F　].

(a)　noneconomic

(b)　nonenvironmental

(c)　nonmaterial

(d)　nonpsychological

(e)　nontheoretical

7.　Blank space [　G　] should contain two sentences in which cultural relativists' arguments are summarized. Write a suitable passage in Japanese on your written answer sheet, using no more than 80 characters (kanji and kana).

III　Read the statement below and write a paragraph giving at least two reasons why you agree or disagree with it. Write your answer in English in the space provided on your written answer sheet. (15 点)

"Print media will disappear from the world."

/////////////////// · memo · ///////////////////

/////////////// · **memo** · ///////////////

教学社 刊行一覧

2025年版　大学赤本シリーズ

国公立大学（都道府県順）

374大学556点 全都道府県を網羅

全国の書店で取り扱っています。店頭にない場合は，お取り寄せができます。

1　北海道大学（文系−前期日程）
2　北海道大学（理系−前期日程）　医
3　北海道大学（後期日程）
4　旭川医科大学（医学部〈医学科〉）　医
5　小樽商科大学
6　帯広畜産大学
7　北海道教育大学
8　室蘭工業大学／北見工業大学
9　釧路公立大学
10　公立千歳科学技術大学
11　公立はこだて未来大学　総推
12　札幌医科大学（医学部）　医
13　弘前大学　医
14　岩手大学
15　岩手県立大学・盛岡短期大学部・宮古短期大学部
16　東北大学（文系−前期日程）
17　東北大学（理系−前期日程）　医
18　東北大学（後期日程）
19　宮城教育大学
20　宮城大学
21　秋田大学　医
22　秋田県立大学
23　国際教養大学　総推
24　山形大学　医
25　福島大学
26　会津大学
27　福島県立医科大学（医・保健科学部）　医
28　茨城大学（文系）
29　茨城大学（理系）
30　筑波大学（推薦入試）　医 総推
31　筑波大学（文系−前期日程）
32　筑波大学（理系−前期日程）　医
33　筑波大学（後期日程）
34　宇都宮大学
35　群馬大学　医
36　群馬県立女子大学
37　高崎経済大学
38　前橋工科大学
39　埼玉大学（文系）
40　埼玉大学（理系）
41　千葉大学（文系−前期日程）
42　千葉大学（理系−前期日程）　医
43　千葉大学（後期日程）　医
44　東京大学（文科）　DL
45　東京大学（理科）　DL　医
46　お茶の水女子大学
47　電気通信大学
48　東京外国語大学　DL
49　東京海洋大学
50　東京科学大学（旧 東京工業大学）
51　東京科学大学（旧 東京医科歯科大学）　医
52　東京学芸大学
53　東京藝術大学
54　東京農工大学
55　一橋大学（前期日程）
56　一橋大学（後期日程）
57　東京都立大学（文系）
58　東京都立大学（理系）
59　横浜国立大学（文系）
60　横浜国立大学（理系）
61　横浜市立大学（国際教養・国際商・理・データサイエンス・医〈看護〉学部）

62　横浜市立大学（医学部〈医学科〉）　医
63　新潟大学（人文・教育〈文系〉・法・経済科・医〈看護〉・創生学部）
64　新潟大学（教育〈理系〉・理・医〈看護を除く〉・歯・工・農学部）　医
65　新潟県立大学
66　富山大学（文系）
67　富山大学（理系）　医
68　富山県立大学
69　金沢大学（文系）
70　金沢大学（理系）　医
71　福井大学（教育・医〈看護〉・工・国際地域学部）
72　福井大学（医学部〈医学科〉）　医
73　福井県立大学
74　山梨大学（教育・医〈看護〉・工・生命環境学部）
75　山梨大学（医学部〈医学科〉）　医
76　都留文科大学
77　信州大学（文系−前期日程）
78　信州大学（理系−前期日程）　医
79　信州大学（後期日程）
80　公立諏訪東京理科大学　総推
81　岐阜大学（前期日程）　医
82　岐阜大学（後期日程）
83　岐阜薬科大学
84　静岡大学（前期日程）
85　静岡大学（後期日程）
86　浜松医科大学（医学部〈医学科〉）　医
87　静岡県立大学
88　静岡文化芸術大学
89　名古屋大学（文系）
90　名古屋大学（理系）　医
91　愛知教育大学
92　名古屋工業大学
93　愛知県立大学
94　名古屋市立大学（経済・人文社会・芸術工・看護・総合生命理・データサイエンス学部）
95　名古屋市立大学（医学部〈医学科〉）　医
96　名古屋市立大学（薬学部）
97　三重大学（人文・教育・医〈看護〉学部）
98　三重大学（医〈医〉・工・生物資源学部）　医
99　滋賀大学
100　滋賀医科大学（医学部〈医学科〉）　医
101　滋賀県立大学
102　京都大学（文系）
103　京都大学（理系）　医
104　京都教育大学
105　京都工芸繊維大学
106　京都府立大学
107　京都府立医科大学（医学部〈医学科〉）　医
108　大阪大学（文系）　DL
109　大阪大学（理系）　医
110　大阪教育大学
111　大阪公立大学（現代システム科学域〈文系〉・文・法・経済・商・看護・生活科〈居住環境・人間福祉〉学部−前期日程）
112　大阪公立大学（現代システム科学域〈理系〉・理・工・農・獣医・医・生活科〈食栄養〉学部−前期日程）　医
113　大阪公立大学（中期日程）
114　大阪公立大学（後期日程）
115　神戸大学（文系−前期日程）
116　神戸大学（理系−前期日程）　医

117　神戸大学（後期日程）
118　神戸市外国語大学　DL
119　兵庫県立大学（国際商経・社会情報科・看護学部）
120　兵庫県立大学（工・理・環境人間学部）
121　奈良教育大学／奈良県立大学
122　奈良女子大学
123　奈良県立医科大学（医学部〈医学科〉）　医
124　和歌山大学
125　和歌山県立医科大学（医・薬学部）　医
126　鳥取大学　医
127　公立鳥取環境大学
128　島根大学　医
129　岡山大学（文系）
130　岡山大学（理系）　DL　医
131　岡山県立大学
132　広島大学（文系−前期日程）
133　広島大学（理系−前期日程）　医
134　広島大学（後期日程）
135　尾道市立大学　総推
136　県立広島大学
137　広島市立大学
138　福山市立大学　総推
139　山口大学（人文・教育〈文系〉・経済・医〈看護〉・国際総合科学部）
140　山口大学（教育〈理系〉・理・医〈看護を除く〉・工・農・共同獣医学部）　医
141　山陽小野田市立山口東京理科大学　総推
142　下関市立大学／山口県立大学
143　周南公立大学　新 総推
144　徳島大学　医
145　香川大学　医
146　愛媛大学　医
147　高知大学　医
148　高知工科大学
149　九州大学（文系−前期日程）
150　九州大学（理系−前期日程）　医
151　九州大学（後期日程）
152　九州工業大学
153　福岡教育大学
154　北九州市立大学
155　九州歯科大学
156　福岡県立大学／福岡女子大学
157　佐賀大学　医
158　長崎大学（多文化社会・教育〈文系〉・経済・医〈保健〉・環境科〈文系〉学部）
159　長崎大学（教育〈理系〉・医〈医・歯・薬・情報データ科・工・環境科〈理系〉・水産学部）　医
160　長崎県立大学
161　熊本大学（文・教育・法・医〈看護〉学部・情報融合学環〈文系型〉）
162　熊本大学（理〈看護を除く〉・薬・工学部・情報融合学環〈理系型〉）　医
163　熊本県立大学
164　大分大学（教育・経済・医〈看護〉・理工・福祉健康科学部）
165　大分大学（医学部〈医・先進医療科学科〉）　医
166　宮崎大学（教育・医〈看護〉・工・農・地域資源創成学部）
167　宮崎大学（医学部〈医学科〉）　医
168　鹿児島大学（文系）
169　鹿児島大学（理系）　医
170　琉球大学　医

いつも受験生のそばに──赤本

大学入試シリーズ＋α
入試対策も共通テスト対策も赤本で

入試対策 赤本プラス

赤本プラスとは、**過去問演習の効果を最大に**するためのシリーズです。「赤本」であぶり出された弱点を、赤本プラスで克服しましょう。

大学入試 すぐわかる英文法 DL
大学入試 ひと目でわかる英文読解
大学入試 絶対できる英語リスニング DL
大学入試 すぐ書ける自由英作文
大学入試 ぐんぐん読める
　　英語長文（BASIC） DL
大学入試 ぐんぐん読める
　　英語長文（STANDARD） DL
大学入試 ぐんぐん読める
　　英語長文（ADVANCED） DL
大学入試 正しく書ける英作文
大学入試 最短でマスターする
　　数学I・II・III・A・B・C
大学入試 突破力を鍛える最難関の数学
大学入試 知らなきゃ解けない
　　古文常識・和歌
大学入試 ちゃんと身につく物理
大学入試 もっと身につく
　　物理問題集（①力学・波動）
大学入試 もっと身につく
　　物理問題集（②熱力学・電磁気・原子）

入試対策 英検® 赤本シリーズ

英検®（実用英語技能検定）の対策書。
過去問集と参考書で万全の対策ができます。

▶過去問集（2024年度版）
英検®準1級過去問集 DL
英検®2級過去問集 DL
英検®準2級過去問集 DL
英検®3級過去問集 DL

▶参考書
竹岡の英検®準1級マスター DL
竹岡の英検®2級マスター CD DL
竹岡の英検®準2級マスター CD DL
竹岡の英検®3級マスター CD DL

入試対策 赤本プレミアム

赤本の教学社だからこそ作れた、
過去問ベストセレクション

東大数学プレミアム
東大現代文プレミアム
京大数学プレミアム[改訂版]
京大古典プレミアム

入試対策 赤本メディカルシリーズ

過去問を徹底的に研究し、独自の出題傾向をもつメディカル系の入試に役立つ内容を精選した実戦的なシリーズ。

〔国公立大〕医学部の英語[3訂版]
私立医大の英語（長文読解編）[3訂版]
私立医大の英語（文法・語法編）[改訂版]
医学部の実戦小論文[3訂版]
医歯薬系の英単語[4訂版]
医系小論文 最頻出論点20[4訂版]
医学部の面接[4訂版]

入試対策 体系シリーズ

国公立大二次・難関私大突破へ、自学自習に適したハイレベル問題集。

体系英語長文　　体系世界史
体系英作文　　　体系物理[第7版]
体系現代文

入試対策 単行本

▶英語
Q&A即決英語勉強法
TEAP攻略問題集 CD
東大の英単語[新装版]
早慶上智の英単語[改訂版]

▶国語・小論文
著者に注目！現代文問題集
ブレない小論文の書き方 樋口式ワークノート

▶レシピ
奥薗壽子の赤本合格レシピ

入試対策 共通テスト対策 赤本手帳

赤本手帳（2025年度受験用）プラムレッド
赤本手帳（2025年度受験用）インディゴブルー
赤本手帳（2025年度受験用）ナチュラルホワイト

入試対策 風呂で覚えるシリーズ

水をはじく特殊な紙を使用。いつでもどこでも読めるから、ちょっとした時間を有効に使える！

風呂で覚える英単語[4訂新装版]
風呂で覚える英熟語[改訂新装版]
風呂で覚える古文単語[改訂新装版]
風呂で覚える古文文法[改訂新装版]
風呂で覚える漢文[改訂新装版]
風呂で覚える日本史（年代）[改訂新装版]
風呂で覚える世界史（年代）[改訂新装版]
風呂で覚える倫理[改訂版]
風呂で覚える百人一首[改訂版]

共通テスト対策 満点のコツシリーズ

共通テストで満点を狙うための実戦的参考書。重要度の増したリスニング対策は「カリスマ講師」竹内広信が一回読みにも対応できるコツを伝授！

共通テスト英語（リスニング）
　　満点のコツ[改訂版] 新 DL
共通テスト古文 満点のコツ[改訂版] 新
共通テスト漢文 満点のコツ[改訂版] 新

入試対策 共通テスト対策 赤本ポケットシリーズ

▶共通テスト対策
共通テスト日本史（文化史）

▶系統別進路ガイド
デザイン系学科をめざすあなたへ

CD リスニングCDつき　DL 音声無料配信
新 2024年新刊・改訂

英語の過去問、解きっぱなしにしていませんか？

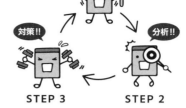

大学合格のカギとなる勉強サイクル

STEP 1 　解く!!
STEP 2 　分析!!
STEP 3 　対策!!

過去問を解いてみると、自分の弱い部分が見えてくる!

受験生は、英語のこんなことで悩んでいる…!?

【英文読解編】
- 😣 単語をつなぎ合わせて読んでます…
- 😊 まずは頻出の構文パターンを頭に叩き込もう
- 😣 下線部訳が苦手…
- 😊 SVOCを丁寧に分析できるようになろう

【英語長文編】
- 😣 いつも時間切れになってしまう…
- 😊 速読を妨げる原因を見つけよう
- 😣 何度も同じところを読み返してしまう…
- 😊 展開を予測しながら読み進めよう

【英作文編】
- 😣 ［和文英訳］ってどう対策したらいいの?
- 😊 頻出パターンから、日本語⇒英語の転換に慣れよう
- 😣 いろんな解答例があると混乱します…
- 😊 試験会場でも書けそうな例に絞ってあるので覚えやすい

【自由英作文編】
- 😣 何から手をつけたらよいの…?
- 😊 志望校の出題形式や頻出テーマをチェック!
- 😣 自由と言われてもどう書き始めたらよいの…?
- 😊 自由英作文特有の「解答の型」を知ろう

こんな悩み😣をまるっと解決😊してくれるのが、赤本プラスです。

大学入試 ひと目でわかる
英文読解

英文構造がビジュアルで理解できる!

大学入試 ぐんぐん読める
英語長文
BASIC / STANDARD / ADVANCED

6つのステップで、英語が「正確に速く読めるようになる」!

New

大学入試 正しく書ける
英作文

頻出パターン×厳選例文でムダなく「和文英訳」対策!

大学入試 すぐ書ける
自由英作文

頻出テーマ×重要度順最大効率で対策できる!

計14点刊行中　赤本プラスは、数学・物理・古文もあるよ

（英語8点・古文1点・数学2点・物理3点）

くわしくは

大学赤本シリーズ

別冊問題編

2025